가난뱅이―자립―대작전

가난뱅이 자립 대작전

동료 만들기부터
생존력 최강의
공간 운영
노하우까지

마쓰모토 하지메 지음

장주원 옮김

메멘토

일러두기

1. 원문의 지은이 강조 부분은 고딕체로 처리했다.

2. 외래어는 '외래어표기법'(1986년 문교부 교시)에 따라 표기하였으나 몇 가지 예외를
   두었다. 홍콩의 지명은 한자음으로, 가게 이름은 영문명으로 표기하였다. 일본의
   재활용품 가게 〈素人の乱(Shiroto no ran)〉은 〈아마추어의 반란〉으로 쓰여 굳어진 표현
   그대로 표기하였다. 그 외 상호에 붙은 카페, 공장, 서점, 극장 등도 번역어로 표기
   했다.

3. 책은 『 』로, 신문은 「 」로 표시했다. 가게, 영화, 노래는 〈 〉로 표시했다. 단, 가게
   이름이 제목, 소제목에 쓰일 때는 부호로 구분하지 않았다.

4. 표지 일러스트레이션은 '노 리미트 도쿄 자치구'의 포스터 삽화 및 디자인 원작자
   인 후루카와 구니코(フルカワクニコ)의 허락을 받아 패러디한 컷이다.

거리를 걸어봐도
대학 캠퍼스를 걸어봐도
어디를 가도 답답해죽겠어
우린 즐길 거야! 축제다, 축제야!!

차례

제2장 초간단! 소소하게 벌이가 되는 가게를 열어보자

제3장 세계 어디에나 있는 자립 센터

제4장 전 세계 얼간이들의 네크워크 만들기

한국어판 머리말

와~ 한국에 계신 여러분 안녕하슈!

가난뱅이인 이 몸이 돈에 환장한 세상에 열을 받아서 쓴 『가난뱅이의 역습』이 2008년에 일본에서 출판됐어. 공짜로 밥을 얻어먹는 기술부터 노숙이나 히치하이크 하는 법, 가게 여는 법, 장난 아닌 데모를 하는 법 등을 소개하고 있는 책이지. 어리벙벙한 가난뱅이의 서바이벌 기술 핸드북이란 말씀이야. 이 책을 계기로 일본에서 엉뚱하고 재미있는 생활 방식을 일구어가는 많은 녀석과 친구가 되었고, 여기저기에 있는 엄청 바보 같은 대안 공간과 연결되었어.

한국에서는 2009년에 번역판이 나왔어. 한국 젊은이들이 막 으샤으샤하던 때였는데, 녀석들이 이 책을 재미있게 읽어서 그랬나? 어쩌다 이명박 전 대통령의 눈에 띄었나 봐. "이따위 책은 안 돼!"라고 했는지 어땠는지 모르겠는데, 내가 위험인물이라고 한국의 블랙

리스트에 올랐다잖아. 뭔 개풀 뜯어 먹는 소리냐 싶지?! 근데 2010
년 가을쯤에 한국에 놀러가려고 나섰는데 인천공항에서 설마 했던
입국 거부! "아, 당신 블랙리스트네요. 잠시 이쪽으로……" 하고 공
항 교도소에 넣더라고!!! 다음 날 일본으로 강제 송환. 젠장할!!!
그때 한국에 간다고 기대 만빵이었는데 빌어먹을! 양념치킨 먹고
싶단 말이야!

　　그 사건이 한국에서 화제가 되어 '일본 베스트셀러 작가 입국
거부당해'라고 터무니없는 헤드라인이 나오더니 제멋대로 빅 뉴스
가 되어버렸어. 덕분에 요상하게 홍보가 되어서 이 바보 같은 책 내
용이 한국에 좌악~ 퍼졌어. 음, 이명박 각하 감사해용~ 당신은 정
말 대단한 장사꾼이야!

　　2011년 일본에서 동일본 대지진이 일어나면서 후쿠시마 원전
이 폭발했어. 그런데도 반성하지 않는 멍청한 일본 정부 때문에 완
전 열을 받아서 반원전 운동을 시작했고, 황당무계한 데모를 계속
일으켰어. 동시에 한창 뜨거워져 있던 타이완의 반핵운동가들(그중
에서도 오래되고 지루한 운동에 질려서 새롭고 재미있으면서 바보 같은 방법을 모색
하고 있던 녀석들)과 연락을 주고받으면서 타이완 멍청이들하고도 엄
청 친해졌지. 여세를 몰아 타이완에서도 『가난뱅이의 역습』 중국어

판이 출판되었고 동료들이 엄청나게 생겨났어.

중국어로 일단 번역되면 소리 소문 없이 중화권 전체에 퍼져나가는데, 그 속도가 어마무시해! 어느샌가 홍콩에 있는 사람이 책을 맘대로 복사해서 해적판을 팔고, 중국에서는 밀수해서 읽고, 말레이시아나 싱가포르, 마카오 사람들도 책을 구해서 읽더니 결국 여기저기 멍청이 동료가 떼거지로 생겨났어.

그중에는 권력자라면 꺼뻑 죽는, 돈에 미친 사회에 진절머리가 나서 자기들 힘으로 멋대로 살아가는 사람도 잔뜩 있었어. 음악가, 예술가, 사회운동가, 연구자, 평범한 얼뜨기, 술꾼 등 온갖 영역에서 여러 사람들이 손수 가게나 갤러리, 라이브하우스 같은 독립 공간을 만들고 있더라고. 물론 이 책 때문만은 아니고 많은 사람이 다양한 이유로 굴비 엮이듯 엮이더니 결국 동아시아 지역 전체가 재미있어지기 시작하더라고. 와~ 이제부터 신나는 일이 막 생기지 않겠어??

이런 흐름으로 동아시아권을 중심으로 각 지역의 재미있는 녀석들과 공간의 네트워크가 우후죽순처럼 생겨나기 시작했어. 이런 흐름에 박차를 가하지 않고 어찌 배기겠나! 이 책 『가난뱅이 자립대작전』은 돈벌이나 효율만 원하는 갑갑한 사회에서 신명나게 살려면 제멋대로 자유롭게 굴러가는 공간을 늘려가야 한다는 생각에서 탄생했어.

지금 일본 정부도 역사상 최악의 수상이 계속 뻘짓만 벌이고 있고 얼마 전까지 한국 정부도 정말 엉망이었지. 거기에 우리까지 휘둘리면 정말 참을 수가 없단 말이야. 이렇게 됐으니 한국과 일본의 멍청한 우리가 힘을 합쳐서 제멋대로 일을 벌일 수밖에 없어. 아, 맞다! 한국어판 머리말을 쓰고 있는 지금, 한국 국민의 손으로 박근혜 대통령을 탄핵해서 자리에서 끌어내렸어. 굉장해! 그리고 정말 축하해! 일본에서도 엄청난 뉴스거리였고, 도쿄에 있는 한국 친구들도 왠지 모르겠지만 모두 함께 치킨을 먹으면서 정말 기뻐했지! 물론 언더그라운드로 이어져 있는 우리 일본 멍청이들도 정말 축하할 일이야. 어느샌가 국경, 국적을 넘어선 사람들이 도쿄에서 박근혜 파면을 축하하며 "다음엔 일본도 뭔가 해야 하는데~" 하고 응원을 주고받았어. 다른 나라에 있는 멍청이들에게서도 "한국에서 악을 쓰러뜨렸다던데 정말 굉장해!" 같은 이야기를 듣곤 했어.

그래. 이 책에서도 여러 번 이야기하지만 아시아 구석구석에 있는 바보들이 연대하여 이미 국경을 넘어 연결되고 있어.

경쟁 사회, 맨날 효율만 따지는 짓, 군국주의, 차별, 민족주의, 이상한 상하관계(왠지 모르겠지만 전 세계에서 한국과 일본만 뿌리 깊게 남아 있지)!! 이런 것들을 전부 다 날려버릴 정도로 엄청나게 바보 같고 제멋대로 굴러가는 생활권을 우리 가난뱅이들의 손으로 만들어가 자고!

들어가며

　세계에 널리 퍼져 있는 얼간이 동지들, 기뻐하라고!!! 일본뿐 아니라 전 세계에서 이 시시하고 보잘것없는 세상에 맞서 완전 바보 같은 녀석들이 엄청난 공간을 마구마구 만들어내고 있다고! 끝내주게 재미있어 보이는 공간이거나, 망하기 직전이지만 망하지 않고 끈질기게 살아남아서 아무 일도 없었다는 듯이 태연하게 잘만 운영되는 곳, 쓸데없이 멋있는 공간, 자유로운 분위기가 넘쳐흐르는 공간, 완전 엉뚱한 공간, 요상하고 수상한 사람들이 계속 나타나는 공간……

　뭐야? 무슨 일이야? 엄청 재밌어 보이잖아, 하고 즐거워하는 것도 잠시. 어느새 주위를 둘러보면 동네가 자꾸 개발되어 흥미로운 공간이 줄어들고 사람들의 교류도 점점 사라져가. 게다가 알 수 없는 규칙이며 법령이 계속 늘어나니까 미치도록 따분해지고 말아.

얼레? 뭔가 좀 이상하지 않아?

텔레비전이나 신문을 보면 쓸모없는 소식투성이야. 우울한 이야기나 괴로운 뉴스밖에 없어. 돈 많은 녀석들은 나쁜 짓만 골라서 하고, 꿈에 그리던 대학에 들어가자마자 취직을 생각해야 하는 분위기고, 돈 없는 한량들은 거리에 나가기만 해도 주눅이 들어. 고도성장기에 꿈만 빨던 일부 노인은 "열심히 일하면 성공할 수 있어"라고 터무니없는 말을 하지만 그런 세상은 이미 예전에 끝났어! 끝났다고! 기반을 단단하게 다져놓으면 사회가 더 풍요로워진다고 말하지만 아무 짝에도 쓸모없는 업무만 늘어나서 오히려 바빠지기만 해, 젠장!

그러나! 여기저기에 퍼져 있는 얼간이들은 이제 그딴 가치관으로는 아무 일도 할 수 없다는 걸 예전부터 알고 있었어. 그렇지! 이왕 이렇게 됐으니 이따위 세상 개나 줘버리고 제멋대로 살아버리자고! 게다가 벌써부터 완전 끝내주는 것을 만드는 장소, 재미있는 사람들이 모여드는 장소, 정말 바보 같은 예술 공간, 상상도 할 수 없는 라이브하우스, 하등 쓸모없는 공간 등 엄청 자유롭고 멋들어진 장소가 많아. 이제 세계의 멍청이, 바보들이 제멋대로 굴러가는 공간을 만들어 제멋대로 살아가는 수밖에! 부자 놈들이나 대기업을 위해 만들어진, 미친 듯이 일해서 미친 듯이 돈을 쓰는 소비사회와 전혀 상관없는 세계!!

그런 얼간이들이 어슬렁어슬렁 전 세계를 돌아다니며 바보 같
고 재미있는 녀석들과 서로를 알아가면 엄청난 일이 생길 거야.

특히 최근에는 이 나라 저 나라 할 것 없이 자기들끼리 아웅다
웅 싸우고 있어. 그런 일에 휘말리지 말고 우리는 우리끼리 거대한
멍청이 문화권을 만들어버리잔 말이야!

좋아! 세계의 얼간이들아, 반란 시작이다!

이 책에서는 멍청이 반란의 거점이 되는 공간을 만들고 유지해
가는 듣도 보도 못한 작전을 소개하려고 해.

일단 1장에는 바보 같은 동료를 만드는 법부터 수상한 모금 작
전, 요상한 장소 만들기까지 온갖 영업비밀을 마구 공개할게.

2장은 실제로 가게를 여는 법을 알려주지. 여기서는 재활용품
가게에서 음식점, 게스트하우스, 이벤트 장소까지 내 경험을 토대
로 이런 가게를 만들고 운영하는 법을 엄청 자세하게 소개할게.

3장에서는 이미 일본이나 세계 곳곳에 퍼져 있는 깜짝 놀랄 만
한 공간을 소개하면서 어떤 방법으로 그런 공간을 열어왔는지를 연
구해봤어!

마지막으로 4장에서는 독립된 바보 센터들이 어떻게 교류를 해
가면 좋은지 살펴보거나 멍청한 녀석들이 서로 손을 잡고 일을 꾸

미면서 국경을 없애버리는 그런 작전을 구상해보고 싶어.

　자, 이 책을 읽고 죽~ 말도 안 되는 가게나 공간을 열어보자
고!!!
　멍청한 공간=바보 센터=자립 공간
　각 공간의 연락처, 주소는 본문 마지막에 있는 '세계 각지의 가
난뱅이 자립 공간 목록'을 참고해줘~.

일단 동네에서 일을 벌여보자. 동네를 어슬렁어슬렁 돌아다니는 재미있어 보이는 녀석을 끌어들이고, 수상한 방법으로 돈을 모으고, 잠깐이라도 좋으니까 황당무계한 공간을 만들어보는 거야. 동네에서 뭔가 시도해보면 실마리를 얻을 수 있지 않겠어? 얼른 해보자고.

1장
뜬금없는 일이 갑자기 시작된다!

— 엉뚱한 장소 만들기 예행연습

떠들썩한 소란 예고!
사람들을 모아보자!

동네를 걷다가 사람이 많이 모여 있으면 무지하게 신경이 쓰여. 저 멀리 사람들이 웅성거리고 있으면 "뭐야? 무슨 일이야?" 하고 이상하게 가슴이 뛰어. 더구나 소리 지르는 사람이 있다? 그건 백 프로 사건이 일어났다는 증거! 얼른 뛰어가서 멀리서라도 상황을 지켜보겠지.

돈을 빼앗긴 가난뱅이들이 부자 놈들을 흠씬 두들겨 패주고 있는 아름다운 광경을 볼 날이 올까마는 그런 일일지도 모르고, 꼬맹이들이 단순히 개똥을 발견한 시시한 상황일지도 몰라. 술주정뱅이가 싸우고 있거나 인기 없는 개그맨이 뭔가를 하고 있거나 맨홀에 빠진 멍청한 사람을 구조하고 있을지도 모르지. 요시노야(吉野家: 일본의 소고기덮밥 체인점—옮긴이)에서 평소보다 고기 양이 적다고 손님이 점장과 싸우고 있을 수도 있고, 엄청나게 많은 사람이 모여 있어서 '드디어 대폭동이 일어났나!' 하고 달려가 보면 아메요코(アメ横: 도쿄 우에노에 있는 큰 시

장―옮긴이)에서 꽁치를 반값에 떨이로 팔고 있을지도⋯⋯. 이상하다 싶어서 달려가 보면 50만 엔짜리 오리털 이불 행사장에 아줌마들이 몰려 있어서 엄청나게 실망할지도! 할망구! 금방 죽을 텐데 그딴 건 왜 사는 거야?!

어쨌든 사람들이 수두룩하게 모여서 왁자지껄하면 거기엔 분명 뭔가 있어.

가난한 나라에 여행을 가면 잠시 멈춰 있기만 해도 주위에 금세 사람 무리가 생겨나잖아. 전쟁 후의 일본에서 길을 잃은 백인이 서 있기만 해도 혹시 초콜릿을 꺼내줄까 하고 망할 꼬맹이들이나 영감탱이, 할망구 들이 몰려드는 그런 상황 말이야! 치사해! 치사해! 다들 뭔가 있지 않나 하고 항상 모일 준비를 하고 있잖아! 앗싸! 나도 섞여 들어갈래!

이유는 모르겠지만 요즘 세상을 보면 뭔가 기분이 찝찝해. 그래서 다들 여러 방면에 흥미가 있으면서도 관심이 없는 척해. 허~ 이건 좋지 않아! 가만 있을 수는 없지! 당장은 쌈빡한 일이 없어도 사람들을 모아보자고. 사람이 많은 곳에 익숙해지게 한 뒤, 언제라도 떠들썩한 소란에 참여할 수 있도록 한다고 손해 볼 건 없잖아. 일단 준비해두자고!

그렇다면 이제 사람을 모으는 작전 시작! 사람들이 모이면 사달이 일어나게 돼 있어. 말도 안 되는 엄청난 일이 일어날 가능성이 크니까 지루할 때는 갑자기 멈춰 서서 사람들을 모으자고!

머리털 빠지게 고민해진 세상을
흔들어버리자

　　길거리에 사람들이 인산인해를 이루거나 저녁 바람을 쐬러 나
온 이들이 자연스럽게 인파를 이루기도 하지만 길이나 역 앞에서
술잔치나 파티를 열어 갑자기 야단법석 소동을 일으켜서 사람을 모
으는 방법도 있어. 그렇게 하면 예상도 못 했던 사람과 우연히 만나
기도 하고 정말 재밌는 일이 일어나. 길 위의 게릴라 술판에 끼어
드는 사람은 십중팔구 돌발 상황에 참여하는 것을 좋아하는 성향
이 있어. 자, 정말 상상도 할 수 없는 녀석들이 섞여 들어서 엄청나
게 혼란스러운 상황을 만들 방법은 없을까? 이런 생각이 들 때 쓸
모 있는 야마노테 선(山手線: 서울 지하철 2호선처럼 도쿄 중심부를 달리는 순
환 노선—옮긴이) 작전!! 예전에도 계속 빙글빙글 도는 야마노테 선에서 게
릴라 대잔치를 열었지~. 게다가 12월 31일은 24시간 운행이라 막차
가 없다고! 와! 진짜 굉장하잖아!

지하철 게릴라 술판 작전

이미 새벽 1시가 다 돼가는 시간이었어. 일단 한가한 녀석들을 야마노테 선의 맨 앞 차량에 태운 후 앞뒤 따지지 말고 한가운데에 좌식 탁자 설치! 술 한 병을 천천히 마시기 시작해. 그러면 같은 칸에 타고 있던 누군가 "좋아 보이네요~" 훤소리를 하며 말을 걸어와. 이때 기회를 놓치지 말고 바로 "자, 한잔 받으세요!" 하고 건네면 같이 마시는 사람들이 점점 늘어가! 게다가 잔뜩 준비해둔 종이컵을 승객들에게 나눠준 뒤 "새해 복 많이 받으세요!" 하면서 술을 따라주면 이게 또 뜻밖에 반응이 좋아! 그렇지! 역시 새해 첫날 새벽. 무엇을 하든 '다 경사'가 된다고. 일본에서 제일 어리벙벙한 날이라니까. 정말 멋지지 않아?

눈 깜짝할 새에 모르는 사람들이 흥겨운 잔치를 여는 진짜 멋진 광경이 펼쳐졌다고. 당연한 말이지만 다음 역에서 차가 멈추잖아. 그때 자동문이 열리고 새로 열차에 타는 사람에게도 얼른 컵을 줘. 그러고는 "안녕하세요~" 인사한 뒤 술을 따라주니끼 생각지도 못한 효과를 발휘하기 시작하면서 할아버지들도 "아이고 웬 떡이야" 하면서 받아 마셔. 이런 식으로 순식간에 엄청난 인원의 대잔치가 되어 야마노테 선 일대가 대소동!!

대다수 사람이 처음 만난 데다 다들 "새해 복 많이 받으세요" 하면서 축하를 했지. 도대체 무슨 일인지 알 수 없었지만 이렇게 즐거운 술자리는 듣도 보도 못했다고!

분위기가 한창 절정을 향해 치달아갈 때 그제야 JR(일본 철도 회사—옮긴이) 직원이 눈치채기 시작했는지 어느 역에 멈추더니 "열차 내 점검을 위해 잠시 정차합니다~"라는 안내 방송이 나왔어!

아이고! 결국 들켰군! 좋아, 얼른 정리! 정리! 바로 탁자를 접고 술병을 숨긴 뒤 아무 짓도 안 한 평범한 승객 흉내를 냈지! 바로 역무원이 뛰어들어 왔지만 대잔치의 흔적은 없음. 역무원도 "엥? 아무것도 없잖아……?" 하고 돌아가려는데 그 칸만 이상할 정도로 술 냄새가 나는 데다 컵을 들고 뭔가 마시고 있는 녀석들이 너무 많기도 하고 사람들끼리 이야기하면서 즐거워 보이는 꼴이 역시 수상쩍었던지 의심의 눈초리로 두리번거리더라고. 우리 주모자들도 아무것도 모르는 얼굴을 하면서 멍~하게 있는데 역무원이 급하게 정리한 탁자랑 깃발을 흘겨보잖아! 이거 큰일이다 싶어서 바로 다음 역에서 슬~쩍 내린 후 미친 듯이 도망쳐서 해산! (참고로 안타깝게도 친구 한 놈이 도망치다 잡혀서 엄청나게 잔소리를 듣고 돌아왔어.)

마지막에 도망치다 잡혀 모양을 구겼는데, 이 작전은 진짜 최고였어. 일단, 전철 안이니 싫든 좋든 사람들이 들어오니까 좋고, 게다가 승강장에서 기다리고 있는 사람들도 자기가 탈 전철 안에서 잔치가 벌어지고 있으리란 생각은 꿈에도 못 했을 거 아냐! 간사이(関西 : 오사카, 교토, 고베 등 일본의 서쪽 지역—옮긴이)의 게이한덴샤(京阪電車 : 오사카와 교토에서 운영되는 노선—옮긴이)에서 이걸 저지른 녀석들도 있었대. 그럴 만큼 쓸모가 많은 작전이니 꼭 도전해보길. 조언을 하나

하자면, 빨리 도망치는 것이 중요하다는 말씀! 이런 게릴라 작전은 쓸데없이 열심히 역무원과 싸우거나 하면 재미가 없어지니까 쏜살같이 줄행랑을 치는 것이 중요하다고!

한 가지 더 얘기하자면 통근 전철이나 막차처럼 사람이 득실득실할 때 이 작전을 벌이면 그냥 민폐만 끼치니까 피하도록. 노예처럼 일하다 온 살벌한 회사원들이랑 싸우게 된다고! 가난뱅이들끼리 싸우면 뭐가 좋겠어. 부자 녀석들이 킬킬거리며 즐거워한다고. 그러니 적당한 시간대를 노려서 시작, 좋지 않은 상황이 되면 재빠르게 도망치기! 이것이 요점이라고라. 모처럼 얘기를 시작했으니 이 작전의 응용편도 생각해보자고!

지옥의 버스 작전

도쿄 도(都) 버스를 타고 바보 녀석들이 광란의 파티를! 이거 진짜 끝내주는데……! 하고 생각했지만, 버스가 좁은 데다 전철과 다르게 언제든 멈출 수 있으니까 버스 운전사가 한순간에 진압해버릴 거란 말씀. 또 도쿄 버스는 운전사 옆에 있는 문으로 사람이 타니까 그런 상황에서 술을 건네면 운전사에게 실컷 두들겨 맞고 게임 끝. 역시 이건 안 되겠군. 뒷문으로 타는 시골 버스에서는 어떻게든 시도할 수 있지만, 대부분의 시골 버스는 사람이 별로 없을뿐더러 노인이 우글우글해서 술을 따라줘도 그냥 좋은 사람 취급 받고 끝. 대

혼란은 무슨, 그냥 훈훈한 분위기가 감돌 뿐이라고! 보답으로 다마고야키(玉子焼き: 일본식 계란말이—옮긴이)라도 받으면 감사하긴 하지만 무슨 흥이 나나. 남는 건 지옥의 관광버스 작전인데 이건 그냥 할머니, 할아버지들의 딸기 따기 관광버스(딸기 철에 딸기 농장에 딸기를 따러 갈 때 전세 내는 관광버스—옮긴이)랑 별로 다르지 않으니 이것도 안 돼! 역시 이 작전과 버스는 궁합이 안 맞아~~.

동네 사랑방 작전

한때 내가 운영하는 재활용품 가게에 있는 상품을 다 정리하고 바닥에 돗자리를 깐 뒤, 고타쓰(こたつ: 난방 기능이 있는 탁자—옮긴이)와 텔레비전을 두고서 단란한 동네 사랑방 분위기의 술자리를 몇 번 만들었어. 야마노테 선 작전 때처럼, 평범한 재활용품 가게라고 생각하고 들어온 사람이 눈앞에 술판이 벌어진 광경을 보고 "뭐야?" 하고 눈이 동그래져. 그러고는 고타쓰에 들어가서 한잔 마시고 가기도 했어. 이건 시도해보기 좋은 작전이지만 그날 매상이 0이 되니까 정도껏 해보셔~.

엘리베이터 작전

이 작전은 안 돼. 너무 좁아서 재미있지도 않고 다른 사람이 보기에 좋지도 않아. 여러분도 아마 어린 시절에 아파트 단지의 엘리베이터에서 술래잡기를 하다가 장 보고 돌아온 할망구한테 설교를 듣거나 뺨을 맞기도 했을 거야. 그걸 떠올려봐. 이 작전은 걍 민폐를 끼칠 뿐이야. 우연히 가담한 사람이 있다고 해도 몇 초 만에 엘리베이터에서 내려야 하니까 분위기가 전혀 달아오르지 않는다고.

부자 동네에서 소란 피우기

가난뱅이들끼리 옥신각신 다투는 짓은 하지 마. 그건 좋지 않아. 그런 의미에서 이왕이면 부자 동네에 뛰어들어 볼까? 예전에 도쿄의 최고급 동네=덴엔초후(田園調布) 노상에서 인터넷 게릴라 라디오 중계를 했어. "어이구 돈이 많다니 당치도 않아요~" 하고 야단법석을 떨고, 주변에 떨어져 있는 물건을 파출소에 가져다주면서 경찰을 인터뷰했지. 역시 녀석들은 만만치 않은 상대였어! 사람이 너무 착해! 경찰 놈이 정중하게 대답해주는 데다 갑부 놈은 얼씨구 2층 창문 밖으로 손을 내밀어 흔들기도 하는 등 하여간 다들 너무 상냥해. 와~ 장난 아니야! 참고로 말하자면, 출세하고 싶은데 출세를 못 하는 가난뱅이는 살벌하고, 간신히 성공한 졸부도 마음에 여유가 없어. 반면 갑부들은 별거 아닌 일엔 호들갑떨지 않고 마음이 넉넉해. 결국 다 포기한 가난뱅이와 갑부들이 가장 여유롭다고 할 수 있지.

그런데 사람이 아무리 착하다고 해도 속으면 안 돼! 그들의 부와 권력은 우리 가난뱅이 전우들의 시체를 밟고 넘어간 끝에 얻었을 가능성이 커. 이왕 이렇게 됐으니 눈물을 삼키고 대잔치를 실행해보도록! 어이 부자, 너 이 자식! 똑똑히 기억해두라고! 어디서 손을 흔들고 난리야! 젠장!

호텔 로비 작전

이건 쓸 만한 작전이야. 작은 규모의 비즈니스호텔은 안 되지만, 큰 호텔의 로비는 넓은 데다 사람도 많아. 게다가 가끔은 고급 소파에 앉아서 싸구려 술을 마시는 것도 나쁘지 않지. 지금은 변절하고 기업의 임직원이 된 전공투(全共鬪: 1960년대 후반 일본에서 국가와 권위에 저항하며 일어난 학생운동을 주도한 '전국학생공동투쟁회의'의 약칭—옮긴이) 세대쯤 되는 아저씨(←제일 악질이야)들이 옛 추억을 떠올려서 술, 안주를 줄 가능성도 있어. 좋았어~ 그런 아저씨에겐 실컷 얻어먹자고. 로비에는 정체불명의 온갖 사람이 오고 가기 때문에 이 작전이 가능해. 혹시 호텔 측에서 뭐라 한다면 "아~ 그게~ 친구를 기다리고 있는데 이 녀석이 안 오네? 이상한데? 이 자식!" 하고 대충 말하면서 도망가면 돼.

이 작전의 기본은 일단 생각지도 못한 곳에서 게릴라 술판을 벌이고 순식간에 도망치는 것! 그런 의미에서 공민관(公民館: 일본 주민들을 위한 시설로 교양, 스포츠, 문화 등을 가르치는 사회교육기관이다─옮긴이) 정문, 백화점 내부 사각지대, 공항, 야구장, 대학 교정, 국회의원회관 등 여러 공간에서 시도해보길! 단, 민폐가 되는 일은 하지 않는 것이 좋아. 예를 들어 전철에서는 술 마시고 싶지 않은 사람은 다른 칸으로 이동하면 돼. 누구든 조용히 이동할 자유가 있으니까 빠져나갈 공간을 두는 게 좋아. 요즘은 진짜 별것도 아닌 일로 머리털 빠지게 신경이 과민해지는 세상이라 어떻게든 혼란스러운 상황을 만들어야 한다고 생각하지만, 어느 선까지 할지는 상황에 따라 다르니까 각자 판단해보라고! 그럼 건투를 빌게!

공유 공간 마련하기

길거리든 공원이든 저녁 바람을 쐬는 곳이든 야마노테 선이든 공공장소에서 놀면 장난 아니게 재미있어. 왜냐하면 우연히 지나가는 멍청한 사람이 "뭐야 이건!!" 하고 깜짝 놀라며 합류해서 생각지도 않게 친구가 될 수 있기 때문이야. 이건 게릴라 술자리처럼 길거리에서 수수께끼의 공간을 만들 때의 묘미. 도깨비 같은 녀석들이 줄줄이 사탕처럼 나타나는데 그게 모두 우연이야. 그 순간은 정말 긴장감이 넘치고 즐겁다는 말씀이지.

하지만 그 상황을 유지하기가 쉽지 않아. 공공장소에서 일을 벌이니까 매번 처음부터 준비하고 사람을 모아야 하는 데다 끝나면 모두 정리해놓고 돌아가야 하거든. 이것저것 힘들게 기획한 이벤트가 끝나면 허무해. 남는 게 없거든. 아, 이건 너무 아깝잖아……. 그래서 붙박이 장소가 필요하지 않을까. 길거리에서 일을 벌이는 것도 좋지만 언제든 사람이 모일 수 있는 공간, 거기 가면 분명 누군가 자리를 지키고 있는 공간이 있어도 나쁘진 않잖아?? 그래서 내가 가게를 열기 전인 2000년쯤에 모두 모일 수 있는 공유 공간을 찾아봤어.

일단 공간을 구한다면 맘먹고 안락한 곳을 찾아보도록 해. 요즘 일본 사회는 살아가기 점점 힘들어지고 있어서 별거 아닌 일로 불만을 늘어놓는 사람이 너무 많아. 아파트나 맨션의 방 하나를 빌릴 경우 2~3명이 모여 술자리를 가지기만 해도 시끄럽다고 항의하러 오는 사람이 있다고! 늦은 밤엔 정말 아무~것도 할 수 없어. 그러니까 사무실, 창고, 점포 같은 건물을 노려야 해. 사무실 주위는 대체로 업무용 건물이기 때문에 사람이 살지 않을 가능성이 커. 비교적 자유롭게 내 맘대로 공간을 쓸 수 있지.

점포도 좋아. 사람들이 모여들어도 전혀 문제가 없거든. 게다가 최근엔 대규모 쇼핑몰이나 역 앞의 가맹점처럼 대형 마트에 밀려 지역 상가가 쇠락하고 있어. 망하기 직전의 상가는 수두룩하니까 열심히 찾아보면 점포를 구할 수 있어.

창고도 좋긴 해. 하지만 일반적인 창고는 아무 시설이 없으니까 본인들이 공간을 하나하나 만들어가고 싶을 때는 괜찮지만 상황에 따라서는 시간과 돈, 노력이 너무 많이 들어. 또 계약을 할 때 '창고 용도 외 사용 불가'라는 조건이 붙을 때가 있으니 사무실이나 이벤트 공간으로 사용하고 싶으면 미리 상담을 해보도록! 아니면 "지금 작업 중"이라고 써놓고 건전하게 속이는 방법도 있긴 한데, 집주인과 시비가 붙으면 쫓겨날지 모르니까 이런 상황에서 어떻게 대응할지는 동지들에게 맡기기로 하지. 아, 다만 창고뿐 아니라 건물을 빌려 시작할 때는 계약을 비롯해 챙길 것들이 많지만 결국 집주인이나 이웃들과 친하게 지내냐 못 지내냐가 관건이야. 입주하고 나서 인사를 잘하고 평소엔 친목을 다져두는 게 정말 중요해. 이벤트나 술자리를 열 때는 이웃을 불러도 좋지~.

정작 집주인은 모르는 임대

나도 그런 식으로 좋은 장소를 찾고 있다가 우연히 발견한 방이 있는데, 장난이 아니었어. 신주쿠(新宿) 근처의 빌딩에 수상한 조립식 옥탑방이 있었는데 옥상 전체를 빌려준다고 하잖아. 이 물건을 소개한 곳이 또 만만치 않게 수상한 부동산중개소였어. 처음엔 "이 주변에 싼 방은 없어!" 하고 퇴짜를 놨지만 끈질기게 매달리니까 "사실 있긴 한데~" 하면서 보여준 방. 파격적으로 싼 맨션도 있긴 했어. 한데 맨션은 비밀 아지트 느낌이 나서 새로운 사람이 찾아오기 힘들 것 같더란 말이지. 아무리 생각해도 이상한 빌딩의 옥상처럼 개방된 느낌을 주는 공간이 더 좋더라고. 게다가 부동산중개소에서 이상하게 우리의 편의를 봐주더란 말이야. 조립식 옥탑방이라 여름에는 엄청 더우니까 고급 에어컨을 설치해주겠다고 하면서 갑자기 친절해지는 거야. 근데 실제로 계약을 하려고 가니 부동산 아저씨가 천천히 다가와서 "아무쪼록 집주인한테는 비밀에 부쳐줘"라고 하잖아. 얼씨구! 뭐야! 집주인이 멀리 사니까 멋대로 옥상을 빌려주는 거구만! 그렇다면 월세는 부동산중개소 깊은 곳으로 쑤욱……. 와~~ 얕잡아볼 일이 아니구먼! 단, 이렇게 복잡하게 얽혀 있는 상황이라는 예감이 들면 더 깊게 들어가선 안 돼. 더 자세히 묻지 말고 아무것도 모르는 촌놈같이 굴면서 "와~ 쾌적한 장소네요~"라고 비위를 맞춰주라고.

참고로 이 옥탑방의 넓이는 대략 다다미 8칸(약 4평), 옥상은 방의 4~5배. 옥상 전체 월세는 8만 엔(약 80만 원). 이유는 모르겠지만, 전기요금과 수도요금은 공짜. (깊게 들어가지 않기) 케이블 텔레비전선도 들어와 있는데 문제는 사용할 수 있는 전기의 양이 적어서 조금만 써도 금방 두꺼비집이 내려가 버렸어. 부동산 쪽에 어떻게든 해달라고 부탁하니 "아~ 맘대로 하면 안 되는데~ 거기 열쇠를 만들지 않으면~", 도통 못 알아들을 소리만 주절주절하면서 좀처럼 응, 하고 대답을 안 해. 그런데 몇 주 후에 갑자기 부동산 아저씨가 환한 미소를 지으며 나타나서 "마쓰모토 군, 열쇠 만들었어! 이거면 문제없어!"라고 또 못 알아듣는 소리를 하고 간 다음 날부터 전기를 왕창 쓸 수 있게 되었어. (깊게 들어가는 건 금지) 와~ 신주쿠는 진짜 장난 아닌 곳이구먼~ 하고 생각했던 기억이 나.

그물침대와 옥상 수영장이 완비된 집

그럼, 건물 자체의 수상함은 일단 신경 쓰지 말자고! 어찌됐든 그런 장소를 손에 넣으면 일단 점점 더 편해져. 옛날에 내가 〈야마카와 장(山川莊)〉이라고 이름을 붙인 우리 아파트가 사람들이 모여드는 장소였거든. 그 이름을 따서 옥탑방을 〈신(新)야마카와 장〉이라고 명명. 돌발적으로 뭔가를 저지르는 식의 일회성 이벤트 장소에 비하면 언제 가도 누군가 있는 데다, 물건을 둘 수도 있으니 좋아. 특히 이벤트가 없을 때도 "언제든 놀러와~" 하고 말할 수 있으니까 의외로 편해. 장소가 옥상이다 보니까 묘하게 해방감이 있어. 게다가 JR소부 선(総武線), 오쿠보 역(大久保駅: 도쿄 한인 타운 신오쿠보와 같은 지역—옮긴이) 앞이었는데 고가 선로와 옥상 높이가 거의 비슷해서 눈앞에 딱 전철이 있는 느낌. 아침 시간대에는 출근하는 회사원들로 플랫폼이 시끌벅적 대혼란. 여름에 음악을 틀고 해먹에서 자거나 노닥거리면서 역을 지켜봤는데, 복작대는 사람들을 보면서 너무 성실하게 일하지는 말아야지 하고 맹세했지.

아무튼, 큰 도시의 옥상에서는 그냥 기분이 좋아져. 여름에는 해먹뿐 아니라 거대한 비닐 수영장을 설치해서 수영도 하고(수도요금은 공짜), 아무 의미 없는 커다란 깃발을 걸기도 하니까 완벽하게 이상한 장소가 되더라고! 사람들이 모이는 장소뿐만 아니라 영화 상영 이벤트, 사진전, 일일주점, 그냥 술판을 벌이는 장소로도 썼어. 어느 날은 누군가 드럼 세트를 가져와서 드럼을 연습하는 스튜디오로 만들기도 했어. (너무 시끄러워서 근처 야쿠자가 엄청나게 화가 나서 쳐들어왔다고.) 뭐, 어쨌든 여러 용도로 사용할 수 있는 굉장히 편리한 곳이었고, 무슨 일이 있다 싶으면 일단 다들 모여드는 장소였지. 게다가 이때 오쿠보 역 주변은 아직 한류 붐이 일기 전으로 한인 타운 관광지가 형성되지 않았어. 그래서 한국인뿐만 아니라 중국이나 남미, 중동 등에서 국적 불명의 사람들이 모여들어서 꽤 뒤죽박죽이었지. 그런 사람들과 친해져서 가끔 옥상으로 불러서 놀면 엄청 재미있었어.

덧붙여서 옥탑방 운영은 고정 회원을 두고 한 사람당 월 5000엔~1만 엔의 월세를 받았어. 동네 사람들과 「가난뱅이 신문(貧乏人新聞)」을 발행하고 티셔츠를 만들어서 길거리에서 판 돈으로 어찌어찌 공간을 운영해갔지.

월세도 공짜?!

사기스러운 건물에는 사기 같은 사건이 일어나는 법! 회원이 바뀌기도 했지만 4년 정도 이 공간을 순조롭게 운영하고 있었는데, 어느 날 부동산 측이 아래층 주민과 싸웠는지 갑자기 방 하나의 짐을 몽땅 빼서 하필이면 우리 옥상에 두지 않겠어? 비도 피할 수 없는 옥상에 빼앗긴 짐이 방치된 사람도 불쌍하긴 한데, 사정도 모르고 참견하기는 좀 그랬다. 대신 이쪽은 집세를 내고 있는데 자기 멋대로 남의 짐을 팽개치고 갔으니 참을 수 없었지. 부동산 쪽에 "빨리 해결해줘" 하고 부탁을 했는데도 옮겨주질 않잖아. 결국 얼굴도 모르는 사람의 엄청난 양의 짐이 1~2개월 정도 옥상에 쌓여 있었어. 아무리 얘기를 해도 들어먹질 않아서 우리도 너무 열을 받았지. 결국 월세를 안 내기 시작!!! 근데 이게 또 의외로 잘 먹히더라니깐. 부동산 아저씨도 잘못이 있으니까 그렇게 세게 나오지 못하더라고. 몇 개월 후에 짐은 정리가 되었지만, 상대방도 만만찮은 사기꾼. 그렇게 덜컥 돈을 낼 수는 없지. "부탁할게~ 슬슬 월세 좀 내줘~"라고 말했지만 "아~ 근데 그렇게 제멋대로 하시면 안심해서 살 수가 없다고요~. 월세는 좀 더 지켜보고 낼게요"라며 내가 생각해도 뭔 말인지 모르는 소리를 계속하면서 뺀질거렸어. 길을 가다 마주치기라도 하면 상대방은 바로 월세 이야기를 꺼낼 표정인데, 이쪽은 환한 미소로 "안녕하세요!" 인사를 하고 엄청 신이 난 듯 날씨 이야기를 하면서 돌파. 그렇게 어느샌가 대량의 짐이 사라진 후에도 무상 점거 공간이 되어버렸지~.

솔직히 일이 그렇게 순조로울 수만은 없잖아. 8개월 정도 지났을 때 부동산 아저씨가 "마쓰모토 군, 역시 안 되겠어! 이 이상 월세를 내지 않으면 이쪽도 가만히 있진 않을 거야!"라고 말하기 시작했어. 이건 큰일이다 싶어 건물 세입자들을 우리 편으로 만들고 바꾼 열쇠를 아저씨한테 넘기지 않으면서 싸울 준비를 했지만, 아저씨도 좀처럼 포기를 하지 않더라고. 이 정도까지 가자 "아이고 안녕하세요" 하면서 "뭐 그런 걸 가지고" 등등 대충 넘기려고 해도 1초 후에는 "안 돼! 안 돼!"라는 고함이 돌아올 뿐. 결국에는 "집세를 내주세요. D-X" 같은 벽보가 붙더니 의미를 알 수 없는 수동 카운트다운이 시작되었어. 젠장, 이렇게는 안 되겠어! 아저씨가 단단히 화가 났다고! 이렇게 끝인가!! 카운트다운이 끝나기 직전의 늦은 밤, 몇몇 결사단이 〈신야마카와 장〉에서 모든 귀중품을 반출. 그후 바로 아저씨가 열쇠 수리공을 불러와서 열쇠를 교환, 〈신야마카와 장〉 폐쇄 선언. 이렇게 해서 약 4년에 걸쳐 유지해온 수상한 아지트의 시대는 막을 내렸다!!!! 와~ 위험해, 아슬아슬해.

〈신야마카와 장〉은 신주쿠 뒤편의 가장 수상한 동네에 있어서 처음부터 끝날 때까지 전부 말도 안 되는 일이 노상 벌어졌어. 하지만 평범한 동네에서 공동 공간을 만들 때는 이렇게 어수선한 일은 일어나지 않을 테니까 걱정 말고 장소를 찾아보길!

기본 중에 기본

동료를 만드는 방법

역시 뭐든 혼자서 하면 효율이 낮아. 자신한테 굉장히 엄격해지기도 하지만 일단 좀 지루해지걸랑. 그럴 때 동료가 많다면 계획도 함께 세우고 좋은 의견을 주고받을 수 있으니 아주 든든해. 빌어먹을 부자만 대접받는 사회에 대항하려면 죽고 못 사는 친구나 지인을 만드는 것이 굉장히 중요해. 그래서 기본 중에 기본인 동료 만드는 방법을 소개해볼게!

전단 살포 작전

예전에 역 앞에서 게릴라 술판을 몇 번 벌였어. 자기가 자란 동네거나 아는 사람이 많은 동네에서 이벤트를 벌일 때는 미리 친구들을 불러서 부어라 마셔라 하고 있으면 판이 자연스럽게 커지는 법이지. 근데 아주 낯선 동네에서는 부를 친구가 없잖겠어? 이런 상황에서 자주 썼던 방법이 전단 살포 작전! 이걸 소개해볼게.

일단은 뭐든 좋으니까 전단을 준비해. "어디를 가도 다 재미없어! 이게 뭐야! 가난뱅이 당신, 지금부터 역 앞에서 한잔 하자고!!" 그냥 술을 마시자는 것뿐인데 이상하게 기분이 좋아지는 홍보지를 대량으로 인쇄해. 자기 휴대전화 번호를 커다란 글씨로 써두는 게 중요해. 신문 1면처럼 주먹만 한 글자로 제목이 박혀 있으면 별거 아닌 뉴스에도 '뭐라고? 이건 큰일인데!!'같이 생각하게 되잖아. 전단도 그래. 전화번호가 대빵 크게 쓰여 있으면 '그래 이건 마셔야해!!' 하고 얼결에 전화를 할 가능성이 높아. 특히 요즘엔 소셜미디어로 도는 정보가 너무 많아서 오히려 고전적인 전단이 효과가 더 좋을지도 몰라. 메신저 ID나 QR코드를 써도 좋지만 종이 전단을 살포하면 더 깊은 인상을 줄 거야.

전단이 준비됐다면 역 앞에서 "잘 부탁합니다"라고 인사하면서 한 장 한 장 나눠주는 답답한 짓은 제발 하지 말도록! 대신 자전거 바구니를 추천해! 어느 역이든 주변엔 자전거가 500~2000대 정도 세워져 있어. 자전거 바구니에 전단을 마구 넣어둬. 시간대는 저녁을 추천해. 밤이 되면 이런저런 녀석들이 일터나 학교에서 돌아오니까 그전에 두면 좋아. 이 시간대라면 저녁 장을 보는 아줌마나 파친코(パチンコ: 일본인이 즐기는 도박—옮긴이)를 하는 어중이떠중이들의 자전거에도 넣을 수 있으니 최고의 타이밍이지.

흠…… 이건 좀 위험하기 때문에 별로 추천하고 싶지는 않지만, 빌딩 옥상에서 전단을 뿌리거나 첫차를 타서 이미 붙어 있는 다른 광고 위에 붙이는 무모한 방법도 있어. 출근 시간이라 떼버릴 수 없으니 효과 만점! 대신 이런 방법은 경찰에게 들키면 더럽게 잔소리를 듣거나 재수없으면 유치장에서 며칠 지내야 할지도 몰라. 그러니 잽싸게 도망치는 능력이 필요하니 조심하라고~. 뭐, 소심한 사람은 하지 않는 게 좋을지도 몰라.

또 음료수나 담배 자판기 상품 출구에 넣어두거나 공중화장실 칸이나 역에 있는 자동 매표기에 붙여놓거나 역 근처에 있는 패스트푸드 가게 2층에 있는 테이블에 올려두는 식(유사시엔 잽싸게 도망가야 함)으로 눈에 띄기 좋은 곳에 닥치는 대로 뿌려봐.

전단은 뿌리기만 하면 안 돼. 그걸 목격했을 때 충격이 강하면 강할수록 인상에 남걸랑. 그러니까 게릴라전이라고 생각하고 말도 안 되는 곳에 뿌려보라고!

맞다. 주의할 점! 너무 무모한 방법을 쓰면 가끔 경찰이나 경비한테서 "이런 데다 전단을 뿌리면 곤란해!" 하는 전화가 오니까 "네? 또요? 50만 장을 찍어서 누가 어디에다가 뿌렸는지 모르겠어요. 저도 진짜 곤란한 상황이거든요~. 오~케이! 내 오늘 반드시 너를 붙잡아서 뜨거운 맛을 보여줄 테다" 같은 되도 않는 소리로 적당히 둘러대면서 그 상황을 모면하자고.

전단 1500~2000장을 역 앞에서 뿌린 후 편의점에서 캔 맥주를 사서 마시고 있어봐. 곧 "저도 그렇게 생각하고 있었어요"라든가

"이거 뭐예요?" 같은 전화나 연락이 열댓번은 올 거야. 이때 기회를 놓치지 말고 곧바로 "지금 역 앞에서 술 마시고 있으니까 와서 같이 마셔요!" 하는 식으로 말해서 사람들을 하나둘 불러 모으자고. 그러면 정체를 알 수 없는 자들이 자연스럽게 모여서 노상 술판이 벌어지겠지. 우리 바보들의 술잔치는 이런 식으로 분위기가 무르익어가는 거야~. 거기 모인 녀석들은 동네 사람들이야. 당연히 아는 사람이 많이 지나갈 테니 "어, 너 여기서 뭐해?"→ "아, 너도 좀 마시고 가", 이런 식으로 제멋대로 사람이 늘어난다고. 혹은 "이런 거 좋아하는 녀석이 있어요!" 하면서 전화해서 부른다거나 친구가 친구를 부르면 분위기가 더 달아오르지.

동네의 정보는 인터넷이나 잡지에서도 알 수 있지만 제일 좋은 정보처는 바로 동네 사람들. 술 마시면서 얘기를 하고 있으면 "저 길 안쪽에 있는 술집 주인이 꼴통이야!" "이번 주말에 진짜 끝내주는 이벤트가 있어!" "어떤 거리에 있는 잡화점의 땡땡땡 씨를 꼭 만나봐!" "뿅뿅 식당의 간장 병 모양이 대박이야" 하면서 엄청나게 중요한 정보가 하룻밤 사이에 산처럼 쌓인단 말씀. 이 정도라면 작전은 성공. 또 그 동네에서 놀고 싶을 때는 그때 알게 된 녀석이랑 연락해서 그 뿅가는 장소에 데려가 달라고 하면 돼.

물론 맘에 안 드는 녀석들만 오는 날도 있고, 운이 없으면 사람이 거의 모이지 않을 때도 있어. 하지만 이런 일은 계속 시도하는 게 중요하니까 일단 막 저질러보라고!

얼굴 자주 비추기 작전

"전단 마구잡이 살포 작전" 같은 얘기를 쓰면 "아, 그런 일은 못해~!" 하고 투덜거릴지 모르겠는데 막상 해보면 아주 쉬우니 일단 실행해보도록! 근데 아무리 생각해도 못 하겠다는 사람에게는 좀 더 편한 방법이 있어. 그냥 동네에서 이 가게 저 가게 왔다 갔다 하면서 술을 마시면 돼. 술을 싫어한다면 우롱차를 마셔도 되고, 술집 자체가 싫다면 카페도 좋아. 말하자면 음식점이 아니라 이상한 잡동사니만 잔뜩 진열해둔 가게, 독특한 취향이 묻어나는 옷만 파는 가게, 비슷비슷한 아티스트의 음반만 파는 레코드 가게라도 OK. 이게 본인의 감각에 맞으면 대부분의 사람은 분위기에 달아올라서 묘한 이야기를 하면서 재미있는 상황이 시작돼.

언젠가 나가노(長野) 현에 있는 재활용품 가게에 들렀을 때 아니나 다를까 좀 이상한 아저씨가 장사를 하고 있더라고. 에라 모르겠다 싶어서 갑자기 "일단 맥주라도 한잔 하죠" 하고 마시기 시작하자 금세 친해졌지. 처음엔 같은 업종 사람이라는 점 때문에 상품도 교환하고 친한 친구가 민박을 하러 가기도 했어. 그러다 그 사람이 사용하고 있던 뒷산에서 '난토카 페스티벌'(なんとかフェス: 난토카는 '어떻게든'이라는 의미로 마쓰모토와 그 친구들이 개최했던 음악 페스티벌 제목이다—옮긴이)이라는 음악 이벤트를 열었어.

이런 일은 의외로 종종 일어나. 자주 가는 술집이 생기면 어느새 거기 야구팀에 들어가게 되는 것과 비슷하지. 음~ 잠깐 술을 마시러 가기만 해도 관계가 엄청나게 발전할 수 있다고. 정말 무슨 일이 일어날지 모르니까 여기저기 얼굴을 들이미는 거야!

그런 의미로 일단은 분위기가 이상한 가게의 구석진 곳부터 들어가 보자고. 뭔가 있을지도 모르니까!

길거리에서 물건 팔면서 친구 사귀기

가게를 꼭 해야 하는 건 아니야. 그냥 길거리에서 뭔가 팔아보는 것도 좋아(169쪽 참고). 손님 입장에서도 물건을 사는 시늉을 내며 가볍게 둘러보기 좋다고 하더라고. 생각해보면 맞는 말이야. 흥미가 있어도 일부러 연락해서 집이나 사무실에 가본다는 건 말처럼 쉽지 않을지도 몰라. '별로 어려운 일도 아닌데?' 하고 생각하는 사람은 이미 한참 전에 초보 딱지를 뗐으므로 이 항목은 안 읽어도 OK! 반대로 생각해보면 '물건 보러 갔다'는 핑계가 있으니까 맘에 안 들면 금세 나갈 수 있어서 부담이 없는지도 몰라. 그만큼 친구 사귀기에 쉽다는 말씀.

한때 분재(盆栽: 모양이 보기 좋은 작은 나무를 화분에 심어 가꾸는 것—옮긴이) 장인 친구가 강력한 방법을 사용했어. 무슨 생각인지 모르겠는데 근처에서 주워온 돌을 길바닥에 늘어놓고 300엔, 500엔 하고 금액을 붙여서 사기꾼 냄새가 나는 장사를 하더라고. 예상대로 매출은 빵엔. 그뿐만 아니라 너무 수상하니까 아무도 말을 걸어오지 않았대! 거봐 안 되잖아! 어벙한 여행객에게 바가지를 씌우려 해도 쉽지 않다는 얘기야!

대신 우리 가게 옆에서 점술 집을 하는 녀석이 있는데, 처음에는 굉장히 수상쩍다고 생각했는데 계속 보니까 의외로 잘되더라고. 지금은 꽤 여러 사람이 왔다 갔다 하고 있어. 와~ 이딴 것도 장사가 된다니 놀라워!

외국에 가면 노점상이 많아. 길 위에 더러운 체중계를 두고 '한 번 재 보는 데 10엔' 같은 장사 말이야. 이런 식의 돈벌이도 황당한데 의외로 인기가 있더란 말이야. 급기야 전광판 같은 것도 생기고 노점 체중계와 관련된 기계도 나오고 뭔가 굉장한 사태가 벌어져!

옛날 상하이(上海)에서도 괜찮은 물건을 노점에서 팔았는데, 한 번은 어떤 아저씨가 집에 있는 수도 계량기의 바늘을 멈추는 기계라면서 뭔가를 팔잖아. 알고 보니 엄청 센 자석이 붙어 있어서 바늘을 움직이지 못하게 할 뿐이야. 그런데도 아저씨는 가벼운 옷차림으로 언제든지 도망칠 수 있게 만반의 태세를 갖추고 "이걸 설치하기만 하면 바늘이 스톱! 이제 수도요금은 안 내도 된다!" 하면서 썰을 푸는 거야! "장난 아닌데? 엄청나!" 하고 멍청한 녀석들이 모여들기 시작! "거짓말은 아니겠지?" "진짜라고! 여길 보라고!" 등등으로 야단법석! 물건 파는 녀석이 수상쩍게도 가까이에서 물건을 보여주질 않는단 말이야. 그러니 방금 물건을 산 사람한테 모여들어 "보여줘" "못 보여줘" 하며 대혼란! 좋아! 진짜 즐거워 보여! 이런 일로 친구가 생길지는 모르겠는데 어울려 노는 재미가 있잖아! 지금의 도쿄보다는 훌륭하단 말이야.

일본에도 봉이 김선달 같은 노점이 있어. 노상에서 술잔치를 자주 벌이던 때에 시모키타자와(下北沢)에 자주 갔는데 거기에 정말 수상한 사람이 있었어. 엄청 낡고 더러운 옷차림을 하고 있는 데다 타고 있던 자전거에 물건을 쌓아 올려서 눈에 확 띄었어. 근데 "보면 10엔"이라고 써서 붙여놨잖아! 와 굉장한 상술이야! 슬쩍슬쩍 보는 사람이 많아서 돈벌이가 되겠다 싶어 시작했다더군. "돈 내는 사람이 있나요?" 하고 물어보니 "의외로 있더라고. 근데 도망치는 사람이 점점 늘어나더니, 그후론 다들 나랑 눈이 맞으면 급히 눈을 피하고 잽싸게 도망친다니까" 해. 어라? 이거 친구 만들기 편이었지? 도망쳐버리면 안 되지!! 이건 따라 하지 마셔~.

참고로, 물건 파는 걸 좋아하지 않는다면 이 방법은 추천하지 않아. 친구를 만든답시고 불순한 동기로 물건을 팔거나 가게를 열면 지치기만 해. 반면, 물건 파는 일이 너무 좋다! 하는 사람은 여러 물건을 팔다 보면 자연스럽게 친구가 늘 거라고 믿어 의심치 않아!

아는 사람의 아는 사람 작전

예전에 하토야마 구니오라는 자민당(自民黨)에 소속된 아저씨가 "내 친구의 친구는 알카에다" 같은 쓸데없는 얘기를 해서 물의를 일으켰어. 그 아저씨가 알카에다와 친구인지 아닌지는 전혀 관심 없어. 근데 부러운 점이 있더라고. 그 정도로 발이 넓다는 거잖아! 반대로 말하면 빈 라덴 부하의 친구의 친구가 하토야마라는 말이지. 진짜 좋겠다~ 그거.

어쨌든 친구를 늘려야겠다고 생각했다면 친구의 친구랑 친구가 되는 게 가장 빨라. 재미있어 보이는 일을 하는 친구가 있으면 거기에 놀러 가보자고! 알카에다급 녀석들이 숨어 있을지 모르니까! 간단히 말하면, 그 정도로 폭넓게 친구가 생길 수 있어. 와~ 이건 진짜 장난 아냐!! 길거리 술잔치를 열거나 술 마시러 돌아다니거나 물건을 팔 때도 친구의 친구를 타고 가면 이야기가 순식간에 퍼져.

구치소 동료 만들기

친구의 친구를 타고 가도 좀처럼 친구가 될 수 없는 사람이 있어. 바로 교도소 안에 있는 사람이지. 갑자기 면회를 간다고 해도 친해지기가 쉽지 않지. 바깥세상에 있을 때 만났어도 아무리 노력해도 친구가 되기 어려운 무리도 많아. 그런데 교도소 안에 들어가

보면 상황이 달라져. 절친이 수도 없이 생기니까 한번쯤은 가봐도 괜찮아. 나는 구치소가 괜찮았어. 사기꾼, 마약 판매상, 비자가 끊겼을 뿐 나쁜 짓은 전혀 하지 않은 라면 가게를 하는 중국인, 마약을 소지하다 들킨 이란인 배낭여행객, 도피 생활 중에 파친코를 하다가 잡힌 지명수배자, 야쿠자 아저씨, 회사 돈을 횡령한 멍청한 임원, 도박장 체포조(도박장 단속 때 체포당하는 역할을 하는 직원―옮긴이) 등등 정말 다채롭지. 이 사람들 역시 다양한 일을 해온 엄청난 인재들이라고.

'범죄자'라는 무서운 낙인이 있지만 실제로는 그렇게 무섭지 않아. 나쁜 짓을 했다고 해서 일상에서도 무서운 건 아니니까. 예를 들어 살인범이 24시간 사람을 죽일 듯한 분위기로 밥을 먹고 똥을 싸고 영화를 보고 광합성을 하면서 차를 마시고 오랜만에 놀러 온 조카에게 험악하게 인상을 쓰며 "벌써 이만큼 컸어? 지금 몇 살이야? 산수는 재밌어?" 같은 말을 할 리가 없지. 평소엔 정말 평범할 수도 있어. 사기꾼이나 마약 사범이나 다 똑같아. 더구나 교도소에 갇혀 있으면 야쿠자든 뭐든 다들 체념하고 있어. 이왕 버린 몸! 즐길 수밖에 없지 않겠어? 교도소에는 아무것도 없으니까 매일 아침부터 밤까지 쓸데없는 얘기를 하다 박장대소하기도 하고, 손이 심심할 때는 화장실 휴지를 물로 녹인 후 굳혀서 주사위를 만들어 공책에 만든 놀이판으로 주사위 놀이를 하기도 해. 가끔 교도관에게 들켜서 주사위를 빼앗기면 야쿠자가 "뭐야~ 주사위 정돈 괜찮잖아~" 하고 항의하기도 하고, 소등 시간 후에도 수다를 떨면서 시끄럽게 굴다가 교도관에게 혼나기도 하고……. 이건 진짜 수학여행이랑 백지 한 장 차이. 이렇게 되면 친구가 안 생길 리가 없지!!

　이 녀석도 저 녀석도 엄청 재미있는 이야깃거리를 가지고 있어서 수다가 끝나질 않으니까 걱정 말고 체포당해보라고. 아, 한 가지 당부! 잡혀갈 때는 민폐를 끼치는 일로 잡혀도 재미가 없어. 이왕하는 김에 덴엔초후에서 "돈 있는 놈들 다 나와!"라고 외치다 잡힌다거나, 아무 짓 안 하고 자수를 하는 식으로 잘 해보라고!

　문제는 친구와 만날 수가 없고 술도 못 마시게 되는 등 좋지 않은 점도 있어. 그런 점에서 교도소는 호불호가 갈릴지도 몰라. 아무튼 나는 정말 재미있었어!

한방에 역전! 인터넷 작전

　외톨이 생활과 인터넷 세계는 종이 한 장 차이. 페이스북이나 트위터에서 이것저것 하다 보면 인터넷 지인이 점점 늘어가지. 하지만 실제로 만나보기 전까지는 정말 친구가 되었는지 잘 몰라. 인터넷에서 엄청나게 교류를 한다고 해도 아주 사소한 일로 악에 받쳐 아이디를 삭제하고 나면 친구 만들기를 다시 시작해야 해. 이건 너무 바보 같잖아. 게다가 그런 답답한 짓을 하고 있다가는 정작 중요한 일이 생겨도 서로 아무 힘이 못 된다고.

　지금까지 말한 여러 작전과 소셜미디어를 합치면 굉장한 결과가 나와. 예를 들어 한국 길거리에서 게릴라 생선구이 집회를 했을 때 이런

저런 녀석들이 트위터에서 정보를 흘려준 덕분에 많은 사람이 모였어. 프랑스의 길거리 게릴라 술잔치는 더 굉장했어. 게릴라 술판이 페이스북에서 날개 돋친 듯이 화제가 되어서 여기저기서 1만 명 이상이 광장에 모여들어 큰 소동이 일어났어. 그때 모인 프랑스 얼간이 녀석들도 "인터넷에서 알게 된 녀석들과 실제로 만나서 술을 진탕 마시니까 너무 좋아" 하더라고. 바로 우리가 지금 생각하고 있는 것과 똑같이 말하고 있다고.

일단은 인터넷도 잘 사용하면서 친구를 잔뜩 만들어보라고! 우리 가난뱅이들은 친구가 조금이라도 많아야 돈 많은 무리가 바가지 씌우는 사회에서 호구가 되지 않고 살아갈 수 있어!

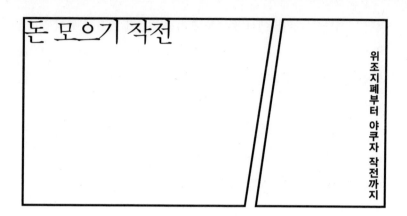

돈 모으기 작전

위조지폐부터 야쿠자 작전까지

이 책에서 환상적인 공간을 만들자고 하든, 말도 안 되는 계획을 실행해보자고 하든 '결국은 돈이 필요하잖아!' 하는 생각이 들지? 물론 돈 안 들이고 뭔가를 시작하는 방법이 얼마든지 있어. 하지만 돈이 조금이라도 필요할 때가 있지. 돈이 있어서 나쁠 건 없어. 그런 의미에서 우리가 제일 못하는 돈 모으는 방법을 연구해보고 싶어. 포기하기엔 아직 일러! 지성이면 감천이라고! 이봐 동지들, 가끔은 성실하게 돈을 모아야 하지 않겠는가!

위조지폐 만들기

'돈이 필요해~' → '일을 해야 돼', 이건 노예의 발상. 뭐, 자영업은 조금 다를지도 모르겠지만, 아르바이트생이나 회사원처럼 피고용인 입장이 되면 돈 모으기는 별로 재미가 없어. 어차피 엉터리 가게나 이벤트를 여는 데 필요한 돈이니까 여기선 수상한 방법으로 돈을 모아 마지막에 "약 오르지~!"라는 대사를 외치고 싶어.

불성실하게 돈을 번다고 하면 맨 처음 생각나는 것이 역시 위조지폐. 게다가 이건 꽤 난이도가 높아. 예전에 친구랑 한잔 하면서 위조지폐를 만들려고 지폐를 살펴보고 있었는데, 깜짝 놀랄 정도로 자잘한 무늬나 글씨가 많이 새겨져 있더라고. 특히 5000엔짜리 오른쪽 아랫부분에 있는 선이 글씨였다는 것을 깨달은 순간 솔직히 너무 열 받았어! 젠장~ 우릴 바보 취급해?! 이거 봐 정부! 왜 그렇게 국민을 못 믿어? 이렇게 되면 위조지폐를 만들 수 없잖아!!

뭐, 잘 생각해보면 요즘 출판업계가 워낙 불황이라 부도에 몰린 인쇄소 사장이 3월에 세금 신고를 할 때마다 "기왕 이렇게 된 거 현금이나 잔뜩 인쇄해버릴래!!! 젠장~!!!"하고 있을지도 몰라. 그런데 위조지폐가 세상에 돌아다니지 않는 걸 보면 아무리 프로라도 복제하긴 어렵나 봐. 음…… 그래! 포기하자!

은행을 속여보자

위조지폐 하면 옛날에 만났던 굉장한 녀석이 생각나. 은행은 반으로 찢긴 지폐를 새 지폐로 바꿔줘. 그걸 알고는 무슨 수를 써서라도 돈을 늘리려고 한 사람이야. 1만 엔 지폐를 50분의 1 정도로 잘게 자른 후 은행에 가져가서 50분의 49를 1만 엔으로 교환하는 거야. 이걸 반복하면 50만 엔을 51만 엔으로 만들 수 있는 전대미문의 작전. 정말 멋지지 않아?! 문제는 만드는 데 드는 수고에 비해 결과는 미지수라는 점. 게다가 잘게 잘린 만 엔짜리를 매일매일 은행에 들고 가는 게 너무 수상해 보인 나머지 이 사람, 금방 발각되어 잡혔어. 사실 이건 내가 유치원에 다닐 때 텔레비전 뉴스에 나왔던 일이야. 어머니가 "이런 짓은 결국 시간낭비에 불과하니까 하지 마"라고 이야기했던 게 기억 나.

크라우드펀딩 & 불법 여관 & 불법 택시

나라와 정부는 돈에 대해 굉장한 애착(?!)을 보이니까 돈 자체를 어떻게 하기는 힘들어. 불가능한 일은 아니지만 우리가 이길 수 있는 상대는 아니란 말이지. 그런 의미에서 돈을 독자적으로 모으는 방법을 생각해보자고. 일단은 최근에 유행하고 있는 크라우드펀딩. 인터넷으로 자금을 모으는 방법이야. 이건 경우에 따라 좋을 수도 나쁠 수도 있어. 일단은 뭘 하고 싶은지를 밝힌 뒤 동의하는 사람들을 불러 모아. 그러면 해당 사이트를 통해서 많은 사람에게 취지를 퍼트릴 수 있게 돼. "돈이 좀 있는데 좋은 일에 써줄 사람이 없으려나" 하면서 크라우드펀딩 사이트를 보고 있는 사람의 심금을 울리면 성공! 목표 금액을 달성하면 투자자에게 보답하는 물품이나 서비스를 제공해. 투자자도 내 덕에 그 기획이 성공했구나 하는 기분이 들어서 일단 만족. 마무리까지 잘 되어서 5~20퍼센트 정도의 수수료를 넘기면 사이트 운영진에게도 수지가 맞는 일이니까 완벽해!

　최근에는 인터넷을 이용한 중개업 개념의 서비스를 고안한 뒤, 이익의 일부를 가로채는 사업이 유행하고 있어. 빈방에 숙박할 수 있도록 소개하는 에어비앤비(Air bnb)나 우버(Uber) 택시 서비스도 같은 개념이지. 방법이 뭐든 상관없어. 하지만 이런 수단은 이상하게 맘에 안 든단 말이야. 너무 잘돼 있잖아. 허술한 구석이 없어.

자민당 작전

　자민당은 따로 말하지 않아도 모두가 아는 자본가, 재벌, 대기업을 대표하는 정당. 이곳에 돈이란 돈은 죄다 모이고 있는 것이 분명해. 24시간, 365일 가난뱅이들에게서 돈을 뜯어 가서 피둥피둥 살이 오르고 있는 나쁜 부자 녀석들이 모인 자민당의 돈은 다 알고 보면 우리 거야. 좋아! 결정했어! 자민당에 들어가서 돈을 돌려받자! 남아도는 물건을 왕창 받거나 밥을 얻어먹자고! 혹시라도 선거에서 떨어지거나 위대한 정치인 선생님이 돌아가시면 이거야말로 절호의 찬스! 부자들은 손이 클 테니까 밥 좀 얻어먹는다고 호들

갑을 떨지는 않아. "좋은 처분 방법을 알고 있어요!"라면서 대충 둘러대서 감쪽같이 속여도 재미있겠지? 장례식이 있으면 화장장까지 가서 통곡하는 척하면서 금니를 몰래 뽑아오는 거야!

유명인으로 만들자 작전

조금 더 현실적으로 기념품을 만들어 돈을 모으는 방법이 있어. 티셔츠나 머그잔, 스티커, 배지, 라이터, 볼펜, 엽서, 토트백 등 뭐든 좋아. 직접 만들어 팔면 가격은 아무리 싸도 원가의 2~3배 정도 되니까 잘하면 돈을 모을 수 있지. 대신 무슨 상품을 만드는지가 중요. 혹시 본인의 캐릭터, 가게, 밴드, 극단 등이 있다면 관련 작품이나 로고를 이용하면 돼. 대신 같은 물건을 계속 팔다 보면 굉장히 유명한 사람이 아닌 이상 언젠가 한계에 부딪혀. 게다가 "저는 아무것도 안 하고 있어서 내세울 게 없어요" 하는 사람도 많을 거야. 그럴 때는 누군가를 유명하게 만드는 방법을 써보자고.

자, 그렇게 해서 시도한 것이 에가미(江上) 티셔츠 작전. '에가미 겐이치로'라고 후쿠오카(福岡)에 사는 한량이 있는데 해외 여기저기를 돌아다니기만 하는 사람이야. 한가한 만큼 진짜로 많은 곳에 놀러 다녀봐서 재미있는 장소를 많이 알고 있었지. 한때 에가미 씨가 도쿄에 놀러 온다고 해서 모처럼 다른 나라의 바보 공간을 소개하

는 이벤트를 열기로 했어. 에가미 씨도 가난뱅이니까 교통비 정도
는 주고 싶어서 생각한 것이 에가미 티셔츠 작전. 말하자면 '유명인으
로 만들어버릴 수밖에 없다' 작전! 정말 죄송하지만 에가미 씨를 기념품
주인공으로 만들었지. 일단 주인공한테는 비밀! 에가미 씨의 얼굴
밑에 'KEN EGAMI'라는 로고를 만들어 넣고 이 디자인의 스티커
를 대량 제작해서(인터넷에서 찾아보면 싸게 해주는 인쇄소가 얼마든지 있을 거
야) 동네방네 붙이고 다녔어. 친구에게도 나눠 주고 아는 사람이 다
닐 만한 가게에도 막 붙이고 다녀. 그러면 주인공을 아는 사람들이
"뭐야, 왜 에가미 군이 여기저기 붙어 있지?"하고 화제가 돼. 당연
히 모르는 사람이 더 많지. 그런데 "이 사람, 요즘 자주 보이는데?"
하는 요상한 분위기가 형성돼. "1960년대에 활약한 유명한 혁명가
야"라든가 "빈민을 구제하기 위해 반란을 일으켜서 체포당한 사형
수야" 같은 얘기로 대충 둘러대면 "와 그렇구나! 짱인데!" 하고 점
점 더 유명인이 되어가. 이 기회를 틈 타 티셔츠 발매! 그러면 "앗!
거리에서 자주 봤던 사람이다! 이 녀석이었구나!" 하면서 너도나도
티셔츠를 사게 돼. 이런 기세를 부풀리면 해외에서 온 여행객도 "일
본에서 존경받는 의인"이라고 생각하고 티셔츠를 선물로 사 가기도
하걸랑. 그렇게 해서 티셔츠가 50장가량 금세 팔려나갔어. 스티커
제작비도 회수했고 에가미 씨에게 후쿠오카-도쿄 왕복 비행기 표
값도 줄 수 있었지.

아, 참고로 주인공의 성격을 고려할 것. 에가미 씨는 이 사태를

이벤트 당일에 알고 "하지 마! 창피하잖아!"라고 말하면서도 사실은 좋아하는 유형이었기 때문에 문제없었어. 하지만 이런 걸 정말 싫어하는 사람이나 사정상 쫓기고 있는 인물의 얼굴을 동네방네 붙이고 다니면 안 되지. 그러니 상대를 봐가면서 실행해줬으면 해~.

벼룩시장에 가게를 내보자

벼룩시장도 얕잡아봐선 안 돼. 벼룩시장은 보통 공원이나 광장, 상가에서 열리는데 큰 이벤트의 양념이 되기도 해. 여기에 참가해서 닥치는 대로 물건을 팔아보자고. 친구랑 하면 거의 놀이나 마찬가지인 데다 여러 사람과 얼굴을 트게 되어서 재미있어. 불필요한 물건을 팔아치워서 돈을 조금이라도 손에 넣어봐. 매일 지루한 노동을 하는 것보다 기분이 훨씬 좋아질걸. 참가비도 싸. 작은 벼룩시장은 500~1000엔이고, 규모가 크거나 자동차를 통째로 이용해 가게를 낼 수 있는 곳도 기껏해야 3000엔~4000엔이야. 주최 측에 문의해보면 누구라도 참가할 수 있어. 대신 결국 자기 물건을 팔아서 현금을 만드니까 본인의 군자금이 늘어나지 않는다는 점을 명심해. 가진 물건이 다 떨어지면 당연히 그걸로 끝이지. 이건 임시방편으로 현금을 만들 때는 괜찮지만 돈을 벌었다고 말하기 힘들고, 생각보다 돈도 그렇게 많이 모이지 않아.

물건 파는 재주가 있는 사람이면 도매업자에게 신품 잡화를 사들여서 파는 방법도 있어. 이건 꽤 본격적인 장사이기 때문에 안이하게 생각하면 안 돼. 직접 만든 물건을 파는 사람도 많은데 여기도 재능과 감각이 필요하지. 재능 있는 사람은 뭘 해도 자유롭게 본인 힘으로 돈을 만들어가면 돼. 이런 사람들은 제외하고 여기서는 일단 야바위 같은 일을 생각해보자고!

몇 년 전에 뉴욕에서 '월 스트리트 점거'라는 운동이 일어났어. 요컨대 '부자, 까불지 마' 운동이야. 그때 미국 녀석들이 "겨우 1퍼센트의 부유층이 세계의 부를 다 가지고 있다!" 하고 굉장히 화를 냈어. 그렇지, 그건 돌려받을 수밖에! 좋아! 부유층에게 빼앗긴 것을 분노한 민중이 되찾아오는 날이 드디어 왔어! 가난뱅이 당신! 우리도 들고일어나야 한다고!! 그런 의미에서 부자들이 사는 지역 주변을 왔다 갔다 하면서 타는 쓰레기나 타지 않는 쓰레기를 내놓는 날(도쿄 도는 타는 쓰레기, 타지 않는 쓰레기, 재활용으로 나눠서 분리수거를 한다—옮긴이)에 물건을 주워 모으는 것도 좋아. 근데, 어라, 이걸 시급으로 따지면 편의점 아르바이트보다 싸네. 안 되겠다! 어이! 부자! 이번엔 봐줄 테니까 나중에 두고 보자고!

역시 이럴 때 통하는 방법. "이런 가게를 내고 싶으니 필요 없는 물건을 주세요"라고 알리고 다니면 아는 사람이나 흥미를 보이는 사람이 물건을 하나둘 줄 거란 말이야. 나한테 필요 없는 물건이라고 해도 가치가 없지는 않아. 그러니까 '돈 내놔!' 하는 일과 다르게 모두 기뻐할 만하지. 와~ 이건 좋아. 그걸 계속 벼룩시장에 가져가. 또 주민들이 모이는 곳이나 상가에서 열리는 이벤트에 참여해서 계속 멍청이 같은 얼굴을 비치면, 꼰대 같은 영감탱이들이 "뭐야, 이 멍청해 보이는 녀석은" 하면서 말을 걸어올 거야. 대신 이런 할아버지는 나쁜 사람이 아니고 단순히 입이 더러울 뿐이야. 아마도 애정표현을 그렇게 하지 않을까? 여하튼 근처 사는 사람이 정리하지 않은 창고 정보를 알려주거나 할 거야. 대신 2차대전 전에 태어난 할배들은 경험이 너무 풍부해서 웬만한 일로는 꿈쩍을 안 해. "저쪽에 사는 바보 같은 아들이 고리대금업자에게 쫓기다 목을 매버렸는데, 저 방 그대로 방치되어 있어~" 같은 무시무시한 정보를 아무렇지도 않게 흘리기도 해. 그런 정보는 못 들은 걸로 하고 계속 공짜로 물건을 받아서 벼룩시장에서 팔아버리자고.

포장마차 작전

할 수 있다면 음식 파는 포장마차도 재미있어. 이것도 동네 이벤트나 잔치에 참여해서 열 수 있어. 대신 음식은 위생 관리가 필요하기 때문에 사전에 검사나 허가를 받아야 해서 진입장벽이 좀 높은 편이야. 결국은 이것도 때와 장소가 중요해. 일단 기회가 있다면 음식 판매를 해도 되는지 물어봐. 특히 작은 지역 이벤트는 '친해지면 참가 OK˚ 같은 이상한 관행도 있으니까 벼룩시장 다음 순서로 포장마차를 생각해도 좋아.

일단 참가했다고 쳐. 그다음은 뭘 어떻게 팔까 하는 문제가 있지. 뭐든 상관없어. 물론 한겨울에 팥빙수를 팔거나 한여름에 뜨거운 술이나 어묵을 팔면 쪽박을 차겠지만, 그냥 상식적인 걸 팔면 어떻게든 굴러가게 돼 있어. 제대로 요리를 하는 사람한테는 혼날 수도 있는데, 이벤트가 열리는 노점에서 먹고 마실 때는 맛보다는 분위기가 중요한 법이니까. 게다가 기분 좋을 때 먹는 음식은 거의 다 맛있다고 느끼잖아. 그러니까 신나게 판매하는 게 중요. 하나 더! 진심을 다해 파는 것처럼 보일 것. 포장마차는 겉모습이 번지르르해야 한다고.

예전에 상가 이벤트에 참가해서 음식을 몇 번 팔았어. 긴 탁자를 놓고 꽁치 소금구이나 찌개를 만들어 팔기도 하고 선술집도 열어봤는데 벌이가 시원찮았어. 그다음에는 너무 분해서 냉동 샤오룽바오(소룡포)를 사와서 몰래 전자레인지로 데운 뒤, 그걸 잠깐 찜통에 쪄서 팔았지. 이게 장난 아니게 팔리면서 순식간에 완판! 금세 또 장을 봐와서 팔 정도였어. 찜통에서 올라온 온기가 정감이 있어서 그랬을까? 아무튼 영문을 알 수 없어. 그때는 회의할 때 쓰는 긴 탁자가 아니라 옛날에 쓰던 포장마차를 가져와서 거기서 팔았거든. 별 다를 게 없었단 말이야. 냉동식품과 업무슈퍼(業務スーパー: 상시 할인 마켓의 이름―옮긴이)에서 파는 간장을 썼는데도 다들 맛있어, 맛있

어 하면서 잔뜩 먹더라고. 유학생처럼 보이는 중국 본토 사람이 먹으러 와서 바짝 긴장했는데, 웬걸 맛있다고 하잖아~. 그 주변에 있던 술 취한 녀석들도 하나 더 사 먹으러 오질 않나……. 뭐야 냉동 식품도 되잖아!

그런 의미에서 거기 당신! 포장마차로 돈을 벌 셈이야? 그럼 명심해. 겉모습이 번쩍번쩍한 게 중요해! 생각해보면 축제에서 별 맛도 없는 오코노미야키를 먹을 때 즐거웠다면 '분명 맛있었어' 이렇게 기억하게 돼. 참, 혹시 제대로 된 요리를 먹고 싶어 하는 사람한테 사기꾼 작전을 쓰면 금방 발각돼서 망해버리니까 조심해. 이건 어디까지나 임시방편으로 포장마차를 할 때의 이야기라고!

❖ 포장마차 팁 한 가지

전자레인지를 몰래 사용해야 하는데 '띵~' 하는 소리 때문에 간담이 서늘해지죠? 하지만 괜찮습니다! 전자레인지를 드라이버로 분해해보면 그 무시무시한 소리를 내는 자전거 벨 같은 금속 부품이 있으니 그걸 제거해버리면 끝! 이걸로 포장마차 주인도 손님도 모두가 행복해집니다!

야쿠자에게 배우려다 실패한 작전

돈 하면 야쿠자, 야쿠자 하면 돈. 야쿠자는 이익을 남기는 걸 정말 잘하지! 그럼, 착한 학생들~ 야쿠자에게서 이익 남기는 법을 배워보자고!!

지금은 고엔지(高円寺: 지은이가 사는 도쿄의 한 동네. 음악인을 비롯해 예술가가 많이 사는 자유로운 곳으로 유명하다―옮긴이)에 살고 있어서 야쿠자와 만날 일이 거의 없어. 기껏해야 가끔 야쿠자처럼 생긴 사람이 물건을 사러 재활용품 가게에 들르는 정도. 고엔지에서 가게를 열기 전에는 신주쿠에 있는 가부키초(歌舞伎町: 신주쿠에 있는 도쿄 최대의 환락가―옮긴이)나 오쿠보(大久保)를 돌아다녔기 때문에 그쪽 사람들과 우연히 마주치기도 했어. 그럴 때면 예상치 못한 곳에서 돈과 관련된 훈훈한(!) 일화들이 날아 들어오지.

"저기 있잖아, ■■■한테 ■■를 찾아내서 ■■■ 마셔주면 ■■만 엔 어때?"라든가, "요즘 ■■■■에서 ■■■를 ■■■고 있는데, 이게 또 ■■■야. 그건 하는 게 좋아~"라든가 "다음에 ■■■의 ■■의 ■■■를 ■■■■하자는 얘기가 나왔는데, 부탁할게" 같은 얘기……. 무리야, 무리. 무섭다고! 아무튼 사실대로 밝힐 수가 없잖아! 이건 안 되겠어! 다른 작전이다!

코끼리표 보온밥솥 작전

한 가지 더 소개해볼게. 타이완에서 열린 음악 이벤트에 갔을 때 타이완 녀석들이 생각해낸 돈 모으는 방법은 코끼리표 보온밥솥, 일명 조지루시(象印: 전기밥솥 등으로 유명한 일본의 가전 브랜드—옮긴이) 작전. 오키나와(沖縄)의 친구 밴드가 타이완 음악 이벤트에 세 팀이나 출연하게 되자 타이완 녀석들도 "모처럼 오는데 교통비 정도는 챙겨주고 싶어. 근데 우리가 하는 이벤트 완전 돈이 안 되잖아~"하고 머리를 굴려. 근데 타이완 녀석들은 자기들끼리 필사적으로 아르바이트해서 돈을 벌어 이벤트 여는 것을 정말 싫어해. 이 녀석들은 "어차피 엉망진창 이벤트니까 엉터리 같은 방법을 써서 자금을 조달하지 않으면 재미가 없어"라는 신념을 가지고 있지. 그러더니 갑자기 "좋아, 남의 돈으로 출연료를 내겠어!" 하고 말을 꺼내. 뭔가 했더니, 일본에서 산 물건을 타이완에서 판매해서 차액을 남기는 구매대행 같은 구상으로 "일본에서 오는 사람들은 모두 물건을 사서 와줘~"라고 하잖아. 이건 누구라도 생각해낼 수 있는 작전이지만 이 녀석들 마음 씀씀이가 가상해서 더 끝내주더라고. 그러고는 인터넷 사이트에 전용 코너를 만들더니 "파나소닉 헤어드라이어 XX엔, 조지루시 전기밥솥 XX엔" 등 타이완에서 잘 팔리는 상품 광고를 내걸었어. 게다가 전자상가에서 발행하는 신문에 삽지 광고를 해서, "할아버지도 알고, 할머니도 가지고 싶어 하는 다이슨 청소기!" "이걸로 가정도, 부부관계도 원만!" "타이완에 오는 밴드의 교통비도 충당되니까 일석이조!" 같은 말도 안 되는 광고를 필사적으로 홍보!

참고로 여기 나와 있는 제품은 전부 타이완에서 직접 구할 수 없는 물건이야. 보통은 대행 업자에게 비싼 돈을 주고 사지. 그래서 타이완에서 판매하는 가격보다 싸고, 일본 판매가보다 비싸게 책정했어. 근데 주문이 들어오더라고. 일본에 있는 우리가 주문을 받아서 군말 없이 가장 싼 가격을 알아내서 "좋아! 그걸 사자고!" 하고는 구매! 상품이 하나둘 쌓여서 무료 수하물 최대 용량까지 도달하면 종료. 그다음은 타이완에 가는 사람들끼리 산처럼 쌓인 물건을 나눠서 가지고 가기. 그렇게 해서 다들 청소기, 전기밥솥이 들어 있는 커다란 상자를 잔뜩 들고 나리타 공항으로 출발. 공항에 도착하면, 싹쓸이 쇼핑을 한다는 중국인들처럼 짐을 들고 항공사 카운터에 서 있어! 와! 완전 똑같아!!! 이제 알겠네, 그런 거였군! 서로 '너도 그 방법을 썼군(히죽)' 하고 눈으로 인사를 나누고, 국경을 초월한 친밀감을 느끼지. 목적지는 달라. 우리는 타이완으로!

조지루시 작전을 실행한 결과, 이익으로 십여만 엔을 남겨서 출연한 밴드 멤버들에게 교통비라며 돌아가기 직전에 건네주더라고. 이번엔 돈을 받은 밴드 녀석들이 "안 돼~ 타이완에서 그렇게 환대를 해줬는데 미안하잖아!" 하더니, 오키나와 이벤트에 타이완 밴드를 초대할 때 숙박비로 쓴다고 해. 와 어쩜 이렇게 돈이 아름답게 순환이 돼!

각종 기금에서 후원 받기

이번엔 완전 정공법. 여러 재단이나 기관에서 돈을 받는 방법이야. 정부에서 운영하는 외곽 단체 기금도 있고 민간 기업이 운영하는 문화재단 지원금 등 종류는 많아. 예를 들어 일본에도 해외의 재미있는 아티스트나 음악가가 많이 와서 여러 이벤트에 참가하는데, 국제교류기금을 이용해서 오는 사람이 많아. 국제교류기금은 문화 교류 촉진이 목적이기 때문에 취지가 맞으면 돈을 내줘.

단발성 이벤트에 자금을 지원하거나 장기간의 이벤트 프로젝트에 투자하기도 해. 물론 일본에만 한정되지 않고 해외에도 이런 시스템이 많아서 다들 잘 활용하고 있어. 대신 재단 쪽에서는 의미 없이 돈을 마구 나눠줄 수 없기 때문에, 신청부터 보고까지 그쪽에서 요구하는 귀찮은 서류가 잔뜩 있어. 어떤 기관은 "이런 건 하지 마" 같은 주문까지 추가할 때도 있어. 좀 귀찮기도 하고 덜 자유롭긴 하지만 돈을 손에 넣을 수 있다는 장점이 있기도 하지. 뭐, 어떤 일이든 좋은 점과 나쁜 점이 있으니까 해봐서 손해볼 건 없어. 주의할 점은 그 돈에 너무 의지하지 말 것. 자기 힘으로 마련한 돈에 조금 보태는 식으로 지원금을 이용하면 제일 좋아. 지원금을 못 받으면 아무것도 할 수 없게 되는 식으로 정부나 재단에서 받는 예산에 단체의 목숨이 달려 있다면 곤란하지. 게다가 정부나 기업의 방침이 바뀌는 순간, 망해버릴 수 있어. 이건 너무 취약하잖아! 예를 들어 한국에서는 2008년에 보수 정권이 들어서고 문화 기금이 많이 끊겨서 없어진 공간이나 단체가 속출했다고 해. 일본에서도 예전에 이시하라 신타로(石原慎太郎: 한일합방이 자발적이었다는 등 한일관계에 망언을 일삼아 한국에서도 유명했던 옛 도쿄도지사—옮긴이)가 도쿄도지사가 되고 나자 젊은이들을 위한 시설이나 서비스가 한순간에 사라지기도 했어. 그러니 이건 위험해. 기본적으로 본인들의 힘으로 운영하되 특별한 일이 있을 때 기금을 신청해보는 게 좋겠어.

경매 작전

엄청 열을 올리며 판매하는 '경매'라는 방법이 있어. 이건 괜스레 분위기가 달아오르지. 일단 한번 해보자고!

일전에 홍콩의 DIY(Do It Yourself) 라이브하우스 〈히든 어젠더(Hidden Agenda)〉를 운영하는 사람들을 일본에 초대해서 다큐멘터리를 상영하고 토크쇼를 열었어. 교통비 정도는 당연히 주고 싶었고, 라이브하우스 활동 자금도 기부할 수 있다면 좋겠다고 생각했지. 물론 이벤트를 여는 비용도 필요해서 돈을 마련해야 했어. 그때 경매를 생각해냈지. 홍콩에서 올 때 라이브하우스에서 연주하는 음악가들의 음반을 잔뜩 가져오라고 해서 그걸 상영회 끝나고 경매로 판매하기로 한 거야.

수많은 역경을 이겨내고 자신들의 힘으로 라이브하우스를 운영하게 된 눈물과 감동의 다큐 상영을 끝내고 잠시 쉰 다음 경매 시작! 이벤트 장소에는 80명 정도의 관객이 모여 있었어. 이들에겐 홍콩에서 활동하는 인디 밴드는 생소해서 모든 것이 새로웠고 영화를 보고 난 후라 더 흥미진진했지. 우선 〈히든 어젠더〉를 운영하는 중심 멤버 키미(KIMI)가 골라온 음반과 음악가를 설명해. 어떤 장르의 음악인지, 어떤 공연을 하고 있는지, 라이브하우스와 어떻게 관련되어 있는지 등을 말이야. 그런 후 "실제로 들어봅시다!" 하고 음반을 틀어. 당연히 음악이니까 호불호가 갈리지만, 흥미가 있는 사람은 "사고 싶어!" 하게 되지. 일단은 싸게 500엔이나 1000엔부터 시작. "1200엔" "1500엔!", 경매가와 목소리가 함께 높아지다가 무사히 낙찰~. 이걸 몇 번씩 하면서 홍콩의 밴드들을 소개하고 추천해 가는 거야. 그러다 보면 다들 구매 욕구가 높아져서 설명을 들은 후엔 "곡 틀어요!" "빨리빨리!" 하는 식이 돼. 곡이 따란~ 하고 시작하는 순간에 "1000엔" "1200엔!" 하고 목소리가 높아져. 음악은 듣지도 않았잖아!!! 거의 도입부만 듣고 맞히는 퀴즈 같잖아! 결국 경매 덕에 장사는 대박. 물론 수익은 전액 홍콩에서 온 〈히든 어젠더〉 멤버에게 주었어. 입장료도 받았으니까 그 돈으로 대관비, 비행기 삯 등 경비는 모두 조달할 수 있었지.

음…… 참고가 되었는지 모르겠지만, 돈 버는 일은 사실 엄청 야바위스러워. 예를 들어 가게의 상품도 진열, 상품명, 조명을 어떻게 하느냐에 따라 같은 물건도 가격을 얼마든지 다르게 매길 수 있어. 정확히 말하면 다 사기야. 사기와 사기의 틈에서 공돈이 나오는 법이

거든. 그러니까 세상을 완전히 우습게 보는 자세를 견지하고 얼토
당토않은 방법으로 돈 모으기를 해보자고! 괜찮아, 몽땅 실패해서
개털이 됐다 해도 우리에겐 돈을 쓰지 않고 생활하는 비법이 응축
되어 있는 가난뱅이 자립 센터가 있으니까!

저녁 바람을 쐬는 아저씨들

일거수일투족을 관리당하는 이런 지루하고 살기 힘든 세상에서 해방감을 느낄 수 있는 자유롭고 어벙한 공간은 어떻게 만들까? 그게 이 책의 주제인데, 여기서 또 엄청난 녀석들을 소개해볼게! 지금은 거의 멸종해버린 저녁 바람을 쐬는 아저씨야!!! 이건 굉장해. 세상이 참 팍팍해져서 밤에 젊은 사람들이 모여 있기만 해도 경찰을 부르고, 집 없는 사람이 공원에서 잔다고 불평불만을 늘어놓고, 포장마차나 노점을 향해 "저 사람들은 집세도 안 내고 뭐야" 하고 야박한 소리를 하지. 공공장소가 없는 것과 마찬가지야. 이렇게까지 가치관이 변한 세상에서 저녁 바람을 쐬는 아저씨 같은 존재는 지금 생각해보면 과격파와 진배없어. 국민들의 혈세로 만든 거리 일부를 멋대로 점령해서 캔 맥주를 마시거나 아이들과 불꽃놀이를 하기도 하잖아……. 멋져부러!!

그래, 지금은 거리에서 느긋하게 노니는 사람이 많이 줄었는데, 옛날엔 잔뜩 있었어. 저녁에 날씨가 시원해지면 집 앞이나 길가 벤치에 앉아서 쉬거나 이웃들과 잡담을 나누곤 했지. 겨울에는 저녁에 드럼통에 불을 피우고 있는 사람도 있었는데 거기서 군고구마를 자주 얻어먹었어. 내가 도쿄 시타마치(下町: 역사적으로 에도 시대에 번화했던 지역을 지칭. 아사쿠사, 니혼바시, 긴자, 간다 등이 포함된다—옮긴이) 고토구(江東区)에서 자라서인지 모르겠는데, 이런 광경을 자주 봤어. 아저씨들은 숨어 있는 실력자가 많은데 교활한 구석도 있지. 뭐랄까, 알 수 없는 표정으로 뭘 해도 용서받을 수 있는 분위기를 내뿜는단 말이야. 그런데 요즘은 젊은 녀석이 제멋대로 굴면 "요즘 젊은 것들은 싸가지가 없어" 하고 나쁜 놈 취급을 하잖아. 노인이라면 자연스럽게 노망이 들었다고 생각하고 "그래요. 근데 이제 그런 시대는 끝났다니까요~" 하면서 집으로 끌고 가. 아, 참 아줌마는 강적이야. 아줌마들은 하얀색을 검정이라고 우길 수 있는 박력을 가지고 있지. 이게 또 어느 정도는 용납이 되더라고. 어쨌든 예전엔 아저씨들이 거리에서 여러 일을 벌였어.

1990년대 중반 대학생이었을 때 중국과 동남아시아에 무전여행을 갔어. 관광지에는 전혀 관심이 없어서 현지인들만 가는 상점가나 주택가를 어슬렁거리고 있었는데, 해가 질 무렵부터 거리에 사람들이 넘쳐나더라고. 어린애들은 좁다란 도로를 뛰어다니고, 아저씨들은 길 위에서 장기를 두고, 아줌마들도 차를 마셔. 뭐야 이거?! 고토 구랑 같은 풍경이잖아!! 해가 지고 나자 길 위에 돗자리를 깔고 영사기로 영화를 보기 시작하고, 광장에서 노래자랑 대회를 열어서 사람이 계속 모여들어! 다들 차를 마시든지 밥이나 과자를 먹고 있는데 이상하게 즐거워 보여. 젠장~ 엄청 좋아 보이잖아!

부럽다고! 음, 이거 일본이 경제다 고도성장이다 하면서 지금까지 희생해온 것들이라고. 고토 구에는 아직 끈질기게 남아 있는지도 모르지만, 옛날에는 여기저기서 이런 풍경을 볼 수 있었어. 저녁 바람을 쐰다 해도 텔레비전에나 나올 듯한 유카타(浴衣: 여름에 입는 일본 전통 복장—옮긴이)를 입고 엔가와(縁側: 일본 전통 가옥의 툇마루, 현대 건물의 베란다 같은 역할을 하는 곳—옮긴이)에서 불꽃놀이를 하는 그런 말쑥한 풍경이 아니야. 더 심하지. 초등학생 때는 알코올중독자 아저씨가 길에서 넘어지거나 하는 꽤 엉망진창인 광경을 자주 목격했어. 대신 길을 걷던 어른들은 동네에 관한 일은 다 알고 있어서 이런저런 정보를 알려주기도 하고 과자도 줬어. 가끔 동네 공방에서 쓰는 트럭에 짐 싣는 것을 도와주고 용돈으로 1000엔을 받기도 했지. 거리는 좋은 사교 장소였고, 어른들이 거기서 놀았어. 맞아~ 그랬어! 해외나 일본이나 지금도 이런 상황이라면 굳이 공간을 만들 필요가 없어. 거리가 자유로운 분위기니까 뭔가 하고 싶으면 거리에서 멋대로 할 수 있고 사람도 만날 수 있어. 하지만 지금은 거리가 점점 깔끔해져가니 고토 구에서도 그런 거리의 아저씨들이 사라졌어. 중국도 동남아시아도 근대화가 진행되어서 지금은 그런 문화가 거의 사라져버렸어.

거리에 알 수 없는 바보들이 가는 장소나 수상쩍은 공간 등이 점점 늘어나서 사교 모임 등이 활발해지면 아저씨도 꼭 돌아올 거야.

참고로 거리에서 저녁 바람을 쐬는 건 전혀 나쁜 일이 아니지. 밖에 의자를 내놓고 차나 맥주를 마시거나 과자를 먹거나 지나가는 사람과 잡담을 나누거나 하는 일 말이야. 몇 번 하다 보면 근처에 사는 사람들도 "어, 오늘도 나와 있네, 이거라도 먹어봐" 하면서 과일이라도 줄 거야. 이 시점에서 인간 인포메이션숍(동네 정보가 모이는 곳)이 한순간에 생겨. 와 이건 정말 장소를 만드는 간단한 방법이야. 누구라도 공짜로 할 수 있고 동네 풍경도 다르게 보이는 데다 무엇보다 모르는 사람과 대화를 나누게 돼. 재미있으니까 해보자고!

2장 초간단! 소소하게 벌이가 되는 가게를 열어보자

언제든지 열려 있는 장소가 제일 재미있어~. 역시 결론은 이런 장소를 만들어야 한다는 얘기지. 그럼, 이 책의 중요한 주제, 바보 센터 만들기 작전에 들어가자고!

다른 사람 얘기만 하면 설득력이 없겠지. 일단 내가 운영하는 곳부터 시작할게. 꽤 자세하고 엄청 구체적으로 소개해볼게. '가게 운영은 미지의 세계야' 이렇게 생각하는 사람이 많겠지만, 순서대로 따라가 보면 별거 아님을 알게 돼. 일단은 고엔지에 있는 상가에서 〈아마추어의 반란(素人の乱)〉이라는 이름의 재활용품 가게, 이벤트 공간, 음식점 겸 술집, 게스트하우스부터 가보자. 룰루랄라~. 드디어 바보 센터가 시작된다!

아마추어의 반란 5호점 개업

일단은 내 가게부터 출발~. 우리 가게는 냉장고나 세탁기 같은 가전제품부터 책장, 탁자 같은 가구, 용도가 애매한 잡동사니 등을 팔고 있는 흔히 말하는 종합 재활용품 가게야. 지금은 고엔지 역 북쪽 출구, 기타나카도오리(北中通り) 상가에 가게 두 개를 운영하고 있어. 또 지점이었는데 가게 매니저들에게 점포를 내줘서 독립한 자매 가게가 고엔지 옆 동네인 아사가야(阿佐ヶ谷)와 노가타(野方)에 각각 하나씩 있어. 각 동네에 창고, 소형 운반 트럭이 하나씩 있고, 손님에게 전화가 오면 출장 매입을 가서 받아온 물건을 수리하거나 단장한 다음 파는 식으로 가게가 돌아가.

'이 자식!!! 엄청 큰 규모잖아!! 아무나 그렇게 운영할 순 없어!!!!' 하고 생각할지 모르겠는데 이게 의외로 돈이 들지 않아. 순서대로 소개해볼게!

재활용품 가게는 도둑들의 환전소였다!

재활용품 가게는 법적으로 '고물상'이야. 그래, 소위 말하는 골동품 가게(일본에서 고물상은 한국과 달리 골동품을 취급하는 가게를 의미한다—옮긴이)야. 요즘은 골동품 가게를 그리 나쁘게 보지 않겠지만 예전에는 전당포와 어깨를 나란히 할 정도로 '도둑들이 이용하는 환전소'라는 인상이 있었지. 훔친 물건을 돈으로 바꿀 수 있는 장소. 도둑들과 완전 한통속이 되어 큰돈을 번 곳도 있다고 해……. 그래서인지 고물상은 최근 수백 년간 (그 이상이려나?) 경찰이 계속 주시했을 뿐만 아니라 지금도 관리하고 있지.

일단 가까운 경찰서에 가서 고물상 허가 절차를 밟아야 해. 관련 서류를 모으는 데 몇 주 걸릴 수도 있으니 되도록 빨리 준비하도록. 도대체 왜 내야 하는지 모르는 사무수수료(합법적 뇌물 아냐?)가 있는데 1~2만 엔 정도로 생각해두면 돼.

경찰들이 낙하산으로 들어가려고 만들지 않았나 싶은 '방범협회'라는 단체가 있는데 여긴 가입하든 안 하든 상관없어! 내 가게는 당연히 가입하지 않았지롱.

필살기! 무점포 영업

자, 수속이 끝나면 다음은 가게 열기!

대신 이 시점에는 수중에 돈이 별로 없다는 걸 전제로 해야 해. 갑자기 수십만 엔, 기백만 엔 하는 점포를 열기는 무리야. 큰돈 들여 일을 벌였는데 망하면 큰일이니까 여기서는 조금씩 해나간다고 생각해. 재활용품 가게는 이름대로 물건이 돌고 도니까 자금이 조금씩 회전해도 운영이 되는 게 장점이야. 꽤 괜찮은 상품을 확보해두고 시작해야 하는 다른 가게보다 유리하다는 말이지.

일단은 전통적인 방법으로 "필요 없는 물건 삽니다"라고 쓴 홍보물을 제작해서 동네방네 뿌려보자고. 우편함에 넣어도 좋고 여기저기 붙이고 다녀도 좋아. 여기서 일석이조 작전! 신문 배달이나 전단을 우편함에 넣는 아르바이트를 하면서 자기 가게 전단도 같이 뿌리자고.

빌딩 옥상에서 전단을 대량으로 살포해서 거리를 대혼란에 빠뜨리거나, 대형 재활용품 가게의 간판에 있는 전화번호를 자신의 전화번호로 바꿔놓는다거나, NTT(일본의 유명한 통신 회사—옮긴이)의 컴퓨터를 해킹해서 일본 전국의 전화가 자기 휴대전화로 오게 한다든지, 늦은 시각에 역에 몰래 들어가서 스프레이로 야마노테 선 전동차에 홍보 문구와 자신의 휴대전화 번호를 써놓는 것도 한 방법이지만 너무 위험하므로 별로 추천하지 않아. 각오가 돼 있다면 해보는 것도 좋아. 하지만 나는 책임 못 짐~.

아는 가게에 전단을 두거나 입소문을 내는 방법은 의외로 실속이 있어. 효과적이지. 그러니 놀러 다니는 김에 선전도 해보자고.

자, 그다음엔 "저기요~ 우리 집에 필요 없는 물건이 있는데
요……" 하는 전화가 와. 드디어 물건 재활용이 시작되는 순간! 중
요한 손님께 실수하는 일이 없도록 날짜와 시간을 정해서 출장을
가자고. 처음엔 어차피 규모가 너무 크면 감당이 안 될 테니 작은
곳부터 가보자고. 전자레인지, 컴퓨터, 가방, 소형 가구, 책, CD,
골동품 등등 별의별 물건이 다 나와. 자신이 있든 없든 사온 물건
을 중심으로 하나둘씩 상품을 어떻게 구성할지 생각해야 해. 중요
한 건 팔릴지 안 팔릴지를 생각해서 매입해야 된다는 점이야. 자기
가게에서 팔기에 너무 큰 물건은 거절하거나 다른 업자를 소개해서
회피~하는 방법도 있어. 매입 금액을 정할 때는 몇 가지 요령이 있
어. 그것만으로도 책 한 권을 쓸 정도야. 아무튼 동네나 손님에 따
라 시세가 달라지는 것도 재미있는 점이지. 일단 경험하는 게 중요
하니까, 몇 번이라도 실패를 해보면서 익숙해졌으면 해. 너무 비싸게
사면 한순간에 쫄딱 망할 테고, 너무 싸게 사면 손님이 끊겨. 서비스업은 사
람을 중요하게 생각하지 않으면 반드시 실패하게 돼 있어. 그것만
은 명심하자고.

아, 손님 집까지 갈 때 쓰는 운송 수단이 필요하지. 무슨 물건
인지 알고 간다면 캐리어 카트로도 가능해. 그래도 한 가지 더 준비
해두자고. 예전처럼 자전거나 스쿠터로 손수레를 달고 다니는 것도
좋아. 우선 견적을 내러 갔다 온 뒤 렌터카를 쓰는 방법도 있어. 그
래도 언젠가 자동차는 마련해야 할 테니 그런 준비도 해두자고.

참고로, 내가 개업할 때 샀던 소형 트럭도 상태가 좋지 않았어. 인터넷에서 찾고 찾아서 사이타마(埼玉)에서 이란 사람이 운영하는 싼 중고차 가게를 발견했어. 이 업자는 이란에 일본 차를 수출하고 있는데 "너무 낡아서 필요 없어" 하고 내버린 차를 10만 엔에 입수 했지. 지금 생각해보면 이것도 비싼 편이었어. 진짜 낡아빠진 차는 5만 엔 정도로 팔기도 하고, 이런 업계에 연줄이 있다면 "새 차 뽑으 니까 쓰던 차 줄게" 같은 제안도 많이 받을 수 있어. 돈이 없으니까 유저 자동차 검사(ユーザー車検: 2, 3년에 한 번 받아야 하는 자동차 검사를 카 센터에 맡기면 돈이 많이 들어서 차주 본인이 직접 받으러 가는 것을 말한다―옮긴 이) 가게와 상담해서 검사를 통과하지 못할 부분만 수리해달라고 한 뒤, 직접 검사를 받으러 가면 꽤 싸게 할 수 있어. 게다가 경차는 의 외로 혜택이 많아서 도쿄 도 내에서도 1만 엔대로 주차할 수 있는 곳이 있더라고. 아는 사람이 있다면 "그냥 돈 내지 말고 세워~" 하 는 고마운 말을 듣게 될지도 몰라. '인맥'이 어느 정도 있느냐에 따 라 좋은 제안이 오기도 하는 거야. 이익이 남지 않을 때는 사람들에 게 응석을 좀 부리고, 장사가 순조롭게 되기 시작하면 다른 사람들 을 도와주자고!

물건을 구했다면 이번엔 손질을 해야 해. 바로 팔아서 돈을 벌 고 싶겠지만 조금만 참아. 재활용품 가게는 물건이 세상에서 순환 되는 과정의 일부를 책임지고 있어서 나름 중요해. 이제는 필요가 없어진 대형 쓰레기 후보가 돼버린 물건을 누군가 다시 새로 쓰기 시작하기 전까지 책임지고 있으니 보통 전매꾼들과 달라. 청소를 깨끗이 하고 고장이 났는지 확인한 후 가능하면 수리해서 팔자고. 물론 시간이 없거나 어떻게 해야 할지 모르겠다면 "매입 상태 그대로"나 "하자 있음"이라고 써 붙여서 팔아도 괜찮아. 시작한 지 얼마 안 됐을 때는 미칠 듯이 한가할 테니 수지가 맞지 않아도 공부라고 생각하고 이것저것 해보면 재밌을 거야.

드디어 판매 개시! 가게가 없을 때는 인터넷에서 팔아치워. 사람이랑 직접 만날 필요가 없는 인터넷 판매는 개인적으로 별로 좋아하진 않는데, 뭐 어쩔 수 없잖아. 가장 손쉽게 이용할 수 있는 건 인터넷 경매. 제조번호가 있는 기계나 유명 브랜드 제품, 수집가들이 좋아할 물건 등 좋은 값에 팔릴 상품도 있으니까 한가한 만큼 마구 팔아보자고.

이렇게 하다 보면 수납장 같은 소형 가구, 간단한 잡화처럼 인터넷에서 안 팔리는 물건이 점점 쌓여가. 그걸 내버려 두면 집이 쓰레기장이 될 테니 머지않아 이웃에게 미움을 받거나 구청에서 경고를 받게 돼. 혹여나 "손 대지 마! 이건 다 중요한 물건이라고! 내 재산이야!" 소리를 지르면서 파란 옷을 입은 '정리 부대' 형님(정리정돈을 위해 구청에서 고용한 작업자—옮긴이)들에게 집 밖으로 끌려 나가는 멍청한 모습이 낮 방송에 나오면 큰일이잖아. 안 그러려면 재고관리를 제대로 하면서 팔아야 해. 물건 둘 곳이 마땅하지 않으면 정해진 기간 동안 사용할 수 있는 점포가 있으니까 거기서 다 팔아버리자고. 이때는 프로답게 손님을 맞아야 돼. 마찬가지로 전단을 뿌려

두면 물건의 매매도 늘어나니까 일거양득이야.

주 단위로 점포를 빌릴 즈음에는 전용 창고가 필요해져. 이것도 싼 곳을 잘 찾아보자고. 사용료가 저렴한 창고가 없으면 처음에는 셔터가 있는 차고도 좋고, 다다미 넉 장 반(4畳半 : 약 3.5평) 정도의 원룸이든 뭐든 좋아.

초저가 점포를 빌려서 개업을

이것저것 하다 보면 자금이 조금씩 생겨. 그다음은 동네를 어슬렁거리다 수상해 보이는 빈 점포를 발견하면 빌리자고! 부동산중개소를 돌아다니거나 동네에서 우연히 발견한 빈 점포 근처에 사는 사람에게 주인이 어디에 있는지 물어보도록 해. 대신 사람을 통해 들은 정보는 우습게 볼 수 없어. 〈아마추어의 반란 1호점〉을 시작했을 때도 그랬어. 하루는 야마시타 히카루(山下陽光)라는 이상한 구제 옷 가게 주인인 친구가 "좋은 게 있어!" 하고 얘기를 해서 그의 말대로 척척 결정을 하고 정신을 차려보니 〈아마추어의 반란〉이라는 가게를 같이 시작하고 있더라고. 와~ 무슨 일이 일어날지 모르는 게 좋아!!

처음 시작한 가게가 또 엄청났어. 당시 상가 회장님이 배짱이 좋은 사람이라 철거가 결정된 본인 건물을 일정 기간 동안 월 5만 엔이라는 파격가로 빌려준다지 뭐야! 초기 비용인 보증금과 사례금(礼金: 일본에서 집을 빌리면 세입자가 집주인에게 사례금으로 한 달 또는 두 달 치 집세를 내야 한다—옮긴이)은……? "됐어, 그런 거!" "!!!역시 회장님!!!" 난 운이 좋았지만 철거 예정 건물을 의외로 싸게 빌릴 수도 있어. 부동산중개소에 정식으로 가서 물어보면 "음~ 월세가 15만 엔. 보증금 6개월 치. 수수료랑 사례금이 1개월 치" 해서 가볍게 100만 엔이 넘어버려. 이럴 땐 충격 받지 말고 그저 더 많이 찾아보는 수밖에 없어! 월세나 보증금은 집주인과 부동산중개소에 따라 다르니까 말이야.

드디어 어엿한 가게의 주인이 되었으니 바로 장난 아닌 가게를 시작하자고! 일단은 개점 파티를 연다고 친구들을 불러 모아서 매일 야단법석 대잔치를 열자고! 떠들썩해진 분위기를 보고 분명 상가에 있는 대선배들이 "너희들 뭐하는 거야! 장사를 얕잡아보지 말라고!" 하면서 호되게 야단을 칠지도 몰라. 그러면 거기에 도제로 들어가. 상가는 요즘 어디든 형편이 좋지 않아서 인력이 부족해. 한가한 사람의 힘을 최대한 활용해서 노예가 되어 혹사당해보자고. 70대 가게 주인 대선배들이 찾아와서 이거다 저거다 하며 가르쳐줘. 말을 듣기도 안 듣기도 하는 등 잘 조절해가면서 사이좋게 지내봐. 망해가는 상가일수록 여러 사람이 잘 챙겨줄 거야! 선배의 얘기에 따르면 옛날 상가는 정말 정이 넘치는 사교장이었어. 어떤 가게가 망하기 직전이라는 소문이 들려오면 모두 거기에서 물건을 사서 도와줬다고 해. 약육강식인 지금의 세상과 전혀 다른 발상으로 굴러갔던 셈이지. 좋았던 옛 시절의 미풍양속을 제대로 계승해가면 좋지 않겠어? 그런 의미에서 싫어도 일단 상가 조직에 들어가보라고.

아 맞다, 깜빡했는데 상가에 가게를 내는 것도 중요해. 돈을 불리는 것만 생각한다면 큰길 옆에 재활용품 가게를 열어야 좋겠지만, 그거라면 이 책을 읽어서 가게를 여는 의미가 없어. 사람과 정보가 모이는 장소는 역시 상가라고~.

엄청 편리한 거점 출현

개업 이후의 일은 전부 가게 주인의 수완에 달려 있어. 요령을 부리든 뭘 하든 수상한 가게를 운영해가면 되니까 다른 사람이 참견할 일이 없어. 하고 싶은 일을 자유롭게 맘껏 해보길~. 이런 재미없는 세상에서 재미있는 녀석들이 제멋대로 일을 벌일 때 재활용품 가게라는 공간이 있으면 의외로 도움이 돼. 그건 마지막에 소개해둘게.

재활용품 가게를 열면서 트럭이나 공구, 창고 등 여러 가지를 마련해놓았을 테니 뭔가를 시작할 때 엄청 편리해. 이벤트를 열 때도 유용하고 사회에 열을 받아서 시위를 할 때도 대활약이 가능하지. 물건도 많이 가지고 있으니까 창고를 뒤집어엎으면 찾는 물건이 뭐든 굴러 나와.

심지어! 또 다른 가게를 열 때도 물건을 얼마든지 조달할 수 있어. 예를 들어 음식점을 연다고 쳐. 평소에는 매입을 사절하는 식기라든가 주방 용품의 매입 금지령을 해제한 뒤, 하나둘씩 창고에 쌓아놔. 주방 설비가 있으면 음식점 개업할 때 비용을 줄일 수 있지! 와~ 이건 정말 엄청나지 않아?! 나는 재활용품 가게와 별도로 음식점을 운영하고 있는데, 여기서 사용하는 식기가 깜짝 놀랄 정도로 잘 깨져. 그때마다 재활용품 유리컵을 준비해서 보충을 해두면 돈이 안 들어. 아마추어의 반란 이벤트 공간(12호점)에 필요한 업무용 냉장고도 망한 가게에서 받아온 망가진 냉장고를 고쳐서 사용하고 있어. 말 그대로 재활용 물건이 지역을 빙글빙글 돌고 있어서 밸브를 조금 열기만 해도 물건이 산더미같이 흘러나와.

가게에 오는 손님과 이상하게 사이가 좋아진다는 점도 재미있어. 들여온 물건을 가격 그대로 팔기만 하는 평범한 가게가 아니니까 손님이 물건을 사기도 하고 팔기도 해. 그러면서 상품 상태에 대해서 질문을 주거니 받거니 하지. 재활용품 가게는 남녀노소 누구나 이용할 수 있어서 여러 사람이 오고 가. 오가는 사람들도 거의 지역 사람들이야. 인간관계가 점점 삭막해지는 세상에서 대화를 많이 주고받으면 이상하게 흥이 나고 재밌어.

덧붙여, 한쪽은 끊임없이 물건을 만들어 팔고, 다른 한쪽은 끊임없이 사서 버려야 유지되는 이런 소비사회에서 물건을 재활용하는 일은 중요한 메시지를 던져. 세상에 아첨 떠는 인상 나쁜 기업인 아저씨들은 이 세상에서 재활용품 가게 따위 사라져버렸으면 좋겠다고 생각하고 있을지 모르지. 미안, 생각처럼 그렇게 쉽게 되진 않을걸~.

무점포로 재활용품 매매를 시작하고 반년이 지났을 무렵
"고엔지에서 가게를 빌릴 수 있을지도 몰라" 하고 친구가
한 말에 홀딱 넘어가서 〈아마추어의 반란〉을 차렸어!

그렇다면 좋아, 반란이야 반란! 물건을 좀 소중히 여기라고, 이놈들아!!

성향에 안 맞는 사람도 있을 테니까 무조건 하라고는 못 하지만, 재활용품 가게를 시작하는 것은 정말 추천해. 어깨에 힘을 팍 주고 시작하기 싫은 사람은 다른 가게 구석에 재활용품 코너를 만들어도 좋아. 아무튼 이건 꼭 해야 한다고!!

재활용품 가게 문어발식 늘리기 작전

자, 여기까지 까발린 이상 탈탈 털어버리겠어! 에라 모르겠다, 재활용품 가게 실전 응용편! 어떻게 가게를 늘려왔는지도 써버릴래. 지금은 재활용품 가게 〈아마추어의 반란 5호점〉에서 아사가야 (阿佐ヶ谷) 점과 노가타(野方) 점이 독립해서 독립채산제로 굴러가고 있어. 고엔지 남쪽에 지점을 내기도 했고 니시오기쿠보(西荻窪) 점을 열기도 했어. 소위 '분점 내기'야.

맨주먹으로 시작해서 가게가 유지될 정도로 안정되면 가게 수를 늘리는 편이 좋아. 지금부터 소개할 가게 늘리는 방법은 노력이 필요한 대신, 땡전 한 푼 남지 않으니 체인점을 늘려서 돈을 벌려는 사람에게는 도움이 안 될 거야. 읽어봤자 시간 낭비일지도 몰라. 대신 재미있는 공간이나 본인의 힘으로 할 수 있는 공간을 늘려가고 싶은 사람이 쓸 수 있는 기술이라는 점!

　자, 일단은 가게를 늘린다고 가정해보자고. 점장을 따로 두고 본점과 멀리 떨어진 곳에 분점을 연다면 맨발로 삽질하는 것과 똑같아. 우선 본점 근처에 지점을 만들어서 잘 되면 독립시키는 것을 추천해. 운영이 위태위태하면 바로 지점 계약을 해지해서 원래대로 돌리면 위험이 줄어들어.

　독립하는 사람 입장에서도 그래. 뼈 빠지게 아르바이트를 해서 번 돈으로 점포, 창고, 소형 트럭, 직원을 모두 갖춰놓고 시작한다? 아 이건 솔직히 너무 큰 도박이야. 가게 내는 비용의 일부를 본점이 부담한다고 해도 후덜덜한 건 마찬가지야. 물건 매입 의뢰가 안 들어오거나 아예 물건이 안 팔린다거나 하면 한순간에 펑~이야. 이건 좀 곤란해.

　역시 장사에서 기본 중에 기본, 가장 **중요한** 요소는 손님! 구비해놓은 상품의 질이 떨어지고 가게 지명도가 낮다 해도 단골만 제대로 확보해놓으면 망하지 않을 정도로 유지는 할 수 있어. 반대로, 굉장히 좋은 입지에 완벽한 상품을 들여놓아도 손님을 대충대충 대하면 한순간에 망해. 분점을 낼 때도 새로운 점포에 단골이 생길 때까지 모두 합심해서 일하면 돼.

　일단은 판매만 하는 지점을 준비해. 재활용품 가게 운영은 기본적으로 재고가 쌓이지 않게 하는 싸움이야. 제발 그만하라고 부탁하고 싶을 정도로 물건을 사서 버리는 소비사회에 살고 있기 때문에 조금만 방심하면 창고가 가득 차서 이러지도 저러지도 못하게 돼. 결국엔 전에 얘기했던 파란 옷을 입은 사람들이 오게 될지도 몰라. 말하자면 팔 물건은 얼마든지 있으니 본점에서 상품을 보충해서 끊임없이 팔아. 이 시점에서는 지점의 월세와 수도광열비, 잡비, 인건비 정도만 벌면 되니까 의외로 목표를 이루기는 쉬워.

처음에는 적자가 날지 모르지만 이 일이 서비스업이란 걸 명심해. 길 가는 사람과 친하게 지내면 손님이 될 확률이 높으니까 여기까지 왔다면 일이 순조롭다는 얘기야. 운영비를 해결할 정도가 되면 한 사람을 늘려. 그러고는 소형 트럭을 준비해서 출장 매입을 갈 수 있게 준비하자고. 물건이 도니까 판매에 활력이 생겨서 매출이 조금씩 오를 거야(아마도). 기회를 틈타 작은 창고를 빌려서 상품을 보관하도록 해. 이 단계가 되면 기본적으로 물건도 돈도 돌게 되어 있어. 그럼 임시지만 **독립 점포**가 되겠지. 분점 점장이 본점에서 장부 작성하는 것도 연습해두면 독립을 준비하는 단계가 시작돼. 5호점에서 맨 처음에 독립한 아사가야 〈우라노 상점(浦野商店)〉의 점장인 모치즈키 루이(望月瑠) 씨(통칭 못짱)는 일이 술술 풀리자 술집 같은 데 가서 "내가 직접 가게를 운영하고 있으니까 곤란한 일이 생기면 찾아오라고~" 하면서 여자에게 작업을 걸기 시작했지! 역시 그렇군. 이런 이점도 있었구먼!

여담이지만 이 시점에 **고물상 허가** 추가 신청이 필요해. 가게에서 물건을 사고팔려면 경찰서에 '영업소'로 등록해야 돼. 귀찮더라도 이건 꼭 해두는 게 좋아. 앞에서도 얘기했지만, 재활용품 가게는 훔친 물건을 거래하지 않나 하는 의심을 받고 항상 감시당하고 있어…… 음…… 쓰다 보니 점점 열 받기 시작했어! 젠장!

자, 독립할 추진력을 얻기 위한 도움닫기 기간에 대해 말해볼게. 이건 정말 중요하니까 좀 더 성실하게 써볼게~. 요점은 잘 해나갈 수 있는 단계가 되면 독립! 근데 독립하기 전에 할 일이 있어. 돈, 돈, 돈! 독립할 만큼 분점 영업이 잘되면 가게 내는 데 들인 비용을 본점에 돌려주라고. 그러면 모든 것이 완벽해지지. 본점에서 돈을 내주면서 '독립시켜줄게' 하고 떡고물 던져주는 방식은 별로 좋지 않아. 본점 점주가 잘난 척하거나 보상을 요구할지도 모르고 지원을 받은 쪽도 본점 쪽으로 발을 뻗고 자기 힘들 테니까 말이야 (은혜를 항상 잊지 않는다는 의미―옮긴이). 자립 후에 본점과 대등한 위치에서 협력하는 것이 가장 이상적이야.

그럼, 도움닫기가 시작될 때 개점 비용을 계산해보자. 개점 비용은 임대료, 내부 공사비, 소형 트럭 구입비, 창고 대여료, 비품 구입비 등 개점 준비에 들어간 돈의 총액을 말해. 매달 지점 결산을 할 때 '초기 비용 ○○만 엔 청산'을 계산에 넣어. 그러고는 흑자인 달에는 이익금을 저금해놓고 적자가 날 때 저금해놓은 돈을 쓰는 거야. 남은 초기 비용을 '○○만 엔'씩 줄여가다 완전 빵엔(제로=0)이 되면, 비로소 본인 힘으로 가게 여는 비용을 벌었다는 의미야. 앞서 얘기한 못짱이 아르바이트를 할 때는 24시간 내내 자신은 약한 존재라는 듯 저자세에 항상 뚱~한 표정을 지었는데, 독립 직후에는 태도가 완전히 바뀌었어. 우리 가게에 와서 "마쓰모토 씨, 이 선반은 이렇게 정리하는 게 좋아요"라든가 "열심히 해보자고요" 하면서 잘난 척하기 시작했어! 처음엔 "뭐야, 이 자식!" 그랬지만 부하 직원도 아니니까 이런 말을 한다고 해서 목을 조르지도 못 해. 등에 '바보'라고 쓴 종이를 몰래 붙이고 도시락을 뺏어서 도망가고 싶은 기분을 꾹 참고서 "아, 뭐, 그렇지!" 하고 가볍게 대응했지. 사실 독립한 가게 쪽에서 가장 중요한 사항은 어느 정도로 자유를 누리느냐 하는 것이니까 말이야.

한편, 본점 입장에서는 기분이 약간 거시기 할지도 모르지만 지점을 내는 초기 비용이 전부 돌아오는 데다 동료의 가게가 늘어가니 좋지. 근처에 자매점이 있으면 손님을 소개하기도 하고 상품을 서로 유통하거나 큰일을 함께 처리하기도 하니 여러모로 편리한 점이 있어. 장사에도 나쁘지는 않아.

분점을 내는 가게는 많아. 하지만 조금씩 준비해서 큰맘 먹고 자기 돈 들여 독립했는데 폭삭 망해서 일가 집단 자살을 해버리거나 하나부터 열까지 본점의 도움을 받아 개점했는데 이상한 프랜차이즈 계약으로 수익의 몇십 퍼센트를 떼이는 식민지 가게가 되어서 돈을 뺏기는 일도 있잖아. 어느 쪽이든 옳지 않아!!! 이윤만 생각하는 '돈벌이' 때문에 이렇게 되기 십상이야. 이 책을 읽는 우리는 장난 아니게 재미있는 공간을 늘려가는 게 목표이므로 같은 '돈벌이'라도 접근 방법이 전혀 달라! 여기선 서로 발을 맞대고 잘 수 있는 대등한 관계를 만드는 독립적인 방법이 중요해.

자, 그런 의미에서 끝내주는 재활용품 가게를 만드는 데 성공한 사람은 계속해서 증식을 해나가자고!

이벤트 공간

아마추어의
반란 12호점을
열기까지

앞에서 재활용품 가게 차리는 법을 소개했어. 솔직히 '어이, 꽤 힘들어 보이잖아!'라고 생각하고 있지는 않겠지?! 음~ 얘기를 듣고 보면 그럴지도 모르겠어. 재활용품 가게는 사람 대하는 일을 힘들어하지만 않으면 누구든 시작할 수 있고 시작한 후에는 물자가 모여드는 센터가 되기 때문에 다른 공간을 만들 때 정말 편리해. 하지만 전문성이 필요한 데다 가볍게 시작해서 가볍게 그만둘 수 있는 일도 아니지. 게다가 몇 명이 함께해야 되니까 다들 먹고살려면 진지한 마음으로 시작해야만 하는 사업이기도 해.

하지만 좀 더 부담 없이 시작할 수 있는 공간도 있어! 전망도 뭣도 없이 완전히 감과 의욕만 가지고 만든, 바로 수상한 이벤트 공간 〈아마추어의 반란 12호점〉이야.

독일에서 유토피아를 보다!

　사건의 발단이 된 무대는 무려 지구 반대편＝독일! 2007년에 다큐멘터리 영화 〈아마추어의 반란(素人の乱)〉〔나카무라 유키(中村友紀) 감독, 2007년〕 상영 이벤트 때문에 독일에 갔어. 괴상한 독일 녀석들이 〈아마추어의 반란〉이 이상한 놈들이 야단법석을 떨고 있는 영화라는 이유로 상영 장소도 제멋대로 정했는데, 그 덕분에 독일 각지의 재미있는 공간에서 영화를 상영하고 돌아다녔어.

　함부르크 상영회 때 요상한 공간에서 이벤트가 열렸는데, 도착해보니 문이 잠겨 있잖아! 이벤트를 기획한 독일인 친구도 "얼레? 누가 열쇠 가지고 있어!" 하면서 여러 친구에게 전화를 하는 등 큰 소동이 일어났지. 들어보니 이 공간은 누군가 소유하고 있지 않고 모두가 운영하는 공간이라고 하더라고. 신주쿠에 있던 빌딩 옥상의 〈신야마카와 장〉 같은 곳인가? 장소는 다르지만 비슷한 일을 하고 있구먼~.

　간신히 열쇠를 구해서 열어보니 엄청 좋은 공간이었어. 노출 콘크리트 인테리어에 천장도 높고 확 트인 넓은 공간으로 스피커나 앰프 같은 음향기기도 있고 구석에는 의자가 쌓여 있었어. 안쪽 작은 방에는 부엌이 있고 그 옆으로 들어가면 나오는 반지하 공간에는 스크린이나 삼각대 같은 기자재가 놓여 있었어. 뭐야 이거, 여긴 뭐든지 할 수 있는 공간이잖아! 부러워, 부러워!! 〈신야마카와 장〉 같은 곳이 아니었어!

독일 곳곳에는 술집, 공연장, 주거지, 데모대의 출격 기지까지 되는 가난뱅이의 거점 공간이 많아.

잘 살펴보니 공간 한구석에 바 카운터가 있고 냉장고에는 맥주가 한가득 들어 있더라고. 이 공간 운영에서 중요한 점이 바로 이거였어! 딱히 소속된 직원이 있지도 않고 급여를 받는 사람도 없어. 이벤트를 하고 싶은 사람이 공동 운영자(10명인가 15명인가 있다고 하더라고)에게 열쇠를 빌려서 공간을 자유롭게 쓰면 돼. 대신 바 카운터를 담당해야 하고, 이벤트가 시작되면 맥주가 엄청 팔리니까 그 수익으로 월세와 수도광열비 등을 내서 운영하고 있다더라고.

와 바로 이거야! 정말 단순하지만 기발한 발상이야!! 잘 생각해

보면 극장이나 공연장, 영화관 등 동네에 있는 이벤트 공간은 음료수나 티켓 관리, 기자재 조정하기, 청소까지 하는 직원이 있어야 하고 당연히 급여를 줘야 해서 대관료가 비싸지잖아. 게다가 티켓 판매 할당량이 있기라도 하면 이벤트 열기가 꽤 힘들어져. 큰 이벤트를 하기에는 딱일지 몰라도 가벼운 마음으로 여는 이벤트는 이런 방식으로 운영하는 데서는 하기 어려워. 음…… 그랬던 거야. 정작 이벤트 공간을 만들려고 해도 경영자 마인드를 가지는 순간 직원을 먹여 살리는 것부터 생각하게 돼. 물론 경영이 잘 되어서 먹고사는 데 지장이 없거나 누군가를 먹여 살릴 수 있다면 그것보다 좋은 일은 없겠지. 하지만 공간은 생계 활동이 아니라 재밌는 일을 벌이기 위해 만들어야 해. 함부르크에 있는 공간처럼 "우리의 놀이터를 공동으로 유지"하는 걸로 생각을 바꾸면, 공간 운영은 꽤 단순 명확해지고 의외로 돈이 들지 않아. 초등학생 시절, 다들 동네 근처에 비밀기지를 만든 경험이 있지? 지금 생각해보면 그 발상 자체가 함부르크의 공간과 다를 바 없어. 아니, 거의 똑같아. 게다가 우리는 어른이잖아. 란도셀(ランドセル: 일본의 초등학생들이 메고 다니는 책가방—옮긴이)을 멘 꼬맹이들 따윈 찍소리도 못할 정도는 당연히 하고도 남지!! 거기 당신! 어른들이 온 힘을 다해 놀면 어떤 일이 벌어지는지 알려주지 않겠는가!! 좋아! 신난다! 어이, 초등학생 너, 이제 더 이상 "어른은 죄다 고리타분해"라고 말할 수 없게 될걸. 하하하! 어때, 어떡해야 할지 모르겠지? 읭?

투어를 다니면서 들렀던 독일과 유럽의 다른 지역에도 이런 공간이 잔뜩 있었어. 유럽에서는 특별하지 않은 방법이었어. 그런 델 처음 봤기 때문에 보는 순간 너무 부러워서 견딜 수가 없었지.

독일 투어가 끝나고 일본에 돌아와서 삿포로에서 열린 〈아마추어의 반란〉 상영회에 갔어. 이벤트 장소가 〈아틱(ATTIC)〉이었는데, 다목적으로 쓸 수 있는 작은 영화관 같은 곳이었어. 여기는 독일처럼 완전 무방비 비밀 기지 스타일이 아니라 제대로 운영되는 공간이더라고. 독일에서 돌아오면서 그곳의 이벤트 공간이 엄청 부러웠는데, 삿포로에서 다목적으로 자유롭게 쓸 수 있는 공간을 본 순간, "치사해!! 치사하다고!! 부러워죽겠네!!! 고엔지에는 이런 데가 없다고!!" 하면서 머리를 쥐어박고 있을 때 갑자기 띵~ 하고 아이디어가 떠올랐어!

삿포로에서 돌아올 때 어쩌다 요요(yoyo) 씨라는 사람과 같은 비행기를 탔는데, 요요 씨는 세계 여러 나라를 돌아다니면서 재미있는 일을 찾아내서 놀면서 살고 있었어. 뭘 하는지 도통 짐작할 수 없는 그런 인물이라고 할까. 아무튼 요요 씨와 "독일에 있는 공간 죽여주더라고! 그건 너무 약이 오르잖아. 삿포로도 부러워. 다 부러워죽겠어" 같은 얘기를 하니 대화가 멈추지를 않아. 비행기를 타고 내릴 동안 "고엔지에 돌아가면 바로 시작하자" 하고는 일을 벌였지!!

동네에서 잡동사니가 방치된 공간 발견

맘먹은 일을 바로 시작하지 않고 망설이면 끝이야. 어차피 큰 손해를 본다 해도 "죄송합니다. 다신 안 하겠습니다" 하고 물러서면 돼. 실패도 좋은 경험이니까 그렇게 큰일은 아니야. 자, 해보자고. 빨리빨리!!

고엔지에 돌아와서 바로 눈에 들어온 것이 〈아마추어의 반란〉이 있는 기타나카도오리 상가에 있는 빈방! 주상복합 건물 2층에 있는 사무실로 넓이는 13~14평. 옛날엔 학교 건물이었다는데, 교실로 쓰기 위해 만든 방이 이벤트 열기에 딱 좋더라고. 넓고 텅텅 비어 있어서 상황에 따라 용도를 바꿀 수 있을 것도 같았어. 상영회나 전시회를 해도 되고 회의 때 써도 되는 등 쓸모가 많아 보였거든. 꽤 좋잖아!

방 찾을 때 가장 기본은 무작정 부동산중개소를 돌아다니면서 되도록 많은 방을 보는 일이야. 인터넷으로 찾으면 안 돼. 가끔 인터넷에도 좋은 방이 올라오지만 그건 요행을 바라는 일이야. 모두 좋은 방을 빌리고 싶어 하니까 부동산 쪽도 수수료를 내야 하는 인터넷에 올리지 않고 직접 해치울 거란 말이야. 게다가 조금 수상하거나 문제가 있는 건물은 혼자 알고 있을지도 모르니 역시 직접 발로 뛰어다니면서 보자고. 끊임없이 많은 방을 보고 그중에서 느낌이 확 오는 것을 골라야 해.

자기 가게가 있는 동네에서 새로운 공간을 늘려간다는 취지로 뛰는 거야. 그러니 본인 가게에서 가깝다는 건 정말 중요해! 이벤트 장소를 주상복합 건물 2층으로 결정했으니 이제부터는 이 책의 중요한 주제＝구체적으로 공간을 만들어가는 방법을 소개할게.

부동산중개소에 나와 있는 이곳의 월세는 10만 엔. 조금 비싸. 참고로 기타나카도오리 상점가 1층 길거리에 접해 있는 가게 월세는 1평에 1만 엔대 중반. 2층 구석방이니까 시세로 치면 1평에 1만 엔이 안 넘어야 해. 월세 10만 엔이면 그다지 싸지 않다는 거지……. 그때 건물 안에 잡동사니가 어지럽게 쌓여 있는 곳이 눈에 들어왔어. 원래 학교였던 곳이라 낡아빠진 작업대나 칠판, 고장 난 인쇄기 같은 게 널브러져 있더라고. 그런데 이건 우리 전문 분야! 겉멋으로 재활용품 가게를 하는 게 아니니까 필요 없는 물건을 처분하는 일엔 도가 텄다고, 야호! 건물주에게 "그냥 이대로도 괜찮아요! 우리가 전부 치울게요!" 하고 조건을 걸면서, 월세를 깎아달라고 흥정을 해보는 거야!! 이 비법을 쓰는 데 최대의 적은 갈팡질팡하는 것. 망설이지 말고 척척 해나가야 해. 혹시 내버려두다가 건물주가 직접 치우거나 안을 깨끗하게 수리하는 등 쓸데없는 짓을 할지도 몰라. 차마 눈뜨고 볼 수 없는 비극이지. 가격을 깎기는커녕 부동산 쪽과 결탁해서 몰래 가격을 올릴지도 모르니까 말이야.

우리 쪽에서 먼저 산더미 같은 잡동사니를 전부 치우는 조건을 제시하니 건물주도 "음~ 좋아, 7만 엔 어때? 대신 청소는 확실하게 해줘!"라잖아. 헐~ 3만 엔이나 싸지다니!! 이건 예상하지 못했는데 끝내주잖아!! 이 아저씨, 치우는 게 어지간히 귀찮았나 봐. 추가로 수도요금 등이 포함된 관리비가 1만 엔이기 때문에, 사실 월세 8만 엔과 마찬가지. 좋아~ 어떻게든 굴러갈 듯한 예감! 결심했어! 계약! 계약!

정리하는 일에도 돈을 쓰지 않도록 주의하라고 말하고 싶어. 일단 쓸모 있어 보이거나 재밌어 보이는 물건은 따로 빼놔. 그다음은 재생 가능한 물건을 모아서 분류한 후 폐품이나 캔은 주민회에 주고, 고철 종류는 고물상에 가져가면 돼. 폐품을 주면 주민회가 팔아서 운영비로 쓰니까 고마워하기도 하고 고물상에서 이걸 매입해줄 때도 있어. 자잘한 것들은 한꺼번에 일반 쓰레기로 버리면 돼. 단, 양이 너무 많으면 사업자용 쓰레기라고 판단해서 회수해 가지 않을지도 모르니까 편의점에서 사업자용 쓰레기 스티커를 사와서 붙이면 걱정은 끝. 이건 수백 엔으로 해결 가능. 자 이제 커다란 것들만 남았어. 일단 기계나 전자제품 종류(가전제품이나 컴퓨터, 음향기기 등)는 처분할 수 있는 곳에 직접 가져갈 것. 싸게 처분하려면 업자를 부르기보다 가져가는 쪽이 나아. 양이 많으면 자동차를 빌려서 가져가자고. 문제는 목재로 된 가구야. 시골에서는 마당에 불을 피워서 태워버리면 되지만 도시에서는 그게 안 되지. 게다가 최근에는 다이옥신이다 뭐다 하면서 이래저래 시끄러우니까 대량으로 태우는 건 내키질 않지. 귀찮지 않다면 잘게 잘라서 타는 쓰레기로 버리든가 구청에 전화해서 대형 쓰레기로 버리자고. 참, 다들 잘 모르는 방법인데, 목재는 공중목욕탕에서 연료로 받아주기도 해. 최근에는 공중목욕탕이 별로 없기도 하고, 목재를 잘라서 연료로 쓰려면 손이 많이 가니까 좀처럼 받으려고 하지 않아. 그래도 근처 목욕탕 주인 아저씨랑 어쩌다 친해져서 살짝 물어보면 "뭐 어때~ 받아줄 테니까 가져와~" 할지도 몰라. 대신 요즘엔 목욕탕을 경영하는 사람이 대체로 할머니, 할아버지 부부니까 시간 여유가 있다면 장작 패는 일을 도와주면 좋아.

이걸로 정리는 다 됐을 거라고 생각해. 결국 돈을 거의 쓰지 않고 해결했지. 아, 힘들겠다면서 실수로라도 수집업자에게 부탁하지 않도록. 잡동사니를 처분하려면 돈이 꽤 들 거야. 보시다시피 대부분 직접 할 수 있으니까 일단 해보고 도무지 방법이 없을 때 업자를 부르자고. 한 가지 더. 우리는 재활용품 가게에서 쓰는 소형 트럭이 있으니 언제든 짐을 옮겨서 팔 수 있는 물건은 가게에서 팔아버리는 것도 가능해. 그러니 잘하면 돈을 한 푼도 안 들일 수 있어. 게다가 공간을 만들 때 필요한 가구나 집기, 비품도 얼마든지 구할 수 있고 작업 공구도 거의 가지고 있잖아. 재활용품 가게를 함께 운영하거나 그런 동료가 있으면 굉장히 편리할 거야.

킹왕짱 엄청나게 촌스런 이름으로 시작

드디어 개장 준비! 역시 어떤 가게든 이 순간이 제일 신나! "자 어떤 공간으로 할까" 하면서 공간에 대한 아이디어를 구상하고, 뭔가 일을 벌이면 한가한 친구도 구경꾼 차림으로 하나둘씩 나타나 도와줄 때가 있어. 사람이 모이면 페인트를 잘 칠하는 사람이나 목수 일을 잘하는 사람, 전기 공사를 할 줄 아는 녀석 등이 두루 섞여 있으니까 어떻게든 일이 굴러가. 무슨 수를 써도 안 될 때는 동네에 있는 업자에게 부탁하면 돼. 그 사람도 동료가 되니까 그것도 좋지.

자, 드디어 오픈! 이 가게는 고엔지에 재활용품 가게를 열고 나서 12번째로 오픈한 공간이기 때문에 일단은 〈아마추어의 반란 12호점(素人の乱12号店)〉으로 이름을 붙였어. 참고로, 이사하면서 숫자가 늘어나기도 하고, 한정된 기간 동안 운영하는 가게도 포함하기 때문에 완전히 허세라는 거. 여차저차 12호까지 열게 되었는데, 이쯤 되고 보니 독창적인 이름을 붙이고 싶었어. 이벤트 공간 이름을 정하면서 "'○○ 극장' 같은 게 좋지 않아? 아니, 'XX 홀'은? 역시 '△△ 공간'이지……." 하다 보니 여러 아이디어가 나왔어. 출범했을 때는 요요 씨와 나 둘이서 공간을 공동 운영했어. 초기 비용이나 내부 공사비도 반반씩 부담했기 때문에 딱 50퍼센트씩 발언권이 있었지. 근데 이게 귀찮더라고. 좀처럼 서로 양보를 하지 않아서 이름이 정해지질 않는 거야. 결국 화가 치밀어 속이 타들어가던 요요 씨가 자포자기했어. "됐어, 엔조이 기타나카 홀(エンジョイ北中ホール)(임시)로 하자"라고 일부러 엄청 구린 이름을 선언. 나도 젠장, 그런 구린 이름으로 부를 테면 불러보라는 심정으로 "그래 됐어, 그걸로 하자!" 하고 일부러 승낙!!

개업식을 금세 해치우고 각종 이벤트를 열다 보니 이름 바꿀 타이밍을 놓쳐서 지금까지 '아마추어의 반란 12호점 엔조이 기타나카 홀'이라는 명칭을 그대로 쓰고 있어. 근데 사람이란 무서울 정도로 빨리 익숙해지는 동물이라 점점 신경을 쓰지 않게 되더라고. 심지어 가끔 노인들이 12호점에서 모임을 여는 날, "저기요, 〈엔조이 기타나카 홀〉이 어디에 있나요?" 하고 쭈글쭈글한 할머니가 길을 묻기도 해. 이거 왠지 공민관 같아서 이름과 희한하게 딱 들어맞잖아!

예측할 수 없는 사태가 많이 일어나니까 지분을 반씩 갖는 방식은 주의하면 좋겠어. 반대로 무슨 일이 일어날지 모르기 때문에 재밌기도 해. 대신 요요 씨도 나도 금방 싫증을 내는 유형이라 얼마 지나서 이벤트 공간에서 전시를 한 오쿠라(大倉)라는 여자분이 "심심하니까 관리인 하고 싶어요~" 하자 바로 배턴을 넘겼어. 오쿠라 씨가 결혼을 하고 아기가 생겨 이사를 가자, 이번엔 목공, 기계, 전기 기술까지 가졌음에도 그걸 쓸데없는 데 낭비하는 게 삶의 즐거움이라는 엄청난 남자＝우에오카(上岡) 씨가 등장! 그가 바로 12호점 〈엔조이 기타나카 홀〉의 3대 회장이야. 이벤트 공간은 이런 식으로 계승되면서 어떻게든 유지되고 있어.

술과 음료도 팔고 공간 임대료도 받고

독일에서 발견한 공간처럼 이벤트 공간은 기본적으로 이용자가 내는 기부금으로 유지돼. 캔 맥주나 일반 음료도 팔고 이용자에게 대관비조로 기부금을 받기도 해. 독일에서 봤을 때 '이거랑 똑같은 걸 하자고!' 하고 생각했지만, 일본에서 실제로 해보니 다른 점이 있었어. 일단 요즘 일본인은 그렇게까지 술을 마시지 않는다는 점. 독일 이벤트 공간에서는 다들 죽으려는 게 아닐까 할 정도로 맥주를 엄청나게 마셔대. 10캔이 넘게 마시고도 얼굴색이 바뀌지 않는 녀석도 있어. 게다가 독일은 맥주가 싸. 구체적으로는 병맥주 한 병에 50엔 정도에 사서 200엔 정도로 팔아. 단순 계산으로도 30명 모이는 이벤트에 한 사람당 맥주 3병을 마시면 한 번에 1만3500엔이 이익으로 남지. 일본보다 월세도 싸서 유지비도 적게 들어. 독일은 어디를 가도 맥주로 유지되는 공간이 잔뜩 있어. 음~ 역시 맥주의 나라 독일이구먼! 한편, 일본은 맥주를 구입하면 한 병에 200엔 정도 하니 판매가격이 300엔~500엔. 회식이라면 진탕 마시겠지만 이벤트 같은 때는 한 잔으로 끝내는 사람이 많아. 판매가도 비싸지니 그렇게 많이 마시지 않는 것도 이해가 돼. 일본에서는 맥주로 공간을 유지하기는 어렵다는 얘기야. 맥주야 그렇다 쳐도 차나 주스를 대량으로 마시는 사람도 없잖아. 원컵(ワンカップ: 유리컵에 닮아서 파는 싼 일본 사케—옮긴이)을 벌컥벌컥 마셔대는 사람들로 유지되는 공간도 뭔가 좀 위험해 보인단 말이야. 그래서 음료수 값뿐만 아니라 이

벤트 입장료, 1일 단위로 장소를 빌려주고 받는 대관료로 운영해가고 있어. 일단 이 방식으로 잘 해나가고 있는 우에오카 씨가 굉장해. 어떻게든 유지가 되다 보니 점점 많이 사람이 이용해서 지금은 임시 가게나 어학 교실, 소규모 음악 이벤트, 이상한 예술가가 여는 전시, 토크쇼나 영화제 등이 열리고 있어. 다양한 일을 하는 우리에겐 없어서는 안 될 공간이 되어버렸지. 기획하고 일을 벌이다 보면 인맥과 이벤트의 폭이 넓어져서 그것 자체가 영업의 비결이 되기도 해. 음, 그런 거군~ 어벙한 장소도 하다 보면 어떻게든 되는 법이구먼~.

12호점의 2호점 탄생

12호점인 〈엔조이 기타나카 홀〉은 2008년이 막 시작될 때 열었어. 이때 같은 층에 빈 사무실 하나가 더 있었어. 한때는 부동산중개소가 입주하기도 했는데 건물이 심하게 낡아서 금세 나갔지. 이 공간이 좀 아까웠어.

2011년 동일본 대지진과 원전 폭발 사고 직후에 고엔지에서 반원전 데모를 몇 번인가 주도했어. 그때 작은 IT기업 사장으로 쇼와(昭和 : 일본의 연호. 1926년 12월 25일부터 1989년 1월 7일까지를 말한다─옮긴이)의 사기꾼 승부사 같은 분위기를 내는 남자 이즈모리(何森) 씨가 나타났어. "나는 좌익이다 우익이다 그런 건 잘 모르겠는데, 열 받는다고~ 이런 개떡 같은 세상! 뭐든지 협력할게, 데모도 좋아!" 하고 기세 좋게 등장! 그후 IT와 전혀 인연이 없는 원시인 같은 〈아마추어의 반란〉 쪽 사람들과 데모를 주도하기도 하고 술친구가 되어서 기분이 붕붕 뜨더니 매일 "나 뭐든지 할 거야!" 하고 의기양양하게 외치고 다녔어. 그러더니 "이즈모리 씨, 저기 빈방 빌리는 게 어때?!" 하는 말을 여러 사람에게 듣다가 정말로 빌리고 말아!!!!! 여긴 12호점보다 넓은 20평 정도 되는 공간으로 이즈모리 씨는 이 공간을 도대체 어디다 써야 할지 몰랐어. 모두가 "이즈모리 씨, 저기 어떤 용도로 사용할 거야?" 하고 물어보니 결국 괴로워하다가 "이, 이, 이, 이벤트 공간이야!" 해버렸지! "남자는 두말하지 않아!" 하고 이상한 무데뽀 정신 따위 내세우더니 원래 하고 있던 본인의 IT 사무소를 정리, 12호점＝〈엔조이 기타나카 홀〉 옆에 IT 사무실 겸 이벤트 공간이라는 완전히 이상한 공간을 개점! 상점가 회장, 동네의 노장들부터 〈아마추어의 반란〉 관계자들, 이웃들까지 "와~ 좋은 장소가 생겼네~" 하면서 매일 구름처럼 모여들어 도와주기 시작했어. 주위에서는 "12호점에 2호점이 생겼다더라" 하는 소문이 퍼지기 시작해서 모두 "12호점 2호점"이라고 부르기 시작했어. "너희들 맘대로 써~." 역시나 쇼와 시대 두목 같은 이즈모리 씨. 그러니 "정말요?! 앗싸!!!!" 하고 천진하게 기뻐하는 근처의 원시인들. 악기 연주를 하러 오는 사람, 다도회나 술잔치를 여는 사람이 모여들고 영화 상영회 등이 열려 70~80석이 다 차기도 하면서 다들 엄청나게 즐거워했지!!

이즈모리 씨는 남자 중의 남자. 누가 봐도 외롭게 사무용 책상에 혼자 앉아 정밀한 프로그래밍을 하면서 "어어 그래~ 뭘 하든 맘대로 해~" 하고 기름땀을 흘리면서 호언장담. 금방 이 공간의 인기가 폭발하면서 항상 사람들로 붐비기 시작했어! 결국에는 고엔지의 음악 축제 출발 지점이 되어서 상가연합 회장도 "너무 시끄러워!!!!" 하고 쳐들어올 정도로 활기가 넘쳤지.

종소리같이 모든 일은 계속되지 않고, 언젠가는 사라지는 법〔祇園精舍の鐘の声 諸行無常の響きあり: 무사 계급으로 최초로 권력을 장악한 헤이케(平家) 일족의 대두에서 몰락까지 그린 『헤이케모노가타리(平家物語)』의 첫 문장―옮긴이〕. 이즈모리 씨가 갑자기 "이 가게 전혀 돈이 안 되잖아!" 하고는 가까운 데 작은 사무실을 얻어서 이전. 바로 그때 이즈모리 씨와 〈아마추어의 반란〉 쪽과 사이가 좋은 친구로 이벤트 공간을 열고 싶어한 오쿠노(奧野) 군이 이즈모리 씨의 뒤를 이어서 토크 공연장인 〈펀디트(Pundit)〉를 열었어. 물론 이즈모리 씨도 자취를 감춘 건 아니고 〈펀디트〉 만드는 일을 돕기도 하고 이 주위에서 어슬렁거리고 있어.

응, 공간이 있어서 사람이 모이면 좋은 아이디어가 생각나는 데다 뭔가 색다른 일도 하고 싶어지지. 새로운 일을 시작하면 또 사람이 늘어나. 이런 식으로 연쇄반응이 일어나면서 다음 단계로 서서히 나아가게 돼. 이 이상한 흐름에 몸을 맡겨서 이것저것 해보는 것도 바보 같은 공간의 한 가지 매력이야~.

난토카바를 만들기까지

음식점

술집 마쓰시마가 폐업하다

　몇 년 전 기타나카도오리 상점가 인근에 〈마쓰시마(松島)〉라는 음식점이 있었어. 아줌마가 혼자서 운영하는 7~8평쯤 되는 작은 가게였는데, 가게 앞에는 아카쵸칭(赤ちょうちん: 일본 선술집 앞에 간판으로 달아놓는 붉은색 초롱―옮긴이), 가게 안에는 코아가리(小上がり: 일본의 음식점에서 테이블이나 카운터와 별도로 마련해두는 다다미. 오래된 가게에서 자주 볼 수 있다―옮긴이)와 노래방 기계도 준비되어 있었어. 인근 주민, 동네자치회 사람들, 상가의 노장들이 단골이었지. 완전 노인들의 아지트 같은 곳이었는데, 상점가의 유력 인사들이 "요즘 젊은 것들은 사람과 교류할 줄을 몰라. 어이, 따라와 봐!" 하면서 나를 〈마쓰시마〉로 데려가기도 했어. 그러던 어느 날, 마쓰시마 주인 아줌마가 갑자기 "다음 달로 이 가게를 그만두려고 하는데 누구 할 사람 없을

까?" 하지 않겠어. 물어보니 월세는 7만 엔. 건물이 너무 낡아서 사례금이나 보증금도 없다시피 했지. 1층인 데다 시설을 포함(주방 설비나 카운터 등 전부 포함되어 있는 것을 의미해)해서 빌릴 수 있으니까 초기 비용은 거의 들지 않겠더라고. 게다가 우리는 천하제일의 잡동사니 가게, 아니, 재활용품 가게~. 온 힘을 다해서 물건을 모아야겠다고 다짐하면 뭐든지 손에 넣을 수 있지. 장소도 〈아마추어의 반란〉 가게에서 가까웠어. 음~ 이거 진짜 좋은 기회 같은데~.

"제가 하겠습니다!" 하고 그 자리에서 바로 결정! 마쓰시마 아줌마도 "얼레? 진짜? 그럼 부탁할게" 하고 반가워했어. 주위에 있던 선배들도 다들 "오오. 좋네, 그래 하는 게 좋지!" 하고 부추기더군. 이미 엎질러진 물. 이 단계에서 "조금 생각해볼게요"같이 애매한 답을 해서 분위기를 싸~하게 하는 것도 좋지 않기 때문에 "할게요~ 건물주한테 얘기 잘해주세요. 부탁해요!" 하고 무데뽀로 단언! 이럴 때만 "좋아~ 역시 마쓰모토 씨는 행동이 빨라~" 하고 띄워주는 선배들. 일이 척척 순조롭게 진행되면서 나도 모르게 속도가 붙을 때는 뭔가 시작된다는 징조야! 그래, 이런 건 계속해나가는 수밖에 없지!

근데, 문제는 누가 운영을 하지? 잘 생각해보니 술집 운영은 전혀 모르는 분야더라고. 게다가 나는 재활용품 가게를 하고 있으니 술집 운영을 병행할 수가 없어. 이건 큰일인데!!!

참고로, "하겠습니다" 하고 엄청 무책임하게 단언했을 때 주변 분위기가 꽤 험악했어.

노인들: 그래 맞아, 이런 늙어빠진 할망구가 해봤자 손님이 안 온다니까.

가게 주인: 말이 너무 심하잖아.

노인들: 이 녀석(나를 가리키며) 주변에 젊은 사람 많지? 젊은 여자를 카운터에 앉히면 좋잖아~. 그럼 나도 매일 올래!

거기에 아저씨들도 "좋네! 젊은 여자랑 같이 노래를 부르자고!" 하니 요상하게 분위기가 달아오르기 시작해서 "진짜 참 잘됐다" 하고 맞장구 치는 마쓰시마 아줌마. 완전히 쇼와 시절 분위기를 느끼게 하는 대화……! 큰일이다. 이대로라면 이상한 가게를 억지로 떠맡게 될 거야! 아니야! 그런 가게를 하고 싶은 게 아니라고!!

여기서 중요한 것이 무시하는 능력(=생 까는 능력). "젊은 여자랑 노래 부르기! 캬~ 그거 좋네요~. 무슨 노래를 부를 건데요?"라고 한 다음에 바로 이어서 "(노래방 기계가 있는 곳을 가리키며) 근데, 여기 공간이 더 넓어지면 좋지 않을까요?" 하고 구렁이 담 넘어가듯 완벽하게 무시. 이대로 넘어가기도 하지만 가끔 상대하기 만만치 않은 아저씨들이 "좋아~ 다니기 편해지니까! …… 응? 그럼 노래방 기계는 어디에 두려고?" 하며 눈치를 채고 반격할 때도 있어. 그럴 땐 전가의 보도=화제 돌리기 작전을 쓰도록! 예를 들어 이런 식. "근데 의외로 소음 때문에 민원이 들어오기도 하잖아요."→ "어 맞아, 저쪽에 사는 아줌마가 툭하면 뭐라고 한다니까!"→ "그렇군요~ 근데 요즘 그 사람 잘 안 보이네요. 몸이 안 좋은가요?"→ "아니야, 건강해. 6년 전에 허리를 다쳤는데 지금은 완전 생생하게 돌아다녀. 어

제도 걸어와서 구시렁구시렁 했다니까~"→"허~ 그리고 보니 저도 요즘 허리가 아파요……" 등 술집이라서 가능한 '얼렁뚱땅 화제 바꾸기 기술'로 돌파해가자고. 여기서 거짓말은 금물이야. "노래 불러요!" 하고 약속한 뒤, 노래방 기계를 철거해버리면 "어이 이 자식, 얘기가 다르잖아" 하고 갑자기 에돗코[江戸っ子: 에도(江戸)는 도쿄의 옛 이름으로 에돗코는 도쿄에서도 아사쿠사 같은 옛 도쿄의 특정 지역에서 나고 자란 사람을 의미한다—옮긴이]가 쓰는 말투로 바꾸어 엄청 혼낼지도 몰라. 전쟁을 경험한 80세 정도의 할아버지가 화를 내면 정말 무서우니까 조심하도록. 어쨌거나 거짓말로 일을 진행하려고 하면 언젠가는 반드시 들통이 나고 말아. 그럴 때마다 우리 같은 신입들은 뭐든지 애매하게 빠져나가는 능력이 필요해. 그래, 시대는 애매모호한 능력으로 시작된다(←뭔 소리를 하는 거야!).

소방서와 싸우기

자, 음식점 겸 술집을 갑자기 시작하게 되었어. 마쓰시마 아줌마가 가게를 그만두긴 하지만 어차피 장사꾼. 순서를 하나하나 정하더니 정말 순식간에 가게 양도일을 정해버리더라고. 여기서 기가 죽으면 지는 거야. 속도에는 속도로! 이왕 이렇게 됐으니 빨리 해치우자~.

일단은 허가를 받아야 뭐든 시작할 수 있으니까 세계 최고로 귀찮은 허가 수속부터 밟기! 게다가 우리는 천하의 고물상. 음식점에 관한 지식은 제로. 음식업은 어떤 절차를 밟아야 하는지 알아봐야 해. 이것저것 찾아보니 소방서와 보건소에서 허가를 받아야 하더라고. 게다가 '방화관리자'와 '식품위생책임자' 자격증이 필요하다는 거야. 이건 뭐야?! 전쟁 후에 막 지어서 지금은 털이 숭숭 빠진 것처럼 무너지기 직전의 판잣집인 데다 설비도 엉망진창인 더러운 술집이 허가를 받을 수나 있을 것 같아? 어이!

뭐, 그렇게 투덜대고 있어 봤자 소용없으니까 일단 소방서부터 시작해볼까. '방화관리자'라는 이름은 그럴싸하지만 요약하면 불이 나지 않도록 조심해야 한다는 걸 아는 사람을 말해. 이건 소방서에 가서 하루 교육을 들으면 끝. "콘센트에 먼지가 쌓이면 불이 납니다" 등 실제 상황을 보여주니까 요리 실험 같아서 의외로 재밌어. 오케이, 이건 정말 쉽구먼!

그런데! 자격증을 따는 것만으로는 안 돼. 실제로 소방서 직원에게 가게를 보여주고 허가를 받아야 하는데, 이게 은근히 만만치 않다는 말씀. 애당초 이 낡아빠진 술집에 불을 붙이면 3분 이내에 다 타버린다는 거야! 일단 소방서에서 보러 오는 날짜를 정해야 하는데 오면 귀가 따갑게 잔소리를 들어야 해. 게다가 5~6명 이상이 오기 때문에 붙잡히기 직전인 범인이 가택 조사를 받는 기분이라고. "여기 도망칠 수 있는 길이 막혀 있으면 다들 연기에 질식사할 거야" "아~ 여기 불이 붙으면 끝장이야" "와! 이 건물 진짜 장난 아니네"같이 재수 옴 붙은 소리를 계속 들으면서 혼나야 해. 하지만 술집 〈마쓰시마〉가 폐업하자 가게를 충동적으로 빌려버렸어~. 전쟁 후에 막 지어서 지금은 무너질 것처럼 낡아빠진 판잣집을 모두 힘을 합쳐 수리! 짜잔~ 매일 주인이 바뀌는 기상천외한 술집 〈난토카 바〉로 탈바꿈!

이건 괴롭히려고 일부러 하는 말이 아니라 경험에서 우러나온 잔소리니까 반항하지 말고 시키는 대로 할 것. 검사가 끝나면 '여기에 소화기를 두고, 여기는 청소를 하라'는 내용이 쓰여 있는 지침을 줄 테니까 그대로 하면 돼. 며칠 뒤에 다시 보러 왔을 때 허가를 받으면 드디어 방화 문제는 해결!!! 축하해~!!

보건소와 싸우기

자, 그다음은 보건소. 이게 또 강적이지! 보건소도 소방서와 똑같이 현장을 보여주고 허가를 받으면 되는데 의외로 항목이 많아. 일단 주방과 별개로 화장실에 손을 씻는 세면대가 필요하다든지, 주방 바닥은 물청소를 할 수 있어야 한다든지, 주방에 손님이 들어오지 못하도록 경계가 되는 문을 달아야 한다는 등 점검 항목이 엄청 많아. 이번에 빌린 가게는 예전부터 영업을 해왔던 곳이라 기본적으로 구조에는 문제가 없었어. 만약 지금까지 음식점으로 사용한 적 없는 점포를 섣불리 빌려서 술집을 시작하려면 구조부터 바꿔야 하는 경우도 많고, 몇 백만 엔이라는 천문학적 비용이 들지 모르니까 주의하자고!

또한 음식점용 싱크대는 크기가 정해져 있으니까 그런 가게를 제대로 찾아야 해. 새 제품은 굉장히 비싸지만 고물상이나 철거 업자에게 물어봐서 싼 물건을 살 수도 있어. 화장실에는 손세정제를 두어야 한다는데 편의점에서 팔고 있는 손세정제를 못이나 나사로 고정해두어도 돼. 자기 힘으로 할 수 있는 일이 얼마든지 있으니까 전체적인 구조에 문제가 없다면 자잘한 것은 적은 비용으로 손볼 수 있어.

자, 그렇다고 해도 전쟁이 끝난 직후에 생긴 건물이라 또 더럽게 혼이 났어. "얼마 안 가서 쥐가 들어올 거예요" "식중독이 발생하면 어떡할 겁니까?" 같은 재수 없는 소리만 계속. 이것도 시키는 대로 문제점을 하나씩 해결해나가면 돼!

이제 그럼 이름도 이상한 '식품위생책임자' 자격증을 따러 가자고. 이게 뭔고 하니, 쉽게 말해서 가게가 더러워지지 않도록 숙지하고 있는 사람을 의미해. 소방서 때와 똑같이 교육을 받으면 주는 자격증이니까 보건소에서 가라고 하는 장소에 가서 반나절 정도 받으면 돼. 졸아도 되지만 진짜 식중독이 발생하면 큰일이니까 잘 들어두면 손해는 안 볼 거야.

드디어 음식점을 시작할 수 있는 요건 충족. 덤으로 하나 더. 밤 12시 이후에 술을 파는 건 **풍영법**(風營法=풍속영업법)에 걸리기 때문에 '**심야 주류 제공 음식점 영업**' 허가를 받아야 해. 이건 허가제가 아니고 신고제야. 가까운 경찰서에 서류를 제출하면 돼. 근데 "이런 건 하면 안 돼, 저런 건 하지 마" 등 잔소리를 엄청 듣게 되는데 그걸 견디기만 하면 OK!! 이것도 의외로 까다로워서 손님에게 노래를 부

르게 하거나 춤을 추라고 시키면 안 된다든지, 캬바쿠라(キャバクラ: 한국의 룸살롱 같은 접대 클럽. 캬바죠(キャバ嬢)라는 여성들이 동석해서 술을 함께 마시고 이야기를 나눈다—옮긴이)같이 테이블에서 접객하면 안 된다든지 하는 여러 주의 사항이 있어. 근데 이도저도 아닌 애매한 것투성이라 뭔 얘기를 하는지 잘 몰라. 듣다 보면 결국 경찰 쪽에서 "우리 재량이니까" 하고 말하는 듯한 느낌적 느낌. ⋯⋯ 아 맞다! 예전에 손님을 춤추게 했다느니 해서 클럽이 혼난 적이 있었는데, 이것도 풍영법에 관련된 사건이었어. 법률로 정해져 있는 게 아니라, 말하자면 경찰 기분에 따라 결정되는 엿같은 일이야. 영업을 직접 하면서 조금씩 알아나가면 돼~.

이렇게 수속이 끝났어.

소방서&보건소→ 심야 주류 제공 음식점 영업. 이 순서로 하면 돼. 이게 제일 귀찮은 일이니까 힘을 내라고!!!

절대 안 망하는 난토카 바 시스템 완성!

몹시 귀찮은 수속이 얼추 끝난 후엔 실제로 영업을 하는 거야. 이건 본인이 하고 싶은 대로 하면 돼. 그러나! 이번 사례만 봐도 예상할 수 있겠지만 해결할 문제가 또 산처럼 쌓여 있어! 마쓰시마 아줌마가 판다고 해서 바로 계약한 것까진 좋았지만, 잘 생각해보

면 나는 재활용품 가게인 〈아마추어의 반란 5호점〉에 매일 출근해
야 하니까 술집을 운영할 상황이 아니었다고!! 아무 생각 없이 "술
집 빌렸어~"하고 얘기해버리면 재활용품 가게에서 일하는 녀석들
한테 "재활용품 가게는 어떡할 건데?!" 하고 혼날 것 같았단 말이
야. 이제 와서 가게는 못 하겠다고 이야기를 꺼내면 엄청난 속도로
온 힘을 다해 가게를 넘겨주려고 움직이고 있는 마쓰시마 아줌마한
테도 한 대 맞을 거야! 이렇게 되면, 체념하고 직접 가게를 볼 수밖
에 없을까?! 아니야, 좀만 기다려! 술 마시러 가는 건 좋아하지만,
술에 취한 사람을 상대하는 일은 질색이야. 요리도 잘 못 하는 데다
솔직히 별로 흥미도 없어. …… 어이, 소질이 전혀 없잖아!! 음~
큰일이야, 내가 내 무덤을 파버렸어. 이대로라면 매월 용돈에서 7만
엔을 덜어내야 한다고. 이미 다 틀렸어. 목을 맬 수밖에 없다고!!!

　잠깐, 거기 멈춰. 무슨 일이든 혼자 해서 안 될 때는 함께하면
돼. 이건 가장 기본이지. 이상한 가게를 무모하게 빌린 직후에 분위
기가 막 달아올라 있으니 만나는 사람마다 "분위기 타서 술집을 빌
렸어! 일해보지 않을래? 꼭 한번 해보라니까! 여기 대혼란이 일어
나기 직전이라고!" 하면서 기세 좋게 여기저기 말하고 다니니 이게
또 의외로 반응이 좋더라고. 다들 "와! 재밌어 보이는데? 나도 일해
보고 싶어!"라고 말하더라고. 다만 본업으로 매일 가게에서 일하겠
다는 무모한 사람이 없었어. 대부분 "일이 있어서 매일 하기는 어려
워. 한 달에 한두 번 정도면 해보고 싶어!"라는 거야. 만나는 사람
모두, 무수히 많은 수의 사람들이 똑같이 말이야. 하긴 나도 잘 생

각해보면 최선을 다해도 한 달에 한두 번밖에 못 나갈 것 같았어.

얼레? 잠깐, 열댓 명이 한 달에 두 번씩 하면 한 달을 꽉 채울 수 있잖아? 14명이 격주로 운영하면 4주 다 채울 수 있지! 좋아! 결정했어! 이 방법으로 가자고!

중요한 점. 이 방법이 잘 돌아가게 하려면 돈 계산을 제대로 해야 해!(←제일 중요해)

술집을 본업으로 해서 생계를 이어가려고 하면 꽤 힘들겠지. 그런데 유지만 되어도 좋다면 어떻게든 돼. 일단 경비만 댈 수 있으면 망하지는 않으니까 그 정도의 돈은 어떻게든 확보하고 싶었어. 월세가 7만 엔이고 잡비나 수도광열비 등을 포함하면 최저 10만 엔이상이 필요해. 설비가 고장 날 수도 있고 계약 갱신이나 이사를 가야 할지도 모르니까 약간씩이라도 적립할 필요가 있어. 14명이 2번씩 출근해서 한 달에 28일 오픈한다고 치고 가게 빌리는 돈을 하루에 4000엔으로 하면 한 달에 11만 2000엔. 어, 좋은데! 평일과 주말에 오는 손님 수가 다르니까 금요일과 토요일에만 1000엔 올려서 가게 대여료를 5000엔으로 하면 총합 12만 엔이 모이게 되지. 이러면 가능하잖아!

그다음은 실제 운영. 이렇게 많은 이들이 공간을 운영하면 점점 엉망진창이 돼서 1~2년 후엔 시스템이 붕괴해버려. 그렇게 되면 재미가 없잖아. 지저분하게 쓰는 사람도 나오고 자기 가게라고 착각해서 제멋대로 구는 사람도 나타나겠지. 얼마 안 가서 발언권이

센 사람이 영향력을 행사하기 시작하면 새로운 사람이 들어오기 힘들어져. 결국 몇몇 사람만 남아서 핵심 인물들도 흥미를 잃기 시작하면서 문을 닫는 게 전형적인 상황이지. 재밌는 공간이 이런 식으로 많이 사라져서 그것만은 어떻게든 피하고 싶었어.

그래서 생각해낸 방법이 아무것도 없는 가게 작전!! 가게에는 아무것도 없고 당번인 사람이 식재료부터 술까지 전부 가져와서 일 끝나면 남은 걸 가지고 돌아가는 시스템. 가게에는 좌석과 주방, 비품밖에 없지. 가게 안을 맘대로 장식해도 되지만 끝나면 전부 가지고 가야 해. 조미료나 식기처럼 정말 필요한 기본 물품은 공동으로 구비해두고, 아무것도 안 돼. 개인 물품을 두어서도 안 돼.

함께 운영하는 가게를 오랫동안 유지하는 일의 최대 관건은 얼마나 자유롭게 계속 운영할 수 있느냐는 것. 1일 점장을 두거나 매일 점장이 바뀌는 가게는 많아. 하지만 대부분은 피고용자인 점장 신세라 주인 눈치가 보이니 완벽하게 자유롭지는 못해. 장소 대여료도 그래. 그날 매상의 몇 퍼센트를 가게에 내는 방법도 있어. 이런 경우엔 점장이 얼마나 열심히 하느냐에 따라 주인이 챙기는 금액이 달라지니까 엄청나게 좋은 주인이라고 해도 허락 받는 쪽에서는 신경이 쓰일 거란 말이야. 대신 4000~5000엔 하는 정액제면 매상이 높든 낮든 장사를 하는 쪽이 굉장히 편해서 좋아. 바가지를 씌워도 좋고, 원가 판매를 해도 좋고, 몇 시에 열든 상관이 없어. 자기 가게같이 운영할 수 있는 데다 주인 입장에서도 손님이 오든지 말든지 신경이 안 쓰이지. 이렇게 돼야 완전한 공동 운영 방식이 자리

잡을 수 있어. 그래, 최소 14명만 있으면 절대 안 망하는 시스템을 만들 수 있는 거야.

아, 다들 맥주는 차갑게 마시고 싶어 하니까 병맥주는 공동으로 준비해서 가게에 두고 있어. 그날의 점장이 맥주를 팔면, 판매한 개수대로 가게에 원가를 지불해. 돈 문제는 이걸로 끝. 엄청나게 단순하지? 그런데 이게 가게를 오랫동안 유지하는 비결일지도 몰라.

이 방식이 정착되면 뭐든 할 수 있지. 메뉴나 가격이 매일 다르고, 조명의 밝기나 분위기도 매일 달라. 요리가 굉장히 충실할 때가 있는가 하면, 안주는 적당히 준비되고 주류가 풍부할 때도 있어. 독자적인 노렌(のれん: 가게의 이름을 써서 가게 앞이나 처마에 걸어놓는 천. 가게를 열 때 걸어놓고 가게를 닫을 땐 접어둔다—옮긴이)이나 간판을 가지고 오는 사람도 있고, 실내장식에 공을 들이는 사람도 있어. 가게에서 일하는 점장을 오랜만에 만나러 오는 손님들이 많으니 고객층도 달라져. 젊은 사람이 바글거릴 때도 있고, 연령층이 높아서 차분한 분위기일 때도 있고, 외국인만 와서 일본어가 안 통할 때도 있고, 한날은 온통 멋쟁이들뿐이더니 다음날은 머리 좋은 사람들만 와서 대화 내용을 거의 못 알아들을 때도 있어. 어떤 날은 밴드 뒤풀이 장소가 되고, 또 어떤 날은 고엔지에서 가게를 하는 사람들이 모여들기도 해. 좋지 않아? 매일 가도 새로운 사람을 만날 수 있어. 게다가 요일을 착각해서 가게에 오는 사람이 있으면 다른 업종의 사람들과 알게 되기도 해. 응, 손님 층이 두터워지면 가게에도 좋고, 동네에도 좋아. 아는 사람이 많이 늘어나기 때문에 동네를 걷기만 해도 끊

임없이 인사를 하게 되는 식이니까 지역까지 활성화되지 않을까?!

하나 더. 14명의 정식 멤버가 자기들이 아는 사람에게 1일 점장을 부탁하기도 해. (이때는 당번 점장이 책임자로 붙어 있는 것이 원칙이야.) 시스템이 엄청 간단하니 정말 누구든지 할 수 있어. 매일 다른 가게가 되는 거나 마찬가지야⋯⋯. 이 때문에 특정한 이름을 붙일 수가 없어서 〈난토카 바〉(なんとかBAR: 난토카는 '어떻게든'이라는 뜻―옮긴이)라는 이름을 달았어.

이웃 아무개 씨의 총공격 견디기

자, 절대 안 망하는 시스템이 자리 잡은, 인맥이 무한대로 넓어지는 장소. 흥을 주체하지 못해 계획 없이 빌린 장소 치고는 겁나 잘되고 있잖아, 라는 생각도 잠시. 사람이 모이는 장소를 운영할 때 반드시 해결해야 할 문제가 있어. 바로 이웃과 관계 맺기. 특히 가게를 막 열었을 때는 예상하지 못한 많은 문제가 생겨. 〈난토카 바〉도 소음 때문에 민원이 들어오고, 여기에 자전거를 세우지 마라, 가게 밖에 모여 있지 마라, 쓰레기를 버리는 방법이 어쩌고저쩌고⋯⋯ 하는 등 '귀찮아죽겠네, 젠장!!' 하는 생각이 들 정도로 시끄러웠어. 그래도 동네에서 자립 공간을 만들 때는 이웃과 관계를 잘 맺어두어야 해! 타협할 수 있을 때 하자고. 민원은 시간이 지나면 어느 정도 진정이 돼. 처음은 조정 기간이라고 생각하고 노력해봐

~. 〈난토카 바〉 역시 소리가 비집고 나갈 만한 곳은 보수해서 막고, 여름에는 창문을 다 열지 않도록 에어컨을 교체하고, 항상 불평을 하는 사람에게 휴대전화 번호를 가르쳐주고, 자전거 두는 곳을 정하는 등 이웃과 대화하면서 타협점을 찾고 있어. 반년 정도 지나면 대부분 한계를 알고 잠잠해져. 이것이 본래 동네 자치의 기본. 귀찮겠지만 공간을 만들려고 구상한다면 이건 넘어야 할 산이야.

그런데!!!! 어디든 성질 나쁜 사람이 있는 법! 가게를 열고 몇 개월 뒤부터는 민원이 거의 들어오지 않았는데 딱 한군데가 남았어. 한 가족이 너무한다 싶을 정도로 끝없이 불만을 제기했는데 이게 대박이었어. 바에 손님이 많이 와서 소란스러울 때도 있으니 우리가 100퍼센트 옳다고는 못 하지만, 이 가족의 공격력은 어마어마했어. 손님이 2~3명밖에 안 되어 엄청 조용할 때도 자기들 기분 내키는 대로 "너무 시끄러워" 하고 경찰을 부르기도 해. 여름에 에어컨 배수 호스(몇 초에 한 방울 정도로 실외 호스에서 물이 떨어지는 거 말이야)가 신경 쓰인다고 하더니 우리가 모르는 사이에 배수 호스를 막아버렸어. 덕분에 물이 역류해서 에어컨 고장. 더워서 창문을 여니 이번엔 얼씨구 "시끄러워" 하고 경찰에 민원을 넣네. 아아~ 이건 꽤 고도의 기술이야. 장난 아닌데!! 아니, 감탄하고 있을 상황이 아니야!! 뭔가 소란을 피울 때마다 "젠장!! 저 자식 죽여버릴 거야~!!" 할지도 모르겠는데, 일단 꾹 참고 죽이지는 말자고. 혹시 우리가 모르는 사이에 상대의 화를 돋웠을지도 모르잖아. 그러니 조곤조곤

이야기를 나누고 적당히 상대하면서 잘해나가자고. 음식점을 하는 지인들에게 물어보니 불평분자는 어디에나 있다더라고. 세상에는 여러 사람이 있잖아. 음식점을 하려면 이런 상황도 염두에 두어야 할 거야.

건물주 살살 녹이기 작전

민원 이야기 하는 김에 중요한 작전 하나를 더 소개할게! 경찰뿐 아니라 건물주나 부동산 중개인에게 전화해서 있는 얘기, 없는 얘기를 왕창 해대는 진상이 출몰할 때도 있어. 우리가 정말 나쁜 짓을 했다면 어쩔 수 없지만, 이유 없이 나쁜 놈 취급을 당하면 참을 수가 없지. 그러니 건물주나 부동산 중개인과 신뢰 관계를 만들어 둬야 해.

어느 날 그 신경질적인 사람이 건물주(〈난토카 바〉는 부동산 중개인이 건물주야)에게 전화를 계속해대서 건물주가 "나는 귀찮은 일은 딱 질색이니까 이런 민원이 계속 들어오면 계약 파기할래"라고 하잖아. 큰일이다!! 그것만은 안 돼! 바로 작전 개시!!!

우리가 재활용품 가게를 하는 것이 다행이라면 다행. 재활용품 가게와 부동산중개소는 의외로 궁합이 잘 맞아. 부동산중개소 쪽 의뢰로 남아 있는 물건을 사거나 정리하는 일이 자주 있거들랑. 임대 담당자가 사카다(坂田)라는 사람(이 사람과 주로 연락을 주고받아)인데, 이 양반이 일은 엄청 잘하는 비즈니스맨인지 몰라도 어딘가 멍~ 해 보여서 알게 모르게 친밀감이 느껴져서 좋아. 사카다 씨와 이야기를 하면서 "혹시 정리하기 곤란한 물건이 있으면 언제든 말해주세요!" 하고 아부를 떠니 사카다 씨도 바로 "아 맞다. 이번에 마사지 가게를 처리하는데 어떡해야 할지 모르겠어. 좀 도와줘"라고 해. 좋아! 맡겨달라고!!! 현장에 급하게 가보니, 사카다 씨와 마사지 가게 점장이 애를 먹고 있어. 우리도 장사를 하고 있기 때문에 돈을 주고 살 수 있는 물건과 무료로 가져갈 수 있는 물건을 구분해서 받아. 그런데 이번에는 〈난토카 바〉의 존폐가 걸려 있어서 처리하기가 좀 어려워 보이는 물건도 웬만하면 OK 해버렸지. 물론 아무짝에도 쓸모가 없는 물건은 "업자를 부르는 게 나아요" 하고 봐달라고 해. "그렇구먼~ 뭐, 안 되는 물건은 어쩔 수 없지~. 이 정도도 충분히 도움이 됐어. 도와줘서 고마워" 하더라고. 그러고선 "근데, 이것도 다 가져가주면 진짜 고마울 텐데~" 하면서 어떤 방향을 응시하는 사카다 씨. 꺼림칙한 예감이 들어서 그쪽을 보니 자그마치 거대 돌침대. 으악! 이건 만만치 않은데!! 살짝 만져봤는데 너무 무거워서 꿈쩍도 하질 않아. 심지어 엘리베이터가 없는 계단 2층 건물. 그리고 "사실은 이걸 부탁하려고 부른 거나 마찬가지라서~ 뭐, 어쩔 수 없나?" 하고 우는소리를 하는 사카다 씨. 젠장~ 그래 한다, 해, 하면 되지?! 죽어도 난 몰라……?!

그러고는 급하게 고엔지에서 도와줄 사람을 찾아봤어. 힘이 넘치는 장사를 찾을 수 있다면 좋겠지만 맘대로 될 리가 없지. 이때 〈아마추어의 반란〉 중고 옷가게를 하면서 한가해서 몸이 쑤신다는 야마시타 히카루 씨와 〈아날로그 라디오 아마추어의 반란〉을 함께 진행하면서 평소엔 아르바이트를 하면서 어슬렁어슬렁 동네를 돌아다니는 게이타 군이 "도울게!" 하고 자원을 해왔어. 시골에서 막 상경한 펑크 로커 무라카미(村上) 군까지 합세. 뭐야 이 자식들이야? 무리야, 무리! 못 해! 이런 돌덩이는 레슬러 같은 사람이 아니면 못한다고! 무지막지하게 거대한 돌을 들어 올리다가 잘못하면 순식간에 깔려서 다들 고꾸라질 거야……! 문제는 그날은 평일 낮. 엄청난 돌덩이를 들어 올릴 만한 사람을 그렇게 간단히 찾을 수가 없어. 게다가 조금 슬퍼 보이는 사카다 씨. 제기랄!! 뭐 어떻게든 되겠지!! "하나둘!" 하고 약골 4명이 거대한 돌을 들어 올려 움직였지! 계단에서는 정말 죽기 직전! 왜 이러고 있나 싶었지만 일단 있는 힘을 다해 조금씩 이동시켜 간신히 밖으로 옮겼어! 으~ 피라미드를 올렸던 사람들은 매일 이런 일을 했을까? 진짜 힘들었을 거야.

우리가 애쓴 덕분인지 사카다 씨도 완전히 기분이 좋아져서 〈난토카 바〉 계약도 어찌어찌 지킬 수 있었어. 그뿐만 아니라 홀라당 입장이 바뀌어 이제는 우리를 감싸주기 시작했다고.

맞아, 장소를 유지할 때는 공간을 위협하는 여러 존재를 조심하는 것도 중요하다는 말씀.

경찰 전화 안 받기

한 가지 더 잊지 말아야 할 요소가 경찰이야. 경찰은 국가 권력을 행사할 수 있는 만큼 강력한 강제력을 써서 예전부터 괴물 군단 같은 존재였어. 게다가!! 일본이 뒤죽박죽인 상태도 허용되던 시대에서 점점 갑갑한 세상으로 변해가고 있잖아. 전체적으로 답답한 사회, 밀고 사회, 통보 사회로 바뀌면서 '나하고는 아무 상관없지만 조금이라도 다른 건 용서 못 해'라고 생각하는 이상한 사람들이 급격하게 늘어나고 있어. 이 갑갑한 고발 사회의 사람들이 별것 아닌 일에 금세 열을 받거나 말거나 아무래도 좋아. 그런데 자기는 아무 일도 하지 않고 경찰에 열불 나게 신고만 해서 최근 110번(일본은 경찰 번호가 110—옮긴이) 전화통에 불이 났다고 하더라고. 민원이 들어왔는데 가만히 있으면 나중에 문제가 되니 경찰도 출동할 수밖에 없대. 정말 사소한 민원이 계속 접수되니 경찰도 못해먹을 짓이지. 어쩌다 동네의 심부름센터처럼 되어버렸으니 매번 "그런 일로 일일이 부르지 마시고 그냥 본인들끼리 해결하세요"라고 말하고 싶지 않을까? 머지않아 "우리 집 인터넷이 연결이 안 되는데요" "쉬는 날이 아닌데 가까운 채소 가게가 문을 안 열어요" 하는 민원까지 넣는 세상이 될 것 같아. 정말 큰일이야.

응, 민원 때문에 술집에 출동하는 경찰 대부분이 이래. 난폭하게 권력을 휘두르면서 삐기면 열 받지만, 이런 순경 아저씨 같은 사람에겐 동정이 가. 민원이 들어오면 꼭 출동해야 하고 출동해서는

"민원이 들어와서"라고 말해야 해. 그런데도 법을 어기지 않았다면 어찌할 방도가 없어. 현장에 몇 번이나 출동해도 숫자와 보고서만 보는 상관이 "왜 민원이 줄지 않아? 어떻게든 해결해" 하고 명령하면 중간에 끼어서 난처해지기만 해. 늘 그렇듯이 민원 때문에 출동한 경찰이 "우리가 뭘 어떻게 하면 좋을까요?" 하고 되레 묻기도 했어! 뭐야 그게! 이렇게 약해빠진 경찰은 세상에 일본밖에 없을 거라고! 불쌍한 직업이구먼! 경찰이 안 돼서 다행이야!

이래서 경찰을 대하기도 어렵다는 말씀이야. 우리가 확실히 뭘 잘못했다면 순순히 "죄송합니다. 조심할게요~" 하고 반성하면 되지만 그렇지 않을 때가 문제야. 말을 너무 잘 들으면 별의별 이유로 민원을 넣는 쪽이 이기고, "우리는 아무 잘못도 안 했어. 경찰이 지금 이따위 일을 처리하고 있을 때야?" 같은 얘기를 하면 경찰도 위궤양이 생기거나 일이 끝난 후 "말해봤자 난 모른다고 망할" 하고 횟술을 벌컥벌컥 들이켤지도 모르지. 젠장!

마지막 수단이 '전화를 받지 않는다' 작전! 위험한 민원인과 융통성 제로인 상관 사이에 껴서 위궤양을 앓기 직전인 경찰을 구할 사람은 우리밖에 없어! 민원을 전부 밀쳐내면 경찰도 열을 받을 테고, 귀찮아서 우리가 잘못했다고 빌기라도 하면 진짜 나쁜 놈이 돼버리잖아. 그런 의미에서 경찰서에서 오는 전화는 세 번에 한 번 정도만 받는 걸로~. '흐린 날만 받기'로 정해도 좋고, 전화 옆에 주사위를 두고 전화가 오면 던져서 3이나 6이 나오면 전화를 받는다, 뭐 이런 것도 좋아. 전화를 받지 않으면 받지 않는 대로 경찰도 상관에게

"〈난토카 바〉 사람들 전화를 좀체 받지 않아요~" 하고 말할 수 있으니까 곤란한 상황을 모면할 수 있지. 모두가 '귀찮아죽겠네' 하고 여기는 일은 천천히 하면 돼. 가끔은 대화를 하고 어떤 날은 상대가 하는 말을 듣고 "그렇구나~" 하고 맞장구를 쳐주면서 여유로운 날을 보내자고. 그게 제일 좋아.

전 세 계 에   난 토 카   바 를   만 들 자

우연히 시작한 〈난토카 바〉지만, 나중에 정신을 차려보니 많은 사람이 관련된, 사람과 사람을 연결하는 엄청 중요한 장소가 돼버렸더라고. 재미있는 공간이 된 가장 큰 비결은 돈벌이 목적으로 운영하지 않는다는 점이었어. 한 달 경비를 30등분 해서 1일 점주가 하루치 경비를 부담하는 시스템이면 손님이 많든 적든 가게는 절대로 망하지 않아. 뭐, 돈도 벌리지 않아서 어떻게 넘어져도 중간은 간다는 무시무시한 시스템! 이익이 나오지 않으면 고용인, 피고용인 관계도 생겨나질 않으니 '누군가를 위해서 일하고 있다'는 느낌도 안 들고, 모두가 동등하게 이야기할 수 있게 되지. 열심히 하면 조금이나마 용돈을 벌 수 있고 무엇보다도 끊임없이 모르는 사람과 친구가 되는 가장 큰 장점이 있어. 마지못해 자원봉사를 하면서까지 장소를 유지한다는 느낌이 없이 잘 굴러가는 거야. 이런 식으로 모두에게 없어서는 안 될 존재가 되어가!

난공불락의 어벙한 장소 〈난토카 바〉는 사실 어디서든 할 수 있어. 도쿄는 월세가 비싸니 14명으로 매일 영업을 해야 하지만, 지방이라면 월세가 싸니까 주말만 열어도 좋지 않을까. 한 달 최저 경비를 조달하는 일은 굉장히 쉬울 거란 말이야. 게다가 일로 생각하면 힘들지만 모두 모여서 바보 같은 장소를 만드는 건 사실 엄청나게 간단해.

세계 여러 곳에 〈난토카 바〉 같은 가게가 있다면 어떨까? 장난 아니지! 지구상의 어디에서건 쉽게 친구를 만들 수 있다고!! 세계에 퍼져 있는 〈난토카 바〉를 다니며 경비를 조달해 유라시아 대륙을 횡단할 수 있다면 죽여주지 않겠어?! 게다가 여행 경로에 바보 같은 친구들이 여기저기 박혀 있다면? 이건 진짜 대박이네!

자, 여러분도 그런 바보 같은 세상을 목표로 해서 절대 망하지 않는, 열린 아지트 〈난토카 바〉를 만들어보라고!

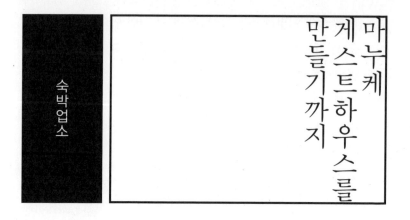

마누케 게스트하우스를 만들기까지

숙박업소

중국 오지의 엄청 허름한 여관에서 얻은 힌트

내가 재활용품 가게를 열고 이벤트 공간이나 매일 점주가 바뀌는 술집을 개업했을 때 친구들도 중고 옷가게나 잡화점 등을 열었어. 그 덕에 일본 전국과 세계 각지에서 놀러오는 사람들이 점점 늘어나기 시작했어. 정말 신명나는 일이야. 그런데 보통은 다른 일로 왔다가 잠깐 고엔지에 들르는 사람이 많아서 내가 바쁠 때는 제대로 얘기를 나누지 못하고 가는 경우가 많았어. 게다가 점심때 와서 보거나 가볍게 한잔하고 돌아가는 정도로는 고엔지 상가의 이상한 바보 공간이 어떤 분위기인지 알 수 없다고 생각했어. 조금 더 길게, 마음 편하게 머물면서 고엔지의 분위기를 살펴보고 〈아마추어의 반란〉 사람들과 교류할 수 있는 장소가 있으면 좋겠다는 생각이 들지 뭐야. 그동안 친한 친구들은 우리 집에서 지내게 했지만 솔직히 그 많은 사람을 다 재울 수는 없잖아? 그래서 게스트하우스를 만들 수밖에 없게 되었지. 자립 공간을 만들 때 오래 머무는 외지인이 있다는 건 굉장히 중요한 일이야.

우연히 비어 있는 건물 정보를 입수했어. 〈아마추어의 반란 12호점〉이 있는 건물이었는데, 4층과 5층을 세냈다잖아. 이곳은 재활용품 가게 〈아마추어의 반란 5호점〉과 〈난토카 바〉의 중간에 있어서 말이 필요 없을 정도로 좋은 입지였어. 타이밍도 좋아서 빌릴 수밖에 없는 상황! 때마침 한가한 사람이 있었어. 누군가 하면 이벤트 공간 소개에 등장했던 이즈모리 씨야. 그에게 "여기에 게스트하우스가 있으면 엄청 재미있을 거야. 이건 해야 하지 않아~?" 하고 슬쩍 떠봤더니 일을 크게 벌이는 것에서 삶의 보람을 느끼는 이상한 사람이라 망설임 없이 "그래! 하자!" 하고 승부사 같은 포스를 풍기며 바로 승낙하더라고!

게스트하우스를 시작하기로 했지만, 그 누구도 숙박업소를 운영해본 적이 없어서 난감해졌어. 음~ 이건 곤란한데. 참고로 대학생 때 무전여행을 몇 번 갔는데, 현지인들을 상대로 장사하는 낡아빠진 여관 같은 데서 자주 숙박을 했어. 배낭여행객을 위한 게스트하우스에서 지내기도 있지만 그런 곳은 일본인이나 서양인들만 잔뜩 모여 있어서 아주 재미가 없더라고. 모처럼 해외에 나왔는데 그 나라가 아닌 굉장히 특이한 장소에 있는 것 같아서 싫었거든. 그런 게스트하우스는 만들고 싶지 않았어. 게다가 일본에도 게스트하우스가 점점 늘어나고 있는데 이상하게 다들 멋들어진 분위기라 더 맘에 들지 않더라고. 왠지 외국인(外人: 일본에서 외국인이란 말은 미국, 유럽 등 서양권에서 온 백인을 지칭하는 경우가 많다—옮긴이)이 좋아할 만한 가짜 일본식 인테리어에 누가 봐도 이상한 말투나 행동으로 손님을 맞아. 뭐라고 할까, 모든 게 인위적인 느낌? 그런 곳은 싫어!! 더 엉망진창인 장소를 만들고 싶다고!

문득 중국을 여행했을 때 자주 갔던 '초대소(招待所)' '객사(旅社)'라고 불리는 내국인을 상대로 장사하는 엄청 싼 여관이 생각났어. 여기는 장난 아니야. 지금도 여전한가 모르겠는데, 중국은 원칙대로라면 낡은 숙소에 외국인을 재울 수 없게 돼 있었어. 근데 숙박을 거절하는 곳도 있었지만 가끔 재워주는 데도 있더라고.

이런 여관은 이루 말할 수 없이 불친절해. 일본어는 물론 영어도 안 통해. 대체로 아줌마, 아저씨 아니면 어린애가 체크인 카운터에 있고 텔레비전을 보거나 게임을 하고 있어. 일단 말이 통하지 않으니 기분이 엄청 상하고 딱 귀찮다는 표정을 하고 있어. 쫓겨날 때도 있지만 끈질기게 매달리면 응대해주는 경우도 있지. 돈을 내면 잔돈은 던져 주는 데다, 방으로 안내를 해도 '자, 여기 들어가'라는 식으로 손가락 아니면 턱으로 가리키고 끝. 그리고 나서는 빠른 걸음으로 텔레비전을 보거나 게임을 하러 돌아가 버려. 와~ 좋은데? 눈곱만큼도 서비스 정신이 없어, 진짜 최고!

'중국인은 매너가 안 좋아!'라고 생각할지 모르겠는데, 그건 착각! 이건 손님을 대하는 중국인의 문화일 뿐이야. 세상 돌아가는 얘기를 건네면 금방 환한 미소로 응대해주고 굉장히 친절해지걸랑. 며칠 연속으로 방을 빌리면 이것저것 챙겨주기도 하는 등 호의를 베풀어. 처음 보는 사람한테 겉으로만 친절하고 실제로는 마음의 벽을 쌓고 하나도 챙겨주지 않는 일본의 도시 문화가 오히려 부끄러워질 정도야. 숙소 내부 인테리어가 고급스럽지도 않고 외관도 낡아빠졌고, 벽에는 페인트로 '객사'라고 쓰여 있을 뿐. 그게 너무 좋아~ 꾸밀 생각도 없고……. 그래! 이거야! 이거! 이런 게스트하우스! 그래 객사를 만들고 싶어! 이 이미지를 콘셉트로 정해서 이름도 최근에 유행하는 멋들어진 게스트하우스와 달리 〈마누케 게스트하우스(MANUKE GUESTHOUSE: 멍청이 숙박)〉로 결정! 어때? 이제 끽소리도 못 하겠지?!

불끄기 달인=소방서의 습격

자, 문제는 절차를 밟는 일. 침대만 있으면 될 줄 알겠지만 허가 절차가 음식점급으로 귀찮다는 말씀. 소방서와 보건소 이 두 거대 수장이 또 출현해. 순서를 따라가며 조금씩 소개해볼게.

일단은 소방서. 많은 사람이 체류를 하는 데다 숙박을 하다 불이라도 나면 죽지 않게 불연(不燃) 커튼을 달아야 한다, 어떤 재질을 사용해야 한다는 등 규정이 복잡하고 지시도 까다로워. 그래도 어떻게든 맞춰갈 수 있을 거야. 내장 공사를 크게 하는 경우엔 재료를 사기 전에 소방서와 상담을 해보면 좋을지도 몰라. 객사 정도의 규모라면 엄청난 내장 공사를 할 필요가 없을 테니, 신경 쓸 일이 적을지도 모르고 말이야.

방화 문제를 해결했다고 치면 그다음은 대피로가 문제가 돼. 비상구는 건물 구조에 따라 달라서 아무리 잔소리를 해도 우리 쪽에서 어떻게 할 수 없는 문제지만 어쨌든 먼저 해결해야 해. 화재로 건물 안에 갇히게 될 경우에 사용할 비상계단이나 대피 사다리 등을 확인해두도록 해. 〈마누케 게스트하우스〉 건물에는 비상용 그물 사다리가 설치되어 있었는데 사용한 순간 끊어져서 즉사할 것 같아 새 것으로 교체. 그런데 우리 건물은 대피 경로가 두 곳이어야 한다더라고. 요약하자면 앞문이 막히면 뒷문으로 몸을 피할 수 있게 해야 해. 이건 건물 구조가 용케 맞아서 해결!

마지막 문제는 방화 장치. 이게 장난 아니야. 천장에 다는 화재 경보기로 해결되는 그런 간단한 문제가 아니었어. 빌딩이나 맨션 같은 데서 갑자기 띠리리리~ 하고 소리가 나서 모두 팬티 바람으로 양치를 하다가 맨발로 뛰쳐나온 뒤 벨을 멈추는 법을 몰라서 옥신각신 하다가 결국 알고 보니 어떤 사람이 꽁치를 구워서 화재경보기가 울렸다는 믿거나 말거나 하는 식의 이야기에 등장하는 바로 그 장치 말이야. 건물이나 구조에 따라 화재경보 장치가 다르다는

데, 우리 건물에 경보기를 설치하려면 자그마치 100만 엔이 든다잖아. 이거 너무 큰돈이잖아!! 건물주가 설치해주는 경우도 있어. 하지만 우리가 게스트하우스를 하겠다고 먼저 말을 꺼내기도 했고, 화재경보기는 게스트하우스나 극장, 공연장처럼 외부에서 사람이 들고 나는 경우가 아니면 꼭 필요한 장치는 아니라서 건물주가 머뭇거렸어. 이 정도 설비를 갖추어야 한다는 사실을 모르기도 했고 내부 공사를 끝낸 뒤 아는 사람 중심으로 숙박 손님을 이미 받기 시작한 상황이었어. 으아~ 이제 와서 뒤로 미룰 수도 없잖아. 그래서 울며 겨자 먹기로 돈을 만들어서 업자를 불러서 공사 시작.

아, 맞다. 참고로 업자에 따라 견적 다르니까 조심하도록 해. 공사비는 200만 엔에서 100만 엔 이하까지 다양했어. 자재에 따라 가격이 크게 달라지니까 꼭 여러 곳의 견적을 받아 봐. 견적을 낸 후에도 "조금 더 싸게 안 될까요?" 하고 흥정을 하는 방법도 있고, 이쪽에서 이런저런 일을 도운 뒤에 싸게 해달라고 부탁하는 방법도 있어. 하지만 최저가로 견적을 내주는 업자는 엄청나게 양심적인 경우가 많으니 영세업자끼리 너무 후려치지는 말고 적당한 선에서 타협하자고.

자, 이제는 의외로 대응하기 쉬운 것만 남았어. '소화기는 여기에도 설치하라'든가 '방화관리자를 두라'는 등 주문이 계속 들어오니까 그때마다 대응해가면 돼. 소방서는 불끄기 달인의 기준으로 이것저것 충고를 하기 때문에 꽉 막힌 관공서같이 1밀리미터라도 법에 저촉되면 안 된다고 하지는 않아. 대부분 "자, 이 부분은 이렇게 합시다" 하면서 아이디어를 주니까 상담을 하면서 해가자고.

"양동이에 똥은 안 싼다니까"

자 보건소!!!!! 게스트하우스는 음식점과 똑같이 많은 사람이 생활하다 더러워지기라도 하면 이상한 병이 돌아서 대혼란에 빠지지 않게 해야 한다는 이유로 이런저런 규칙이 많아. 그 기본이 여관업법이야. 최근에는 법적인 허가를 받지 않고 인터넷에서 신청을 받아서 자택에서 손님을 재우는 민박이 유행하고 있잖아. 근데 뭐가 합법인지 불법인지도 모르겠고, 윗사람들 얼굴색 살피면서 영업하는 것도 불안하니까 허가를 받기로 했어. 이것저것 조사해보니 화장실이 많이 필요하대. 하긴 사람이 많은 아침에 화장실이 부족하면 곤란하겠지. 근데 그렇게 많이 필요한가? 참고로 대부분의 법률은 전쟁 직후에 사회가 무척 혼란스러웠던 때에 제정되었어. 화장실 문제로 시끄럽게 구는 이유는 틀림없이 화장실이 꽉 찼을 때 아무 데나 노상방뇨를 하거나 양동이에 대변을 보거나 하는 엉망진창인 상황을 가정했기 때문일 거야. 법률을 정한 사람 머릿속에는 '화장실이 적다=똥투성이'라는 이미지가 있겠지. 〈마누케 게스트하우스〉라면 같은 건물의 다른 층 화장실, 눈앞에 있는 상가의 편의점에 있는 화장실, 조금 뒤로 들어가면 공원에 있는 공중화장실도 쓸 수 있어. "절대로 양동이에 똥은 안 싼다니까!"라고 핏대를 세워도 안 되는 일은 안 되는 일. 쳇, 어쩔 수 없지 하고 여관업법을 보니, "쇼와(昭和) 23년(1946년) 시행" 이것 봐! 젠장! 낡아빠진 법률 따위 다 망해버리라고! 바보 자식! 그래 알았어. 화장실이 여러 개 필요하다는 거지. 만들면 되잖아, 만들면!!!

일반적인 게스트하우스는 '간이숙박업' 범주에 들어가는 경우가 많아. '간이숙박업'에도 여러 등급이 있고 난이도도 바뀌기 때문에 화장실을 설치할 때는 보건소의 지시에 따르는 게 좋아. 참고로 〈마누케 게스트하우스〉는 화장실을 두 개 더 늘려야 했어. 이게 또 말이 안 돼. 업자에게 견적을 의뢰해보니 무려 한 군데 설치하는 데 100만 엔 정도! 너무 비싸잖아! 그런데 잘 생각해보니 화장실이라고 해도 방 하나 만드는 것과 같더라고. 변기, 상하수도, 벽, 문, 환기용 창문에다 또 내부 설비도 필요하잖아. 수도관도 어디선가 끌어와야 해. 급하게 다른 업체 몇 군데에 문의를 해봐도 50만 엔 이하로는 안 된다더군. 음…… 이건 곤란한데. 다 틀렸어!!!

기분이 완전 너덜너덜해져 있을 때 우연히 우리 재활용품 가게에 최근 자주 들르는 사람이 가까운 곳에서 선술집을 하고 있다고 해서 거기에 술을 마시러 갔어. 술자리가 끝나서 일어서려는데 선술집 사장님한테 받은 명함에 작은 글씨로 "내장, 리폼, 전기공사, 수도공사도 합니다"라고 쓰여 있어. 뭐야! 이것은 혹시! 며칠 뒤에 다시 술을 마시러 가서 "사실 지금 화장실이 필요해서 곤란한 상황이거든요" 하고 상담을 해보니 "도와드릴게요! 견적을 내러 한번 들르겠습니다"라고 해. 와 드디어 빛이 보이기 시작했나?!

　그렇게 선술집 주인과 상담해보니 벽과 문은 직접 만들고 변기도 인터넷에서 주문, 수도 공사만 부탁하면 얼마든지 싸게 할 수 있다고 하더라고. 그렇군, 좋아! 재료비와 공사비를 전부 합해서 10만엔 약간 넘는 파격적인 비용으로 화장실 두 개 완성!!! 와~ 어떻게든 되는구먼~. 참고로 그때 신세를 졌기 때문에 지금도 가끔 게스트하우스 손님을 데리고 그 선술집에 갈 때가 있어. 이것 봐, 장사하는 사람들은 서로 돕고 돕는 거라고. 이건 정말 중요해.

　또 다른 보건소 문제는 욕실. 이것도 필요한 만큼 있어야 하는데 또 부족한 상황(샤워기는 있었어). 제기랄!! 욕실은 화장실이랑 달리 더 큰 문제야! 역시 다 때려치울까!!! 하고 생각했지만, 여관업법에 따르면 200미터 이내에 공중목욕탕이 있으면 괜찮다는 거야. 와 그런 숨겨진 팁이! 상세 지도를 구해서 근처에 있는 공중목욕탕과 게스트하우스의 거리를 계산해보니 딱 200미터! 엄밀히는 199미터 정도. 됐다! 공중목욕탕까지 생각했다니 역시 쇼와 같은 좋은 시대에 생긴 법률은 뭐가 달라도 다르네! 융통성이 있어서 좋구먼!

　남은 문제는 언제나처럼 잔소리가 많은 엄격한 아빠 엄마의 주문을 듣는 느낌으로 잘 상담해가면서 처리해가자고. 대신 보건소의 허가 말인데, 도쿄로 말하면 다이토 구(台東区: 아사쿠사가 있는 지역)같이 게스트하우스가 많은 곳은 이미 어떤 형식이 정해져 있어서 허가 절차가 술술 진행되는데, 우리가 사는 스기나미 구(杉並区)같이 게스트하우스가 없는 곳은 힘들어. 신청하러 갔을 때 "뭐? 간이숙박소? 그런 거 신청하러 온 사람 없어. 그냥 아사쿠사에서 하면 좋잖아!" 같은 반응을 보이고 엄청 귀찮아하면서 받아주질 않아. 애초에 전례가 없으니까 담당자도 없다잖아. 그렇게 말은 해도 앞에서 얘기한 수상한 승부사 기질을 가진 남자=이즈모리 씨가 신청을 하러 가니까 상대방도 "알았어, 알았다고" 하며 어쩔 수 없이 받아줬지. 대신 전례가 없는 만큼 시간이 걸려. 게다가 이쪽은 이미 건물을 빌려서 월세가 매월 발생하는지라 계속 느긋하게 기다릴 순 없어. 일단 시험 삼아 아는 사람들에게 이야기를 하니 꼬리에 꼬리를 물고 친구의 친구도 숙박하러 오더라고. 보건소 쪽 사람도 서두르기 시작해서 "잠깐! 허가를 받을 때까진 정식으로 운영하지 말라고! 모르는 사람이 자러 와서 이불을 제공하면 숙박소가 되니까!" 하며 이것저것 충고를 해. 매일같이 보건소에 쳐들어가는 이즈모리 씨의 기세 때문인지 보건소 쪽 사람도 이상하게 친근해진 데다 상담을 해주기도 해. 보건소도 어쩔 수 없는 관공서라 법을 어기게 되면 안 되니까 싫어도 조언을 해주겠지. 예를 들어, 이름이 결정되지 않았을 때는 당당히 숙박소라고 할 수 없는 대신, 게스트하우스 간판을 붙이면 문제가 안 돼. 또 침구를 빌려주면 숙박 목적으로 장소를 빌려주는 것이 되고, '1박에 얼마'라고 홍보를 하면 안 되지만 '하루에 얼마'라면 괜찮아. 대여 공간이나 대여 회의실과 같이 취급되어 잤다고 해도 빌린 사람이 제멋대로 자버린 게 된대. 요약하자면 조금만 잘못해도 탈법 셰어하우스가 되어서 좀 아슬아슬해지는 거야.

물론 보건소 직원이 위법과 합법의 경계를 가르쳐주는 이유는 당연히 허가 절차를 밟아나갈 거라고 보기 때문이야. 요런 애매한 상태로 계속 영업하는 방법도 있지만, 시골 게스트하우스라면 몰라도 도쿄 도 안에서 요란스럽게 할 때는 그런 아슬아슬한 상황을 감수하라고 하고 싶지 않아. 아무리 관공서가 귀찮다 해도 끈질기게 계속 상담을 하면서 어떻게든 진행해가는 게 좋아.

소방서나 보건소의 요구를 모두 충족하려면 꽤 많은 시간이 걸리는 데다 영업을 개시한 후에도 이런저런 주문이 들어오는 경우가 많아. 이건 긴 여정이라고 생각하고 각오하는 수밖에 없어.

세계 각지의 얼간이들이 다녀가다

자! 정작 본격 영업이 시작되면 이게 또 장난 아니야! 재미있는 사람이 끝도 없이 게스트하우스에 찾아와. 처음 시작했을 땐 직접 아는 사람 아니면 건너건너 들어서 찾아왔다는 사람들이 들렀어. 배낭여행객들이 이용하는 게스트하우스 검색 사이트 같은 데는 광고를 올리지 않기로 했어. 대신 국내나 해외에 있는 친한 왕바보들이 모여드는 공간이나 "이런 재미없는 세상 속에서 노예가 되지 않고 멋대로 바보 같은 짓을 해버릴래" 같은 분위기가 풍기는 믿을 만한 곳(카페나 바, 라이브하우스, 예술 공간, 잡화점 등)에 늘 홍보지를 놔두고 있어. 그 덕에 "돈 내니까 이 정도의 서비스는 해줘야 하는 거 아

세계 각지에서 온 이상한 예술가나 재미있는 가게를 하는 사람, 장난 아닌 음악가, 평범한 여행객, 구직하러 온 사람 등 〈마누케 게스트하우스〉에는 온갖 손님이 머물러.

냐?" 하는 소비자의 마음으로 오는 사람이 별로 없어. 맞아, 자기 힘으로 공간을 만드는 게 뭔지 아는 사람들만 계속해서 오니까 세계 각지에서 재미있는 일을 하는 사람들의 교류 공간이 되고 있어. 손님들끼리도 묘하게 공통의 관심사와 정보가 있어서 정말 좋은 분위기야. 게스트하우스에 잘 어울리는 사람들 사이에서 새로운 교류가 생겨날 듯한 예감!! 와! 진짜 좋아!!

게다가 세계 각지에서 온 이상한 아티스트나 재미있는 가게를 하는 사람, 대단한 음악가 등이 게스트하우스에 머물면서 한동안 술을 마시고 고엔지 근처를 돌아다니니까 점점 더 친해져. 물론 뭔가 하는 사람이거나 굉장한 사람만 있지는 않고, 평범한 여행자도 드문드문 숙박하러 와서 좋아. 가끔은 취직하러 도쿄에 온 사람도 있고, 바람을 피우다가 부인한테 들켜서 집에서 쫓겨나 풀이 죽어 있는 남자가 오기도 해. 아무튼 엄청 다양한 분야의 손님이 머물렀다 가. 이 사람들이 게스트하우스의 거실에서 친해지는 모습이 엄청 재밌어. 취직하러 도쿄에 온 여대생과 남미에서 온 히피 아저씨가 거실에서 이야기를 나누고 있고, 여자친구 집에서 쫓겨나 자러 온 사람이 국적 불명의 밴드 멤버에게 상담을 받고 있는 재밌는 상황을 자주 목격할 수 있어.

근데 멀리서 찾아온 녀석이 "와!!! 오랜만이야!!!" 하거나, "○○의 XX 씨에게 듣고 왔어!" 하는 사람이 매일 오니까 엄청 기뻐서 "좋아, 오늘 밤은 마시자고!!" 하게 되어 우리 직원들도 큰일이야. 한동안 머물다가 돌아가기 직전에 "오늘이 마지막 밤"이라는 사람도 매일같이 있어. 이런 녀석들은 여행 첫날이나 마지막 날에는 기분이 들떠서 "오늘은 미친 듯이 마실 거야!" 하는 분위기를 만들어. 사실, 우리에겐 평범한 일상이지만 오랜만에 만나거나 한동안 못 만날지도 모르는 사람을 눈앞에 두면 일상 따위 싹 사라져버리고 "그래! 오늘은 죽도록 마시자고!!!" 하게 돼버려. 음~ 이건 최고로 즐겁지만, 사실은 무시무시해!!

사람들이 게스트하우스에 뻔질나게 드나들면서 드디어 전 세계에 친구가 생기기 시작했어. 세계에 퍼져 있는 어벙한 친구들의 이벤트 정보도 날아오고, "이번에 하는 이벤트에 놀러 와!" 하고 연락이 와. 나는 기껏 초대해줬는데 엉덩이가 무거워서 못 가는 사람이란 소리를 듣기 싫어해서 "좋아 갈게!" 하고 앞뒤 없이 섣불리 대답해버려. 진짜 가면 "와! 이 자식 진짜로 왔네! 바보 아니야?!" 하고 상대방도 엄청 기뻐해! 실컷 놀고 돌아올 때쯤엔 그 지역에 친구가 잔뜩 생겨 있어. 새롭게 알게 된 공간에 게스트하우스 전단을 두고 오면 이번엔 날 초대한 사람들이나 그들의 친구가 우리 게스트하우스에 찾아와. 그게 손님이 늘어나는 일로 자연스럽게 이어지니 모두가 거미줄처럼 연결되는 느낌. 와~ 진짜 재밌네, 이거.

참고로 게스트하우스에 한동안 체류하고 있는 손님이 〈난토카바〉에 다니기 시작하고 재활용품 가게에서 쇼핑을 할 때도 있어. 혹은 〈난토카 바〉에서 술을 마시다가 막차를 놓친 사람이 게스트하우스를 예약하는 등 이래저래 연결되는 경우가 많아. 그래, 조금 귀찮은 점도 있지만, 시작해보면 정말 재밌는 일이 계속 일어나는 게스트하우스. 이건 정말 엄청 추천해. 다들 꼭 해봤으면 해.

이번에는 각 지역에 있는 완전 멋진 공간들을
소개해볼게. 바보 같은 녀석들이 세계 각지에서
어떻게 제멋대로 일을 벌이고 있는지 알면
알수록 '자, 그렇다면 나는 이걸 해보겠어!' 하는
아이디어가 마구 솟아날 거야. 게다가 그 공간에
직접 놀러 가서 친구를 만들면 더 신나는 일이 생길
테고, 나중엔 여러분이 만든 공간에 친구가 놀러
와주겠지!
서로 오가면서 잘 지내보라는 의미로 각 공간에서
어슬렁대는 사람 이름을 일부러 써놓았고,
가벼운 마음으로 가보라고 해외 쪽은 아시아권을
중심으로 소개했어. 실제로 방문하면 다른
재미있는 장소를 더 알려줄지 몰라. 이제부터 세계
어딜 가나 상상 초월 자립 센터가 수두룩하다는
사실을 뼈저리게 느껴보자고!! (가게 연락처는 4장
'세계 각지의 가난뱅이 자립 공간 목록'을 참고해~.)

3장 세계 어디에나 있는 자립 센터

함께 운영하되
독립성을 보장하는 공간

타이난의 다목적 게스트하우스, 넝성싱 공장

해외에도 부자들 중심으로 돌아가는 사회와 선을 긋고 사는 요 상한 공간, 바보 센터가 심심치 않게 있지! 제일 먼저 소개할 곳은 타이완 남부 도시 타이난(台南)에 있는 〈넝성싱 공장(能盛興工廠)〉이야.

말하자면 별의별 일을 꾸밀 수 있는 다목적 게스트하우스라고 할까? 이름 그대로 동네에 있던 망한 공장을 뜯어고쳐서 게스트하 우스로 운영하는 곳이지. 처음에는 더럽고 꾀죄죄한 공장 분위기였 지만 점점 공사에 열을 올리고 나더니 순식간에 굉장한 일이 벌어 졌어! 다락방이 달린 2층짜리 건물인데, 곳곳에 다다미를 깐 객실 이 있고 옥상을 증축해서 새로 만든 층에는 나름 '펜트하우스'도 있 다고! 게다가 그 위에, 3층인지 4층인지 알쏭달쏭한 곳(하도 뜯어고치 니 이제 어디가 몇 층인지 분간도 안 가)에는 테이블이나 의자를 둬서 편안히 쉴 수 있게 만든 테라스 같은 데도 있어. 공장 둘을 억지로 이어 붙여 하나로 만든 건물이라 뭐가 뭔지 알 수 없는 구조가 되었어. 방 창문을 열었더니 짜잔~ 하고 옆방이 나타나는 4차원 같은 공간 이랄까. 암튼 건물만 봐도 벌써 재미가 느껴진다고!

안으로 들어가면 카페가 있고, 목공 작업실이나 전시장으로 사용할 수 있는 이벤트 공간도 있으니 뭔가 일을 벌이려는 자들이 끊이질 않는다고 해. 이곳은 정말 온 힘을 쏟아서 만든 분위기가 물씬 풍기지! 설비나 인테리어 등에도 투자를 많이 하고 있어. 물론 스폰서가 있거나 장사가 잘돼서 엄청나게 돈을 번 건 아니야. 핵심 멤버인 유이(郁宜)가 굉장히 활발하고 잠시도 멈추지 않는 행동파야. 협상을 잘해서 건물 자체를 싸게 빌리고 남아 있는 잡동사니 중에 중장비나 온갖 쇠붙이(철공소였기 때문에 엄청 많이 남아 있었다고 해)를 팔아 치워서 현금을 마련하고, 그래도 부족한 돈은 다 같이 아르바이트를 해서 모았어. 본인들의 힘으로만 열었다는 사실! 굉장하지 않아?! 참고로 여기는 7~8명이 공동 운영하는데 목공소, 게스트하우스, 카페 팀을 만들어서 각 팀이 독자 운영하는 시스템이야.

이렇게 뭐든 할 수 있는 공간이 생기면 자연스럽게 재미있는 녀석들이 모여들어서 또 좋지. 타이난도 일본처럼 점점 쓸데없이 사고 버리는 소비사회, 제대로 되는 일이 하나도 없다는 따분하고 갑갑한 사회가 되어가고 있어. 그래서 "돈에 환장한 이따위 사회, 개나 줘버려!" 하는 패거리가 계속해서 이런 공간에 모여들어. 특히 타이난은 그나마 여유가 있는 곳이라서 "타이베이(台北)가 너무 재

타이완의 남부 도시 타이난에 있는 다목적 게스트하우스 〈넝성싱 공장〉. 폐공장을 뜯어고쳐서 목공소, 게스트하우스, 카페 등으로 운영하고 있지. "돈에 환장한 이따위 사회, 개나 줘버려!" 하는 패거리가 계속해서 이런 공간에 모여들고 있어.

미없어져서 큰일이야!" 하는 녀석이 도망쳐 오기도 해.

〈넝성싱 공장〉 부근에서 친해진 아저씨가 있는데, 정말 굉장해. 폐차장에서 탈출한 듯한 낡아빠진 자동차를 끌고 돌아다니다 큰 나무 앞에 갑자기 멈춰 서서 뜬금없이 "이 나무 열매는 먹을 수 있어!" 하고 말한다니까! 또 바닷가를 달리다가 갑자기 자동차에서 내리더니 바다에 뛰어들어. 물고기 세 마리를 맨손으로 잡아 오더니 "오늘 저녁은 이걸로 하자고!" 이러는 거야! 와우! 완전 남자답지! 주택담보대출에 벌벌 떨고 뉴스를 보면서 정치인 욕을 하다가도 아침이면 불평 한마디 못하고 노예처럼 일하는 일본의 초라한 아저씨들과 격이 달라도 너무 달라!

아! 참고로 이 아저씨, 타이난 항구에 버려져 있던 배의 구조물을 하룻밤 새 다 치우더니(팔아치웠어), 남은 선체를 다시 도장(塗裝)하고 마치 3년 전부터 자기 배였던 듯이 살고 있어. 저번에 놀러 갔을 때도 이 배에 초대를 받았는데, 해초를 따와 함께 먹으면서 참 태평하게 보냈지. 진짜 레벨이 달라!

월급쟁이 3인방이 주말에만 여는 술집

여기까지 읽고 "안 돼, 안 돼, 못 해! 그런 건 서바이벌 능력이 특출한 사람만 할 수 있는 일 아니야? 보통 사람은 그렇게까지 저지를 용기가 없다고!"라고 하는 당신, 거기 너. 안 된다고 생각하니까 안 되는 거야. 이게 또 의외로 간단해~.

규슈(九州)의 한 지방 도시에 가면 망하기 직전인 도매상 밀집 지역이 있는데, 거기 한구석에 젊은 녀석들이 하는 술집이 있어. 최근에 생겼다는데 도대체 어떻게 유지되는지 미스터리야. 게다가 가게를 하는 녀석들이 성격도 밝고 완전 룰루랄라하는 분위기야. 20대 회사원 3명이 공동으로 가게를 빌려서 쉬는 주말에만 연다는 거야!

"아니~ 쉬는 날에 술을 마시러 가면 1차에 2000~3000엔은 쓰잖아? 2차, 3차 계속 달리다 보면 하루에 1만 엔은 든다고. 월급도 코딱지만큼 받는데 쉬는 날까지 돈을 쓰게 생겼으니 버틸 수가 없잖아. 그래서 차라리 직접 가게를 빌리자고 생각했어"라고 하면서 술집을 차렸다고 해! 망해가는 지역이니까 월세는 겨우 3만 엔. 운영자가 3명이니까 한 사람이 한 달에 1만 엔! 주말 영업이 기본인데 평일에는 기분이 내킬 때만 연다니 부담 없지. 와~ 머리 좋아!! 게다가 친구들이 놀러 오니까 매상이 항상 나와. 자기가 놀 곳이 공짜로 생긴 거나 다름없잖아! "회사원 따위 내 길이 아니야!"라고 생각하면서도 월급쟁이 생활을 못 때려치우고, 가게를 열어서 창업을 하려 해도 이것저것 신경 쓸 게 많아서 쉽지가 않아. 이 방법이면 본인이 하고 싶은 일을 할 수 있는 장소를 간단히 만들 수 있어. 잘 안 굴러가거나 재미가 없어지면 그만두면 돼. '어라, 이거 꽤 괜찮은데?' 싶으면 회사 때려치우고 가게만 운영할 수도 있지. 보다시피 장소 만들기는 모 아니면 도라는 식으로 승부를 거는 방식만 있지 않고 물감이 번지듯이 슬금슬금 단계를 밟아나갈 수도 있어! 이런 예도 있으니까 일단은 가벼운 마음으로 궁리해봐.

조금만 틈을 보이면 득달같이 달려들어 바가지를 씌우고 한 푼도 남김없이 뜯어가는 악질 사회. 이따위 사회에 돈을 뺏기는 일이 없도록 정치인이나 부자 패거리를 부러운 눈으로 흘끔대지도 말고, 국경과 세대를 넘어선 수상한 바보 센터를 얼씨구 하면서 돌아다녀 보자고!

망할 듯했는데
진짜 망한 공간

완전 바보 같은 녀석들이 모여서 별별 이상한 일들을 탄생시키는 아지트(바보 센터) 만들기는 간단할지 모르겠지만, 유지하기는 백배 정도 힘들어. 이번에는 공간을 유지해가는 비법을 엿볼 수 있는 곳을 몇 군데 소개해볼게.

타이완 하위문화의 중심, 즈쩌우 카페&반루 카페

타이완의 〈즈쩌우 카페(直走珈琲)〉를 볼까? 이곳은 동아시아권에서는 에이스급 엉뚱한 공간이야. 타이베이 시내 사범대학 지역에 있었어. 사대(師大) 지역은 젊은 사람들이 모여드는 술집이나 라이브하우스 같은 멋진 가게들이 즐비한 엄청 번화한 구역이야. 당연히 이 카페도 밤이 되면 술집으로 바뀌어 늦은 시간까지 사람들로 북적거렸지~.

〈즈쩌우 카페〉는 타이완의 하위문화에서 굉장히 중요한 역할을 한 장소야! 낮에는 멀끔한 대학생들이 와서 공부하는데 그걸로 끝이냐? 천만의 말씀! 이상한 예술가나 음악가 들이 여기저기서 몰려들어. 예술과 음악이 있다면 뭐가 나오겠어? 당연히 반골(反骨) 정신(권력이나 권위에 순응하지 않고 저항하는 기골―옮긴이)이지! 그래서 이 가게에서 사회운동이 많이 시작되었어.

타이완에 진지한 사회운동이 많지만 이런 멍청한 녀석들이 일으키는 사회운동이 또 엄청 재미있단 말이야. 2011년 이후에 벌어졌던 타이완 원전 반대 데모 때 타이완 전력 회사 빌딩이 목적지였어. 이때 사람들이 들어올린 철인 아톰으로 변장한 녀석이 건물을 향해 돌진하더라고. 굉장히 바보 같은 광경인데, 우와아아~ 하면서 이상할 정도로 분위기가 달아올랐지.

아 참, 사운드 데모도 있어! 진지한 활동가들한테 잔소리 듣기 딱 좋은 일이지. 데모대 선두 트럭에 무대를 설치해 음악을 쿵쿵 울리면서 펑크 밴드나 테크노 DJ가 맥주를 뿌리고 거리를 엉망진창으로 만드는 거야. 와~ 좋은데! 원래 고엔지에서 2011년에 원전 반대 운동을 했을 때 〈즈쩌우 카페〉 사람들이 "이봐, 너희들! 재미있는 데모 하고 있다면서! 자세히 가르쳐줘!" 하고 연락을 해왔지. 하여간 냄새는 귀신같이 맡는다니깐.

물론 데모만 주야장천 하지는 않아. 〈즈쩌우 카페〉 사람들한테 데모는 오히려 잡지 부록 같아. 영화 상영회나 토크쇼 등 차분한 행사도 열어. 말하자면 지하실에서 펑크, 노이즈, 테크노 DJ 이벤트가 시작된다고 생각하는 순간, 훌륭한 학자들이 참가하는 세미나가 느닷없이 열리고, 학술대회가 있나 싶었더니 어느새 노래자랑 대회가 시작되는 식이야. 생각나는 이벤트란 이벤트는 다 해보는 거야. 그뿐 아니라 어디선가 나타난 이상한 영국인, 프랑스인, 남아프리카공화국인, 일본에서 보기 힘든 일본인 등이 어슬렁거리면서 직접 만든 물건을 가져와서 멋대로 파는 등 아무튼 엄청난 일이 벌어져! 친구가 끝도 없이 생기고, 하여간 와~ 여긴 진짜 좋은 장소야!!

2009년에 연 〈즈쩌우 카페〉의 주축은 2008년 산딸기운동(중국 대표단 방문에 항의하던 학생들을 경찰이 폭력적으로 진압하자 이에 반발한 운동—옮긴이) 때 중정기념당(타이완의 총통이었던 장제스를 기리는 건물—옮긴이) 앞에서 농성을 하던 무리야. 그런데 저항운동으로 점점 지쳐갔고 매번 같은 일을 하는 게 지겨워졌다고 하더군. 산딸기운동이 끝날 때쯤 몇몇 멍청한 녀석들 사이에서 "다 같이 놀면서 교류할 수 있는 장소가 필요해"라는 이야기가 나왔다고 해. 그후 동료를 모으고 싼 건물을 찾아다닌 끝에 월세 10만 엔짜리 장소를 빌렸지(인간 승리~)! 음식점이 아닌 곳을 빌려서 필요한 부대시설을 갖추는 데 총공사비가 200~300만 엔 가깝게 들었다나(뭐야, 속았나?). 그러고 보니 실내장식도 매우 깨끗하고 좋은 가게였어. 이것 역시 친구들의 힘! 돈은 낼 수 있는 사람만 냈고, 처음 반년 정도는 월급 없이 일하다가 장사가 잘되자 빌린 돈을 갚아나가면서 월급도 올렸다고 해. 와~ 대성공이야! 큰돈이 갑자기 생기지도 않을뿐더러 가게를 열고 바로 말아먹는 경우도 꽤 여럿 봤거든.

〈즈쩌우 카페〉에는 몇 번 놀러 가서 이쪽 동네 녀석들과 정말 친해졌어. 이곳은 사업 수완이 있어서도, 운이 좋아서도 아니고 모두 힘을 합쳐 만들었기 때문에 성공했다고 봐. 일본에서는 인간관계가 점점 줄어들고 있는데 타이완은 모두가 열심히 관계를 넓히고 있더라니까! 이건 정말 배울 점이야. 어쨌든 끝내주는 아지트를 만드는 데 성공하고 모두 엄청 기뻐했지. 〈즈쩌우 카페〉의 좋은 점은 여러 사람이 모여든다는 거. 지금까지 만나보지 못한 다양한 유형의 사람들이 뒤섞여 놀고 있어서 관계가 엄청나게 넓어져. 그렇게 사람들이 모여드니 매일같이 북적일 수밖에.

그런데! 그렇게 좋은 얘기만 있지는 않아. 공간은 역시 운영하고 유지하기가 힘들지. 우선 입지가 별로 안 좋았어. 젊은 사람들이 모이는 번화한 거리에서 벗어나 골목 하나 더 들어간 주택가에 있었거든. 낮에는 카페로 운영하는데 밤에는 술도 팔면서 큰 파티장으로 쓰거나 쇼나 공연을 해서 소음 문제가 연달아 발생! 게다가 타이완 녀석들 기세가 엄청나거든. 근처 주민들이 참다 참다 마침내 카페 건물주에게 연락을 했다지 뭐야! 앗, 이거 큰일이네 하고 〈즈쩌우 카페〉 녀석들도 바로 대응을 했지. 가장 붙임성이 좋은 녀석을 골라서 주민들에게 인사를 다니게 하고 방음 대책도 세웠지만 이미 사태는 악화되었고, 귀찮은 일은 딱 질색하는 집주인에게 재계약을

2009년에 오픈한 〈즈쩌우 카페〉(위)의 주축은 2008년 타이완에서 일어났던 산딸기운동의 주역들이야. 이벤트란 이벤트는 다 벌인 이 공간도 재계약 불발로 3년간 영업하고 폐점! 하지만 역전의 용사들이 다시 모여 〈반루 카페〉(아래)를 열었어.

거절당하고 말았어. 이렇게 전설의 공간 〈즈쩌우 카페〉는 약 3년간의 영업을 끝으로 2012년 봄에 폐점~!! 안타까운 일이야!!

좋은 공간엔 사람들이 몰리게 마련. 공간을 운영하는 사람 입장에서는 방문객들이 하고 싶다는 대로 해주고 싶어. 자제도 필요한데, 또 너무 자제하면 시시해진단 말이야. 게다가 재미있는 녀석들은 단골이 아닌 사람 중에 많아. 그런 녀석들에게 규칙을 지키라고 해봤자 쇠귀에 경 읽기지. 역시 공간을 운영하는 사람이 절묘하게 균형을 잡는 솜씨를 보여줄 수밖에. 와~ 이렇게 많은 능력이 요구되는구먼!

참고로 〈즈쩌우 카페〉의 중심인물이었던 양쯔솬(楊子瑄)과 친구들이 사람들의 도움을 받아서 2014년에 〈반루 카페(半路珈琲)〉를 열어서 현재까지 운영 중이야. 여기도 비슷한 분위기니까 꼭 가보도록!

매일 광란의 라이브로 질주한 과격파, 그라운드제로

앞에서 공간을 만들어서 하고 싶은 일을 마음껏 하는 것과 오랫동안 공간을 유지하려는 노력 사이의 균형에 대해 이야기했어. 이번에는 하고 싶은 대로 했던 기막힌 장소를 소개해볼게.

오사카 난바(難波: 오사카 번화가의 하나—옮긴이)에 미소노(味園) 빌딩이 있어. 마치 신주쿠 골덴가이(ゴールデン街: 신주쿠에 있는 좁은 골목으로, 1950년대의 모습을 간직한 술집 200여 개가 밀집해 있는 술집 거리—옮긴이)를 빌딩으로 만들어놓은 듯한 곳인데, 여기에 〈그라운드제로(グラウンドゼロ)〉라는 바(Bar)가 있었어. 예전에 오사카에 놀러 갔을 때 친구가 "끝내주는 장소에서 괜찮은 이벤트가 열리니까 갑시다!" 해서 가봤지. 미소노 빌딩 자체가 쇼와 분위기를 뿜뿜 하고 내뿜는 곳이야. 1층이 카바레, 2층부터는 스낵〔スナック: 일본 술집 종류의 하나로 간단한 먹을 것(스낵)을 제공하는 바—옮긴이〕이나 바가 바글바글해. 제일 높은 층에는 사우나가 있는 아~주 전형적인 구조의 빌딩이지.

작은 술집들이 북적거리는 건물 안 통로를 따라 들어가다 보면 〈그라운드제로〉가 짠~ 하고 나타나. 문을 열잖아? 그러면 듣도 보도 못한 세계가 펼쳐져! 가게가 꽤 넓은 정사각형인데 한가운데에 거대한 육각형 카운터가 있고, 점원이 그 안에 있어. 육각 카운터를 둘러싸고 손님들이 벽에 붙어 술을 마시는데, 30~40명은 들어가려나? 어디서도 본 적 없는 배치야! 카운터 안에는 드럼 세트와 음향 기기들이 준비되어 있어서 귀가 얼얼할 정도로 폭음을 내면서 매일 광란의 연주를 하더라고. 아주 그냥 깜짝 놀랄 정도로 시끄러워. 매일같이 공연을 하니 사람이 엄청나게 모여들어서 말 그대로 야단법석이지. 하고 싶은 대로 하면 이렇게 되나 싶을 정도인 광란의 바!

참고로 주인 옷치라는 사람이 또 보통 특이한 게 아니야. 인생 자체가 로큰롤인 사람으로 반항심이 무턱대고 하늘을 찌르지. 젊었을

때 쇼와 천황이 죽고 헤이세이로 대물림할 때 하라주쿠(原宿)의 호코텐(ホコ天, 步行者天国: 차량이 다니지 못하도록 막아서 도로 위를 보행자가 자유롭게 다닐 수 있게 한 구역—옮긴이)에서 갑자기 천황 반대 데모를 시작! 경찰에게 쫓겨 다녔다는데, 진짜 보통이 아니야. 우수한 노예 주변에는 지루한 인간들만 꼬이는데, 숨겨진 반항아 주변에는 폭탄 같은 놈들이 많아서 흥미진진해. 〈그라운드제로〉에서 재미있는 녀석들을 많이 만나서 이 주변을 어슬렁대기만 해도 굉장한 인맥이 생기는 그런 곳이었지.

설비를 갖춘 공연장도 아니고 산속에 있는 단독주택의 지하실도 아닌 상가 건물에 있는 점포 하나에서 이렇게까지 굉음을 울리며 기상천외한 녀석들을 끊임없이 꼬여들게 하다니…… 당연히 이런 가게가 계속 유지될 리가 없지. 너무 시끄럽다고 이웃들로부터 민원이 쇄도! 큰일인데 하고 어찌어찌 방음을 시도해보지만 언 발에 오줌 누기, 거의 효과가 없어. 하지만 하고 싶은 일을 아껴둘 의지는 제로. 이렇게 되면 〈즈쩌우 카페〉처럼 정해진 수순을 밟게 되지. 각 점포에서 건물주에게 "뭐야, 저것들! 어떻게 좀 해봐!" 하고 민원이 쏟아져 들어오고 건물주도 "이대로 계약 갱신은 안 돼" 하는 사태가! 아아, 절체절명의 위기다!

궁지에 몰린 옷치 씨, 건물주 아저씨가 비틀스를 엄청나게 좋아한다는 정보를 알아내 고육지책으로 좋아하지도 않는 비틀스의 〈렛 잇 비(Let It Be)〉나 〈스트로베리 필즈 포에버(Strawberry Fields Forever)〉 등을 또 말도 안 되는 굉음으로 틀어놓는 작전을 실행했다나! 건물주의 귀에 들려 "어, 이거라면 좋지~" 하는 결과를 노렸지만 생각처럼 잘되지 않았고, 이웃 가게에서도 "뭐야? 저 녀석, 드디어 머리가 돌았나 봐!" 하는 의심을 받아 기사회생 비틀스 작전은 처참히 실패!

1년이라는 짧은 기간 동안 전설의 공간이 된 〈그라운드제로〉는 이렇게 막을 내리게 되었어. 아이고~ 그래도 최고 속도로 돌진해서 1년이나 버텨서 우리에게 엄청난 용기를 줬어. 게다가 전속력으로 달렸으니 하루하루 엄청나게 충실했을 거야. 살얼음판 걷듯 조심스럽게 운영하는 가게의 10년 치 내용을 담았다고 해도 과장이 아니야. 이것도 하나의 전략이야~.

세계 각지에 멍청한 녀석들이 모이는 공간이 늘어나는 것은 정말 중요해. 그런데 만드는 것보다 유지하기가 의외로 힘들어. 제멋대로 운영해서 금세 망하면 너무 아깝고, 유지하는 데 급급하느라 시시한 일만 벌이면 재미가 없지. 〈즈쩌우 카페〉나 〈그라운드제로〉는 결과적으로는 없어졌지만 실패하진 않았어. 이 가게 덕분에 인생에 차질이 생겨서 재밌는 일을 즐기게 된 사람도 많고, 멍청한 사람들끼리 알고 지내게 되었으니까. 나도 〈즈쩌우 카페〉에서 타이완의 재미있는 녀석들과 친해졌고, 〈그라운드제로〉 덕분에 오사카의 중요 인물들을 알게 되었어. 그러니까 바보 센터는 만든 순간 이미 성공한 거야! 단지 위기가 닥치는 순간을 머릿속에 넣어두고 나중에 참고하도록. 좋아, 망하는 속도보다 빠른 속도로 이상한 공간을 마구 만들어버리겠어! 두고 보라고!

망할 듯해도
망하지 않은 공간

자, 바보 센터가 어떻게 문화를 만들어내는지 잘 봤지? 앞에서는 결국 망해서 감쪽같이 사라져버렸지만 강한 인상을 남기고 이후에도 큰 영향을 끼친 두 가게를 소개했어. '뭐야, 바보 센터는 어차피 망할 운명이야? 제길!' 하고 불안한 기분이 들지? 대자본이 운영하는 체인점과 달리, 돈 버는 일은 뒷전이고 내키는 대로 하려는 장소들뿐이니 지속되는 게 기적이긴 해……

하지만 기뻐하라! 동지들!!! 혜성처럼 나타나서 거대한 불꽃을 터뜨리고 사라져가는, 한판 승부를 벌이는 공간이 있다면, 〈쇼텐〉(笑点: 1966년 5월 15일부터 매주 일요일 저녁에 방송하는 일본 예능 프로그램—옮긴이)이나 〈사자에상〉(サザエさん: 1969년 10월 5일부터 매주 일요일 저녁에 방송하는 일본의 국민 애니메이션—옮긴이)같이 끈질기게 살아남아 소소하면서도 굉장한 존재감을 내뿜는 공간도 있다는 사실! 이번에는 그런 공간을 소개해볼게.

신뢰 받는 지역 안내소, 이레귤러 리듬 어사일럼

신주쿠교엔(新宿御苑)에 있는 인포숍 〈이레귤러 리듬 어사일럼 (Irregular Rhythm Asylum, IRA)〉이라는 수상한 가게부터 가볼까? 인포숍 (information shop)은 직역하면 정보 가게인데, 일반적인 상업 공간에서 유통하지 않는 독립 출판물이나 잡지, CD, 티셔츠 등을 취급하고, 그다지 상업적이지 않은 DIY 이벤트나 프로젝트의 정보가 있는 곳, 말하자면 언더그라운드한 지역 안내소라고 생각하면 돼.

IRA를 운영하는 사람은 나리타(成田) 씨야. 나리타 씨는 도쿄 변두리에서 자랐는데 음악을 좋아해서 공연장에 자주 드나들었대. 그러다가 자기 손으로 직접 물건을 만드는 DIY 문화를 접하게 되었고, 국내외 CD나 기념품 등을 사들여 행사장 같은 데서 판매하다 보니 가게까지 열게 되었다는군. 생김새는 음…… 꽃게잡이 배나 참치잡이 어선에서 혹사당한 듯한 불쌍한 얼굴을 하고 있는데, 가끔 만나 "이런 이벤트가 있어!" 하고 알려줘도 흥미가 없을 때는 들은 척도 안 하고 개무시! 막상 맘에 드는 일이 생기면 쥐도 새도 모르게 진행하고 있더라니까! "이렇게 재밌는 곳이 있으니 꼭 가봐!" 하고 알려주면 "그래 좋네, 가보고 싶다"라고 말하고는 십중팔구 안 가. 그래도 갈 마음이 생기면 어떻게든 가더라고! 뭐, 어떤 노인네가 될지 쉽게 상상이 되지?

이 가게는 기본적으로 위탁판매를 해. 위탁판매를 하면 대개 판매 가격의 70~80퍼센트를 납품한 사람에게 돌려주니까 가게 수입은 판매가의 20~30퍼센트. 지금은 신주쿠 변두리의 주상복합 건물에 입점해 있는데, 지인의 사무실 한 귀퉁이에 있을 때는 아~~주 찾기 힘들었어. 지나가다 우연히 충동구매를 할 손님 따위 있을 리가 없지. 어떤 때는 해외에서 땡전 한 푼 없는 아나키스트(무정부주의자) 같은 인간들이 와서 위아래로 검은 옷을 입고 소파에 늘어진 채로 "이제 싸우는 수밖에 없어!" 같은 소리를 지껄이고 있기도 해. 이익이 남게 생겨먹은 분위기가 아니지? (그렇지만 아무짝에도 쓸모없게 생긴 이런 바람 같은 방문자가 의외로 다양한 물건이나 기술, 정보를 가져오기도 해. 이건 이것대로 나쁘지 않아~.) 나리타 씨는 뜬금없는 방문객들과 자연스럽게 대화도 나누고, 디자인 관련 일도 하면서 가게를 꾸려나가고 있어.

　IRA는 앞에서 소개한 〈즈쩌우 카페〉나 〈그라운드제로〉같이 충격적이고 화려한 이벤트를 하지는 않지만, 착실하고 순리적으로 일을 해서 큰 신뢰를 얻었어. 가게에서 소소한 이벤트를 할 때도 많아. 해외에도 거래처를 두고 위탁판매를 하니 멀리서 방문하는 사람이 꽤 있어. 나리타 씨는 늘상 "진짜 죽을 거 같아~" 하면서도 이런 사람들의 도움으로 2004년부터 지금까지 이 가게를 계속하고 있어. 찾기 힘든 장소에 있고, 남는 게 없어 보이는 장사를 하고 있어도 자기만의 방법으로 착실하게 운영해가면 그걸로 됐어!

40년간 이어져온 독립 서점, 모사쿠샤

'망할 듯 망하지 않은 가게의 전당'에 입성한 곳을 한 군데 더 소개하겠어. 아는 사람은 아는 〈모사쿠샤(模索舍)〉라는 수상한 서점! 여기서도 꽤 멋진 일들이 벌어지고 있지! 신주쿠교엔 구석에 있는 이 서점은 일단 외관부터가 엄청 수상해. 낡은 목조 가옥 콘셉트로 입구에는 엄청 많은 홍보물이 주렁주렁 달려 있어. 어떻게 표현해야 좋을까…… 아! 도깨비집 같은 느낌! 감이 와? 아무튼 용기를 내서 가게 안으로 들어가면 더 심하게 수상해. 1970년대로 시간 여행을 왔나 싶은 분위기거든(물론 복고풍의 멋진 분위기가 아니라 학생운동 비밀기지 같은 음침한 쪽을 말하는 거야)! 오래된 책장에는 무너질 만큼 책이 잔뜩 꽂혀 있어. 뭐든지 깔끔하고 세련된 걸 좋아하는 요즘 세상에서는 오히려 이런 공간이 존재 가치가 있지.

무엇보다도 자체 유통하는 책을 주로 취급하는 색다른 책방이라는 점! 일본의 도서 유통 시스템에서는 결국 팔릴 책만 세상에 나오고, 별 내용 없이 모두에게 호응을 얻기 쉬운 읽기 편한 책만 남아. 결과적으로 책이 단순한 소비품이 되고 말지. 〈모사쿠샤〉는 이런 시스템에 대항해서 만들어진 책방이야. 자그마치 40년 넘게 영업을 하고 있다고! 그렇군~. 그러니 70년대 분위기를 느낄 수 있었던 게야~!

〈모사쿠샤〉는 잘 팔리는 책이라는 범주를 박차고 나간 독립 출판물이야말로 진정으로 의미 있고 재미있는 책이라는 생각을 하고

있어서 자비 출판한 책이나 미니코미(ミニコミ: 미니 커뮤니케이션. 소수의 사람에게 정보를 전달하는 매체—옮긴이) 등을 다뤄. 창업 당시의 시대적 영향이 여전히 남아 있어서, 좌파 출판물부터 신(新)우익계 신문이나 서적까지도 두고 있지. 요즘 사람들은 정치나 사회현상에 문제를 느끼면서도 다른 사람의 불평을 듣고 싶지 않아서 굉장히 예의 바르게 말해. "○○ 문제가 있지만, 한편으로는 XX도 있으니까, 어려운 문제로군요" 하는 식이란 말이지. 뭘 말하고 싶은 거야, 이 자식! 어쨌든 이런 말투가 넘쳐나는 사회에서 〈모사쿠샤〉의 책장은 끝내줘. 무슨 소리냐면, '분쇄하자!!!!!' 같은 말을 아무 망설임 없이 내뱉는 책 천지야. 내용이 무시무시한 책도 많으니까 각자 잘 생각하고 읽었으면 해. 그래도 액션 영화처럼 확실히 통쾌해! 하루 종일 일하느라 피폐해진 몸으로 회식까지 끌려가서 상사에게 두 시간 동안 상식이니 품행이니 하는 이야기를 듣다가 돌아가는 길에 혼자 〈모사쿠샤〉를 찾아 '파괴하자!!!' 하고 외치고 싶은 기분을 느껴도 재미있겠지.

여기가 정치적인 장소라고 생각할 수 있겠지만, 사실은 그렇지도 않아. 어떤 책장에는 수상한 사이비 교주가 횡설수설하는 책이 꽂혀 있고, 엉망진창인 음악을 하는 녀석의 CD가 놓여 있고, 자기도 뭔지 모를 듯한 전위예술가의 독립 출판물이 있기도 해. 아, 물론 정신 나간 책만 있지는 않고, 절대 안 팔릴 것 같지만 진지한 내용의 책도 있어. 어쨌든 "오오, 이런 녀석이 있다니!" 하며 놀랄 게 있어서 좋아. 견문은 넓힐수록 좋지. 특히 매일같이 집에서 텔레비전을 보고, 인터넷으로 정보를 모으고, 전자책만 고집하는 사람은 꼭 〈모사쿠샤〉에 놀러 가보길 바래~. 화들짝 놀랄 거야~.

자, 그럼 이익이 안 남는 이런 가게를 어떻게 운영할까……. 비밀은 바로 공동 운영! 그때그때 일하는 직원이 운영자로 결합해서 회의를 열어 사안을 결정하고 운영한다고 해. '뭐라고라? 〈모사쿠샤〉 역사가 40년 이상이라는데, 그럼 노인 직원이 일하는 거야?'라고 생각할지 모르겠는데, 창립 당시의 멤버는 없고 직원도 계속 바뀌어. 내가 처음 〈모사쿠샤〉에 갔을 때가 대학생 시절이었는데, 그 후로 직원뿐 아니라 가게를 꾸려가는 사람도 계속 바뀌고 있어서 누가 하는 가게인지 잘 모르겠어. 예전에 〈모사쿠샤〉의 초기 멤버를 만났더니 "〈모사쿠샤〉? 지금도 있을걸" 할 정도였으니까. 대충대충 하는 게 좋구먼!

어쩌면 이 점이 〈모사쿠샤〉의 장수 비결인지도 몰라. 'ㅇㅇ씨의 가게'라는 인식이 생기면 그 사람이 죽거나 다른 문제가 생겼을 때 가게가 순식간에 사라지는 일도 많거든. 가게 운영자의 매력에 끌려 사람이 모여드는 공간도 있지만, 〈모사쿠샤〉는 '독립 출판과 책 문화를 지킨다'라는 의의를 중시하는 공간이야. 그걸 계속 추구하는 한, 직원이 바뀌든 말든 상관없겠지~.

참고로 지금 직원들은 마치 사도(佐渡: 지금의 니가타에 포함된 섬으로 금광으로 유명한 옛 지역 이름—옮긴이)에 유배를 당해서 금을 캐고 있는 분위기라 맘에 들어. 이 사람들은 기본적으로 붙임성이 없는 데다 누가 봐도 서비스에는 영 소질이 없는데, 역대 〈모사쿠샤〉 직원 중에서는 꽤 길게 일하고 있는 편이야. 괜히 붙임성이 좋아서 필요도 없는 물건을 사게 만드는 것보다 이런 게 백배 낫지. 맞아~ 역시 이 가게가 중요한 이유는 신념을 지키고 있기 때문이야. 게다가 이런 책방은 전국을 돌아다녀봐도 좀처럼 찾기 힘들어(예전에는 그래도 좀 있었다는데, 거의 다 망했다고 하더군). 그러니 이곳을 필요로 하는 사람이 반드시 있다는 거야! 예를 들자면, 독립영화만 상영하는 영화관이나 인디 밴드 연주가 중심인 공연장 같아. 응, 역시 이건 중요해.

그런 곳이다 보니 지금까지 몇 번이나 경영난으로 도산 위기를 맞았대. 하지만! 그럴 때마다 독립 문화를 사랑하는 열혈 고객이나 〈모사쿠샤〉 팬들이 들고 일어났어! 바자회를 열고 기부금을 모아서 간신히 위기를 넘긴 후에는 거미 새끼들이 흩어지듯 슥~ 사라져. 정말 멋지잖아! 와~ 사랑받고 있구먼! …… 자, 남은 건 직원들. 폐업을 면했으니 묵묵히 산처럼 쌓여 있는 전표를 정리하면서 다시 망할 위기가 닥치기 전까지 계속 가게를 보겠지.

가게 운영자가 확신을 갖고 꾸려가고 나름 의의가 있다고 생각하면 손님들이 그렇게 망하게 두진 않아. 그렇군~. 이런 공간 만들기 방법도 있군! 여기는 여기대로 또 배울 점이 있네. 가게에 들어선 순간 "알겠다! 그랬던 거군!" 하고 깨닫게 될 테니 모두 꼭 보러 가줬으면 해~

자, 어때? 이번에 소개한 두 공간은 바보 센터라고 부르기엔 공간을 운영하는 의미도 확실하고 제대로 한다는 느낌이 들지? 그래도 계속 바보 센터로 부르고 싶어.

이윤보다 가게만의 가치관을 중요하게 여긴다면, 신뢰를 얻게 돼. 그런 것들을 좋아하는 사람들이 모여들 거야. 아, 독자적인 정책이 얼마나 재미있느냐 하는 것은 또 사람마다 기준이 다르니 주의해야 해. 독특하기만 하면 장땡이라는 식의 튀는 경쟁을 하자는 건 아니니까, 오해는 금물!

이 책을 읽고 있는 사람 중에도 지금 당장 바보 센터를 만들고 싶어서 들썩들썩하는 사람이 있을 거야. 빨리 시작하고 싶은 마음은 이해해. 하지만 바보 센터는 돌발적인 일만 벌이는 기세등등한 공간만 이야기하지 않아. 그러니까 일단 문을 연 후에도 시행착오를 거치면서 차츰 장난 아닌 공간을 만들길 바랄게!

노점상 작전!
움직이는 공간 만들기

여기서는 원점으로 돌아가 좀 더 손쉽게 간이 바보 센터 만드는 방법을 찾아볼까 해~.

노점은 사람을 사귀는 창구

왜 바보 센터가 필요했냐고? 국가(권력이라고 해도 좋아)가 지역 구석구석까지 관리의 손길을 뻗치자 윗분들이 만드신 문화나 돈벌이에 직결되는 문화만 넘쳐나면서 점점 황당해지더라고. 특히 이시하라 신타로가 도쿄도지사가 된 후 '거리를 정화하자'라는 노망 든 노인네 같은 계획을 밀어붙이더니 거리가 점점 깔끔해지면서 따분해졌지…….

이런 분위기 때문에 2000년 전후로 '가난뱅이 대반란 집단'이라는 이름만 터무니없이 시끄러운 대소란 기획이 시작되었어. 가끔 사람들을 모아 전철역 광장에서 왁자지껄하게 술판을 벌이고 음악을 크게 틀고 거리를 엉망진창으로 만들면서 경찰에게 혼나기도 했는데, 사실 일상적으로 하던 활동은 길바닥에서 티셔츠를 파는 거였지. "저금 빵(0)엔!" "수상 관저에 불을 지르자! 나쁜 녀석들이다!" "돈 많은 녀석은 덤비라고!" 같은 요란한 문구에 멍청한 그림이 그려진 티셔츠를 만들어서 매일같이 거리에 나가 팔았어. 길거리 판매를 시작한 김에 불온한 녀석들을 위한 정보지 「가난뱅이 신문」을 옆에 두고 뜬금없이 가게를 시작했어! 이것도 나름 제대로 된 가게야.

밤 8시가 되면 판매 도구를 챙겨서 거리로 나가. 판매 장소도 대충 골라서 신주쿠(新宿), 이케부쿠로(池袋), 시모키타자와(下北沢), 나카노(中野), 고엔지(高円寺), 산겐자야(三軒茶屋), 다카다노바바(高田馬場), 하라주쿠(原宿) 등 여러 곳에 갔었어. 혼자 갈 때도 있고 한가한 친구를 불러내 같이 갈 때도 있는데 가게를 열면 그때부터 캔 맥주를 홀짝거리면서 여유롭게 노닥거리면 돼. 그러면 지나가던 사람 중에 흥미를 느낀 누군가가 "와~ 진짜 이상한 것만 팔고 있네요~"라며 말을 걸어와. 물론 물건을 사면 기쁘지만, 그것보다 친구가 되니까 더 재미있어져! 이야기가 잘 통하면 대체로 "다음에 같이 술이나 마시러 가요~" 하기도 하고, 지나가던 사람이 가게를 보기도 하면서 수상한 노점이 계속돼. 가게를 보는 사람이 늘어날수록 분위기가 더 달아오르기 때문에 새로 참여하는 사람도 늘어나지. 이때 가게 보는 일을 소홀히 하면 안 돼. 상품은 내팽개친 채 모인 사람들끼리만 분위기를 띄우는 순간, 닫힌 공간이 되어버리거든. 지나가던 사람이 말을 걸기 힘들어지는 공간이 되는 거야. 그러면 재미가 없어. 가게는 새로운 사람을 사귀는 창구 기능을 하니까.

병원 복도같이 말끔하게 길거리를 정돈한다 해도, 이렇게 수상한 장소를 만들다 보면 순식간에 사람이 모이기 시작해. 여기에 재미를 붙여서 매일같이 거리에 나가면 도쿄 어디에든 아는 사람이 있을 정도가 되지. 게다가 "이런 젠장, 부자 놈들!" 하고 호통을 치는 겁 없는 녀석들. 음~ 정말 굉장해!

이쯤 되면 간이 바보 센터라고 할 수 있어. 진짜 간단하지? 거리에 제멋대로 물건을 늘어놓고 유유자적하면 되니까. 게다가 어떤 상품을 늘어놓느냐에 따라 끌리는 사람이 달라지니까 사귀는 친구도 달라져.

가게 내는 장소도 중요해. 아무도 안 돌아다니는 곳에서 시작하면 당연히 사람이 안 오겠지? 안 그래? 또 어두컴컴한 곳에서 홀로 외로이 물건을 팔면 강도를 만날 수도 있고, 귀신이라고 착각하는 사람도 있을 테니 노노~. 엄청나게 사람이 많이 지나다니는 통로가 좋냐 하면, 오히려 말을 걸기가 어려워서 탈락! 애당초 통행에 방해가 되어서 좋지 않아. 역 앞 광장이나 만남의 장소 구석 등 사람이 모이기 쉬운 곳을 골라.

길바닥에서 멋대로 뭔가를 벌일 때 흥미로운 일이 많이 일어나

기도 해. 일단은 야쿠자! 우연히 만나는 일이 은근히 많다니까! 예를 들어볼까? 시부야 역 앞에서 노점을 차리고 있으면, 저쪽에서 수상한 2인조가 다가와. 한 명은 빡빡머리를 한 뚱뚱한 남자로 하얀색 양복에 뱀가죽 신발을 신고 있어. 다른 한 명은 요코야마 야스시(横山やすし: 일본의 개그맨, 탤런트—옮긴이) 같은 마른 체형의 남자로 깍두기 머리에 콧수염을 길렀는데 가느다란 테의 안경을 끼고 팔자걸음으로 걸어와. 어이!!! 전형적인 쇼와 시대 야쿠자 같은 녀석들은 처음 봤다고! 겉모습부터 '우리는 야쿠자'라고 주장하고 있어서 너무 멋지잖아! 그렇게 다가오자마자 요코야마 야스시 닮은꼴이 눈앞에 똥 싸는 자세로 앉더니 "어이, 형씨!!! 게쓰모치(ケツ持ち : 폭력배나 야쿠자 조직이 가게 자릿세로 받는 돈—옮긴이)는 있어?" 하고 괜히 목청을 높여. 자릿세를 내고 있냐고 묻는 거지. "무슨 말씀이신지?!" 하고 모른 척 얼빠진 소리를 해보지만, 이 아저씨는 흔들림 없이 "네 녀석 여기서 장사하면 월세도 안 들고 좋잖아? 우리가 뒤를 봐줄 테니까, 마음 놓고 돈을 벌면 서로 좋지 않겠어?"라는 거야. 음~ 좋네! 감동받았어! 이런 사람들이 없어지고 국영 야쿠자(경찰)만 남는 것도 재미가 없지! 이렇게 생각하면 자릿세를 내고 싶어지지만, 잠깐, 멈춰. 시부야 역 앞에는 노점이 잔뜩 있어서 한 사람이 자릿세를 내기 시작하면 모두 내게 될 거란 말이지. 나는 매일 시부야에 있지도 않고 도쿄 여기저기를 돌아다니니 시부야에서 장사하는 사람들에게 폐를 끼칠 순 없지. 그래서 "아, 저기, 시부야는 웬만하면 잘 안 와요……" 하고 얼버무리면서 버텨봤어. 결국에는 얏상(요코야마 야스시)도 "그려,

알겠다! 이번은 봐주는데, 다음에 또 눈에 띄면 제대로 받을 테니까, 명심해. 이미 형씨 얼굴도 기억했어! 뭐, 일단 장사 열심히 해보라고" 하고 일어서더니 다른 노점을 향해 팔자걸음으로 걸어가더라고~. 거리에서 일어나는 은밀한 밀당이라고나 할까, 아무튼 재밌어. 처음 가는 동네에서 노점을 하는 사람이 있을 때는 반드시 "이 근처에서 물건을 팔아도 괜찮을까요?" 하고 물어봐서 정보를 얻은 후에 시작해야 한다는 점을 기억해두자고~.

기치조지(吉祥寺) 야쿠자가 노점에 엄격하다는데 이것도 당시에는 다 아는 이야기였어. 어느 날 그 부근에서 노점상을 하고 있는데 중동계 외국인 몇 명이 나타나더니 "여기, 가게 안 돼!" 하는 거야. 처음에는 질서 지키기를 좋아하는 외국인인가, 하고 신기하다고 생각하면서 "괜찮아, 문제없어. 경찰이라도 오면 그때 그만두면 돼" 하고 넘겼지. 그랬더니 "그러니까 내가 지금 그만두라고 하잖아! 지금 가! 경찰 안 와!" 하는 거야. 굉장히 위협적으로 나오기에 후다닥 철수했지. 다른 곳으로 장소를 옮겼더니 거기는 괜찮았어. 나중에 노상에서 알게 된 사람에게 물어보니 역시 그쪽 사람들이었더라고. 음~ 하여간 이래저래 재밌다니까~.

지금은 예전보다 야쿠자 세력이 약해지기도 했고, 경찰이 더 난리를 치긴 하지만 여러분도 꼭 노점을 해봤으면 좋겠어. 가장 쉽게 할 수 있는 바보 센터니까!

포장마차로 경쟁 사회에서 이탈해보자

노점과 달리 제대로 허가를 받는 포장마차도 있어. 일본에서는 꽤 줄어든 데다 새로 허가를 받기 어려워서 힘들 것 같지만, 해외에는 아직 포장마차가 잔뜩 있어. 최근에 들은 이야기인데 홍콩은 포장마차가 의외로 싸다더군! 장소나 포장마차에 따라 가격이 제각각이긴 하지만 어떻게든 싼 곳을 찾아내면 한 달에 3만 엔 정도로 운영할 수 있어. 일본에도 이런 방식이 있는데, 포장마차 신규 허가를 받기가 꽤 힘드니 이미 영업권이 있는 포장마차 주인에게 영업권을 빌리는 (아니면 사는) 방식이야. 처음에는 보증금 조로 월세 석 달 치 정도의 돈을 내고, 그다음 달부터 월세를 내. 물론 포장마차 대여료도 포함돼. 꽤 좋은 방법이야. 참고로 홍콩 포장마차는 24시간 영업 장소에 둘 수 있다는 장점이 있어. 아무 때나 내키는 시간에 영업해도 상관없다는 뜻이지! 게다가 홍콩은 남쪽 나라고 겨울에도 별로 춥지 않아서 야외에서 영업해도 별 문제가 되지 않아. 비가 오는 날은 쉬고, 맑은 날은 영업하는 생활 방식도 꽤 재밌지 않을까?

최근에 홍콩 친구가 실제로 포장마차를 빌려서 수상한 가게를 시작해버렸어! 부러워! 엄청 재밌어 보이잖아!! 놀러 가보니 유유자적한 분위기라 좋더라고~.

홍콩 월세는 도쿄의 약 2배. 장난 아니게 비싸지. 그런 홍콩에서 이런 파격적인 가격의 포장마차를 한다니 더욱더 여유 있게 느껴져. 포장마차에서는 어디서 가져왔는지 알 수 없는 잡화를 팔고 있는데 가격은 '자유'! 손님들이 가격을 직접 정하면 돼! 그 옆에서 화가 친구가 초상화를 그리고 있어. 이것도 기부하는 방식!

홍콩은 엄청난 경쟁 사회인 데다 중국 정부가 이것저것 통제를 하는 통에 이중으로 압력이 심하지. 그런 사회에서 멍청한 분위기를 뿜어내는 포장마차를 하는 것도 엄청 재밌겠지!!! 야쿠자에게 쫓겨 다닐 일도 없고 좋네! 뭐, 막상 해보면 당연히 힘든 일이 있겠지만, 일본에서 사라져가는 포장마차 문화에 멍청한 바보 센터를 결합하는 것도 나쁘지 않아 보여!!

여기서는 초보적인 멍청이가 할 수 있는 공간을 소개해봤어. 쇼와 시대의 야쿠자에게 쫓겨 다니는 일만 빼면 노상에서 간단히 시작할 수 있는 간이 바보 센터. 다들 이건 꼭 해보도록!

부러워서 침이 넘어가지만 따라 할 수 없는 공간

이번에는 "와~ 이건 진짜 멋진데! 부러워!!" 하는 공간이지만, 막상 일본에서 만들려고 하면 전혀 도움이 되지 않는 곳을 소개해 보지!

불온한 냄새가 폴폴 풍기는 독일의 공간

유럽에는 스콰트(squat: 버려지거나 비어 있는 건물 혹은 공간을 점거해서 사용하는 무단거주—옮긴이)이라는 바보 센터가 잔뜩 있어. 비어 있는 건물에 멋대로 들어가 사용하는 거야. 작은 오두막부터 빌딩 한 채 정도로 큰 곳까지 여러 가지야. 심지어는 진짜 성 같은 곳도 있어. 예전에 독일 베를린 크로이츠베르크에 있는 쾨피(Köpi)라는 거대한 스콰트에 가봤어. 입구에 뜬금없이 '자유의 여신상' 머리통이 있어서 갑자기 너무 무서워지더라고! 건물 안에 검은 옷을 입은 젊은 녀석들이 어슬렁거리고 있고 커다란 검은 개 여러 마리가 있어서 온통 불온한 분위기로 넘쳐나더군. 건물 안에는 **공연장이 두 개, 영화관, 바, 인포숍, 네오나치와 싸우기 위해 체력 단련을 하는 피트니스센터** 등 온갖 게 다 있어. 건물 위층에는 거주 공간도 있더라고.

이곳에서 열리는 공연 구경을 갔는데 검은 옷을 입은 녀석들이 어슬렁거리다가 갑자기 복면을 뒤집어쓰고 모두 도로 쪽으로 달려가잖아. 뭐야? 무슨 일이야? 하고 쫓아가 보니 저 멀리서 오는 경찰차를 향해 돌을 던져! 으악! 이건 너무 위험해! 경찰도 견딜 수 없어서 그대로 도주! 와! 짱인데! 뭐지, 이건 대체?! 그런데 잘못 던진 돌이 그 근처를 지나가던 아줌마의 자전거를 맞혀버렸어. 아줌마가 "이 자식들이! 위험하잖아!" 하고 어린아이 혼내듯이 소리쳐! 그러자 검은 옷 입은 녀석들이 "아, 죄송합니다······" 하고 사과하는 거야. 읭? 의외로 착하잖아!

물론 이런 말썽꾸러기 같은 녀석들이 있는 반면 스쾃을 소박하게 운영해가는 사람도 있어. "주말에 와서 난리를 치다 가도 좋은데, 자꾸 소동이 일어나면 여기 있는 사람들이 나중에 너무 힘들어진다니까. 어휴~" 하고 불만을 토하지. 음~ 이런 건 세계 공통이구먼.

기본적으로 이런 곳은 점령한 녀석들이 자기들 손으로 직접 관리, 운영을 해. 장소를 지키는 방법도 제각기야. 실력 행사를 해서 건물을 뺏고 경찰이 오면 곤봉과 돌을 던져서 쫓아내는 곳이 있는가 하면, 건물주나 시청과 교섭하면서 아슬아슬하게 유지하는 곳도 있어. 두 방식 다 인정해주는 분위기라서 월세는 없거나 있어도 조금 내는 정도~.

어떻게 공간을 접수하는지 궁금하지? 일단 최대한 많은 사람을 모아서 늦은 밤에 문과 창문을 부순 뒤 빈집에 쳐들어가. 그러고는 큰 파티나 집회를 연 다음, 깃발 따위를 걸어서 점거를 선포! 대부분 경찰이 쳐들어오는데, 첫 공방전에서 어떻게든 경찰을 물리쳐서 처치 곤란한 상태를 만들어야 해. 관공서나 경찰, 정치인들이 언성을 높이다가도 더 많은 사람이 점거에 호응해서 연달아 봉기가 일어나면 곤란하니까 "아니, 일단 대화를 하자고" 같은 반응을 보이기 시작해. 이런 식으로 장기전에 들어가서 길면 몇 년, 몇십 년 동안 스쾃은 계속 운영되지! "안 쓰는 장소가 있으니까 우리가 쓸 수 있게 해줘" → "뭐, 그것도 말이 되네. 알았어, 어쩔 수 없지(건물주)" 이런 식으로 말이야.

맞아, 정부나 건물주와 이렇게 결론을 낼 수 있는 점이 일본과 정말 달라. 역시 유럽은 토지나 소유에 대한 생각이 우리와 다른가 봐. 젠장! 이건 따라 할 수가 없잖아!

방치된 건물을 말끔하게 고쳐서 점거하는 프랑스

이번엔 독일 옆 나라 프랑스 얘기. 예전에 파리에 갔을 때 잘 곳도 없고 친구도 없어서 어쩌지 하고 있었어. 그때 누가 봐도 수상한 냄새가 나는 책방에 갔는데, 거기서 파리 동쪽 변두리에 새로운 스 쾃이 생겼다는 정보 입수! 바로 찾아갔지. 주택가 가운데 있는 정원이 딸린 평범한 집이었어. 일단은 목 잘린 '자유의 여신상'을 전시하고 있지는 않아.

갑자기 나타난 수상한 외국인인데도 따뜻하게 맞으면서 개축 공사 중인 내부를 구경시켜주더라고. 게다가 잘 곳을 찾는다고 하니 자도 된다는 거야! 우와! 진짜 친절하네! 다만 이때는 점거 한 달 정도밖에 안 되었을 때라 안전하지는 않고, 언제 쫓겨날지 모른다더라고. 그래서 그런지 사람들도, 집 분위기도 산뜻했는데 입구가 굉장히 무거운 쇠사슬로 잠겨 있었어. 사람이 와도 절대로 문을 열면 안 된다고 하더군. 그런 거군~ 말끔해 보이지만 긴박한 상황이었어!

프랑스에는 겨울에 집 없는 사람을 쫓아내면 안 된다는 법이 있다나(추워서 얼어 죽을 수도 있으니까). 내가 방문한 때는 11월쯤이었어. 여름에 사람이 안 살아서 관리도 대충 하고 집주인도 방치한 건물을 찾아다니다가 가을이 오면 작전 실행! 순식간에 점거를 한 뒤 공사 강행! 그렇게 해서 봄이 오기 전에 몰라볼 정도로 좋은 집으로 바꿔놓는다는 거야~. 봄이 와서 집주인이 이제 그만 나가 달라고 말하려다가 말끔해진 집을 보고 "얼레? 저 낡은 집을 이렇게 깨끗하게 해줬으니 한동안 써도 좋지 뭐~" 하게 된다는 것. 집주인 입장에서도 애물단지 같은 건물을 깨끗하게 고쳐준 셈이니 대체로 좋게 타협한다더라고. 목이 잘린 자유의 여신상 따위는 꿈도 못 꿔! 해골이나 "부자 다 죽여" 같은 낙서도 안 돼! 온 힘을 다해 쾌적한 환경으로 바꾸는 거지. 내가 방문했을 때도 막혀서 못 쓰게 된 부엌 싱크대를 교체하고 있더라고. 정원에 있는 연료 탱크도 기름을 채울 수 있게 수리하고, 벗겨진 바닥이나 낡아빠진 외벽도 깨끗하게 칠하고 있었어. 심지어 다들 이상할 정도로 즐겁게 작업을 하더라니까! 좋네~ 나도 해보고 싶어!

안타깝지만 이 방법은 일본에서는 절~대로 통하지 않는 작전이야. 일본이라면 썩어 문드러져 못 쓰는 집이어도 "거긴 우리 소유물이니까 안 돼"로 끝난다고. 그뿐만이 아니라 엄청 혼나기도 하고 말이야. 쳇, 망할! 자전거나 볼펜, 화장실은 안 쓰면 빌려주기도 하잖아. 근데 집만 안 된다니, 참 나 그건 대체 무슨 심보야! (이 책을 읽은 건물주 분들, 점거인이 있을 때는 상대를 가려서 관용을 베풀어주세요~.)

전공투 운동의 거대한 유산, 호치 대학 학생회관

에이~ 제기랄! 유럽만 재밌는 곳이 많아, 젠장……, 하고 생각해보니 있었어! 일본에도 장난 아닌 곳이 있었다고! 우는 아이도 그

치게 한다는 호치 대학 학생회관이지. 애석하게도 2004년에 없어졌지만, 여긴 정말 굉장한 곳이었어. 400명 정도 수용할 수 있는 큰 강당부터 식당과 매점까지 있는 지상 8층, 지하 2층짜리 건물 2개. 엄청 큰 시설이었지. 게다가 요즘의 대학 시설과는 완전 달라서, 시설 운영부터 각종 이벤트 진행까지 전부 학생들이 독립적으로 관리했어. 유럽에 있는 스콰이랑 거의 비슷한 상태였다고 보면 돼. 밤낮으로 사람들이 시끌벅적하게 모여 있으니 굉장한 일이 많이 일어났어. 1973년에 완공된 건물로, 전공투 운동의 유산 같은 건축물이야. 당시에는 "대학이라는 국가가 짜놓은 프로그램 자체가 별로야!!" 같은 생각이 주류여서 그런 '대학'을 때려 부순 후에 어떻게 할지 고민하는 '대학 해체'라고 불린 조직이 있었어. 기존 대학을 무너뜨리고, 우리끼리 새로운 개념의 진짜 대학을 만들자는 의욕 충만!! 동아리 활동 장소뿐만 아니라 문화 활동 전반을 관리하는 부서부터 복리후생실, 강의를 개설하는 부서까지 있었어. 물론 대학 측은 노터치! 덕분에 당시에는 학생회관을 중심으로 호치 대학이 움직였다고 해도 과언이 아니야. 학생 주최로 실험적인 예술가의 개인전을 열고, 막 뜨는 분야의 연구자가 강연을 하고, 주말에는 공연도 열어서 완전히 실황 극장 같은 상태가 돼. 어떤 날은 연극 텐트 공연(전국을 돌며 텐트를 치고 연극을 하는 극단 공연—옮긴이)이 개최돼서 극단 꼬맹이가 뛰어다니기도 하고 낮엔 빨래가 널려 있기도 했어. 물론 관객이나 참가자는 학생뿐만 아니라 외부인도 많아서 '학생만의 건물' 같은 닫힌 공간이 아니고 완전히 개방된 공간이었어. 엄청 수준 높은 문화 센터 같았지. 게다가 이 건물을 설계한 사람이 또 끝내줘! 가와하라 이치로(河原一郎)라는 건축가인데, 학생들 의견을 반영해서 모르는 사람과 자연스럽게 교류할 수 있도록 동선을 생각했고 학생들이 제대로 관리, 운영할 수 있도록 설계했다고 하더군.

참고로, 건물이 완성되기 직전에 격양된 학생들이 실력 행사를 해서 건물을 점거한 후에 학교와 교섭하며 운영했으니 스쾃과 같다고 할 수 있어. 음~ 이거야말로 70년대 초에 이상하리마치 달아올랐던 분위기 덕분에 얻게 된 기적 같은 공간일지도 몰라~.

하지만 지금은 엄청나게 어려워. 이렇게 거대한 건물이면 권력을 가진 녀석들을 '응' 하게 할 정도로 강한 조직력과 소란을 일으킬 힘이 필요해. 맞아, 당시 사람들이 정말 대단했던 거야. 근데 그 세대 녀석들은 칭찬을 좀 하면 금세 우쭐해져서 몇 시간 동안 끊이질 않고 무용담을 이야기해서 아주 귀찮아죽겠어. 그럴 땐 마음속으로 경의를 표하되 얼굴을 마주보고 '이 영감탱이, 할망구들! 빨리 죽든가 바보 센터 만드는 걸 돕든가 하라고!'라는 눈빛으로 째려보도록 해.

아, 당시에는 큰 건물을 노렸는데, 요즘은 작은 공간을 많이 만들어가는 편이 좋아. 망하고 망해도 전국 방방곡곡에 뭐가 있는지 모를 정도로 계속해서 새로운 바보 센터가 생겨나면 그거야말로 최고로 재밌고 강한 게 아니겠어?! 좋아, 그때 그 시절의 건방짐은 인정! 앞으로 생길 멍청한 공간에 그걸 활용해보자고!

전직 예술가가 만든 어처구니없는 타워

마지막으로 한 군데 더. 앞에서 타이완의 수상한 전직 예술가 아저씨 얘기를 살짝 했는데, 기억 나? 맞아, 타이난 〈넝성싱 공장〉에 드나드는 사람이지. 이 아저씨가 한곳에 정착하는 것을 싫어해서 여러 장소에 자신이 살 공간을 만드는 버릇이 있어. 어느 날 갑자기 바닷가에 대나무와 줄로 뭔가를 만들기 시작하더라고. 볼 때마다 조금씩 높아지더니 어느새 5~6층 빌딩 높이를 넘는 수상한 타워가 되어버렸어! 근처에 사는 사람들이 "이거 뭐야! 이 주변은 태풍이나 높은 파도가 자주 오는데, 우리 집 쪽으로 쓰러지면 어떡할 거야!" 하며 항의했는데, 아저씨는 전혀 신경 쓰지 않고 제일 꼭대기에서 팬티 바람으로 기분 좋게 낮잠을 자더군. 그러던 어느 날 "질렸어" 하더니 "이 탑은 자연의 힘으로 사라지게 될 거야"라며 영문 모를 소리를 내뱉고는 타워를 내버려둔 채 어딘가로 가버렸어!

타워는 상반신을 노출한 아저씨가 잠을 자는 공간이었으니 바보 센터의 기능은 전혀 할 수 없어. 일본에서는 자기 맘대로 이상한 건축물을 만들기 쉽지 않지만, 워낙 멍청한 일이니까 언젠가는 따라 할 수 있지 않을까 해.

뭐라고, 전혀 도움이 안 됐다고? 음……. '이런 걸 읽어서 어쩌라는 거야!' 하고 생각할지도 모르겠는데, 여러 가지 일을 폭넓게 접해보는 것도 정말 중요해. 일본 사회도 조금씩 변해가고 있으니

까 다양한 가능성을 염두에 두고 재미있는 공간을 하나씩 만들어가
자고. 그러다 나중에 시대가 변하고 있다는 생각이 들면 망설이지
말고 "지금이야말로 수상한 타워를 만들 때다!!!" 혹은 "자유의 여
신상의 목을 가지고 와라!!!" 하며 바보 센터를 일구어가자고!

가게 맞교환 작전

터무니없는 수단으로 돈을 모으면서 끊임없이 이상한 공간을 열고, 계속해서 다른 공간과 교류를 한다! 이런 흐름은 벌써 국경을 넘어서 세계 각지에 퍼져가고 있어. 점점 더 많은 일이 시작될 듯한 예감. 드디어 얼간이 녀석들이 벌이는 멍청이 혁명이 가까워졌을까?!

그런데! 어려운 점도 있어. 자영업자가 되면 운영이 어려워져서 죽을 것 같아도 아무도 도와주질 않아. 그래서 공간의 운영 상황을 항상 신경 쓰고 있어야 해. 이건 바보 센터뿐 아니라 자영업자 전체에 해당하는 이야기야. 한 가지 더. 정말 중요한데 공간을 운영하면 여기서 벗어날 수 없다는 점! 규모가 클 때는 함께 운영하는 멤버와 시간을 조절해서 놀러 다닐 수도 있어. 근데 이런 바보 센터는 대부분 작게 시작하고, 일손이 부족해서 그 공간을 떠날 수 없게 돼. 전 세계 멍청이들과 연대해서 대(大) 멍청이 문화권을 만들어보려는 참인데 다른 재밌는 공간에는 놀러가질 못 한다니! 제기랄! 이게 바로 바보 센터를 만드는 모든 이들의 고민이야.

그렇다면!!! 기사회생 작전을 짜보자고! 필살기, 교대로 가게 보기 작전!!!

만약 마음이 잘 맞는 사람들끼리 비슷한 공간을 운영하고 있으면 맞교환을 하면 어떨까? 나는 지금 도쿄 고엔지에서 재활용품 가게와 게스트하우스, 바 등을 운영하고 있는데, 이 가게들을 오사카의 친구가 운영하는 공간과 맞교환한다고 치자고. 업종이나 업무 내용이 비슷하면 안성맞춤이겠지만 알아두어야 할 정보가 많지 않다면 업종이 달라도 문제없어. 우리 재활용품 가게도 물건을 운반할 때 친구에게 급히 도움을 청할 때가 많아. 그러니까 가까이 있어도 전혀 모르는 사람보다는 멀리 있어도 친근한 데서 온 사람이 도와줄 때가 더 편하겠지.

가게 맞교환 작전 돌입! 예를 들어 도쿄에 사는 누군가가 오사카에서 한동안 살고 싶어 한다고 치자고. 오사카에 있는 친구에게 "한 달 정도 도쿄에 와 있고 싶은 사람?" 하고 여기저기 물어보라고 해. 그러면 꽤 높은 확률로 "가고 싶어!" 하는 사람이 나타날 거야. 그럼 교환하면 돼! 이게 잘되면 놀러 간 사람도 공백 없이 일할 수 있어서 수입이 생겨. 숙소 문제가 있는데 서로 믿을 수 있다면 집을 맞교환하는 방법도 있지! 일본에서는 별로 못 봤지만, 외국에서는 일정 기간 집을 비울 때 대신 살아줄 사람을 찾는 일이 자주 있어. 아니면 가게와 관련된 사람 집에 머물 수도 있고, 가게나 관련 공간에서 지내는 방법도 있어. 뭐, 바보 센터를 운영하고 있으니까 그런 동료 한두 명쯤이 지낼 숙소를 짠~ 하고 마련해주는 믿음직한 모습을 보여주고 싶지 않겠어?

교통비만 구하면 다른 동네에서 평소처럼 생활할 수 있는 방법이 생기니까 부담이 적어. 한 달 생활비와 집세를 마련해서 여행을 가는 것과 사정이 달라. 더 맘 편히 이동할 수 있지. 게다가 그쪽도 새로운 사람이 와서 빨빨대고 돌아다니니 활기가 생겨서 좋고!

일이 더 순조롭게 풀린다면 가게 자체를 교환할 수도 있어. 아예 직원까지 통째로 맞바꾸고 가게 이름을 바꿔도 재밌을 거야! 그렇지만 "우리 주방에는 손가락 하나 까딱하지 마!" 하는 깍쟁이 주인도 있을 테고, 식당이 아닌 잡화점이나 상품을 판매하는 곳이라면 여러 문제가 있으니까 그런 건 적당히 조절하면서 시도해봐~.

가게 맞교환을 통해서 멍청한 커뮤니티가 여러 군데로 확산되면 구인 공고를 내보자고. 전용 사이트를 만들면 더 편리하지 않을까? 각지에 있는 바보 센터에서 받을 수 있는 인원을 공지하거나 맞교환을 요청하는 거지. 예를 들어 이렇게 적어두는 거야. "후쿠오카(福岡)에서 한 달 동안 지내길 원합니다. 여기는 오사카입니다." 후쿠오카 사람을 찾으면 바로 맞교환해도 좋고, 동시에 오사카에 가고 싶은 도쿄 사람과 도쿄에 가고 싶은 후쿠오카 사람을 찾는다면 오사카, 후쿠오카, 도쿄 이렇게 삼각편대를 형성해 이동할 수도 있어. "저는 어디든 갑니다. 처음 가는 곳에서 생활하는 것을 좋아해서", 이처럼 떠돌이 기질이 있는 사람에게 "블라디보스토크에 결원이 생겼는데 3개월 정도만 가줘!" 하고 부탁하는 방법도 있어. 이렇게 국경을 넘기 시작하면 어마무시하게 재미있는 일이 시작될 거야!! 자, 모두 함께 가게 맞교환을!

대형 모니터로 타 지역 얼간이들과 만나자

가게 맞교환 작전으로 맘 편히 이동할 수 있게 되면 정말 즐겁겠지만 "아, 저기…… 그렇게 가벼운 마음으로 낯선 곳에 가긴 싫은데" 하는 사람이 있을지 몰라. 음~ 전혀 낯가림도 없고 새로운 환경에 쉽게 적응하는 사람이면 좋겠지만 모두가 그럴 수는 없지. 다른 일이 생겨서 움직이지 못하는 사람도 있을 테고 말이야. 무리해서 새로운 장소에 가거나 관계 맺기를 어려워해서 스트레스가 쌓인다면 바보 센터의 취지가 무색해지잖아. 그러니 자신의 동네에서 다른 동네 사람들과 친해지는 작전도 생각해두자고.

친구 중에 카페나 바같이 편하게 이야기 나눌 수 있는 공간을 운영하는 사람이 있다면, 먼저 거길 이용하는 게 좋아. 사무실이나 몇몇 친구들만 모이는 폐쇄적인 공간이 아니라 누구나 올 수 있는 열린 공간이 더 좋겠지. 여기에 크기가 1미터 이상인 거대한 모니터를 달아서 다른 지역의 얼간이 공간과 영상통화를 하는 거야. "뭐, 어디서든 흔하게 볼 수 있잖아? 시시하네!"라고 할 수 있겠지만 이제 부터가 중요해. 일단 모니터를 어디에 둘지 신경을 써야 해. 사람들이 올려다봐야 하는 벽 위쪽에 설치하지 말고 **눈높이**에 두자고. 쇼와 시대에 있었을 법한 작고 낡은 식당이나 맛없어 보이는 오래된 라면집 벽에 넓어 보이라고 거울을 쭉 붙여놓은 거 봤지? 여차하면 양면 거울이 돼서 가게가 사차원 공간처럼 보이는 그거 말이야. 그런 식으로 모니터를 창문처럼 설치해도 좋고, 벽을 따라서 일렬로 늘어놓은 테이블 바로 앞에 설치해도 좋아. 모니터는 무조건 커야해. 돈이 있으면 벽 전면을 모니터로 둘러도 좋아.

또 하나, 가게 열 때부터 닫을 때까지 영상이 나오게 해야 해! 가능하다면 24시간 접속해두자고. 영상 중계로 해외에 있는 사람들과 대화하는 이벤트를 하는 경우가 종종 있어. 그것처럼 특별한 느낌이 들면 안 돼. 되도록 아무 의미 없는 풍경이 계속 흘러나오는 쪽이 좋아. 예를 들어 도쿄에 있는 바에 모니터를 설치했다 치자고. 그 가게 벽이 삿포로(札幌)나 오키나와, 베이징(北京)에 있는 바라면 정말 멋지지 않겠어? 모니터 앞에 테이블을 두면 테이블 좌석 건너편이 다른 지역이잖아! 좌석에 앉아서 친구랑 커피나 술을 마시고 있으면 저쪽에서도 별 특징 없는 어떤 녀석이 편하게 앉아서 술을 마시거나 밥을 먹고 있어. 이야기를 나눌 필요도 없어. 그냥 저쪽의 일상생활이 펼쳐지는 거니까.

항상 그런 환경에 있으면 재미있는 일이 많이 일어나겠지. 예를 들어 홍콩에 있는 얼간이 공간과 연결된 가게가 도쿄에 있다고 하자고. 평소처럼 술을 마시러 가면 모니터 저쪽에 자주 보이는 녀석이 나오고 우연히 동석한 사람이 말을 걸어와서 친구가 될지도 모르잖아. 홍콩 사람과 미팅이 있다면 "자, 내일 오후 6시에 그 바에서 보자고~" 하고 약속하고 화면으로 만날 수 있어. 홍콩 가게가 이벤트를 열어서 사람이 바글거리고 엄청나게 분위기가 달아오르는데 우리는 달랑 세 명이 앉아 콧구멍을 후비며 멀뚱멀뚱 저쪽을 부러워할 수도 있지. 아니면 광둥어를 가르쳐달라고 하거나 홍콩 여행을 떠날 때 공항 가기 전에 잠깐 들러서 "거기 날씨 어때? 겉옷을 가져가는 게 나아?" 하고 물어볼 수도 있지. 어느새 홍콩 가게에서 매주 열리는 이벤트에 참가하고 싶을 수도 있고, 저쪽 인기 메뉴가 견딜 수 없이 먹고 싶어서 더 가고 싶어지지 않을까? 그러다 결국 각자의 가게에서 해롱해롱 취해서는 "어이, 너, 지금 당장 여기로 놀러 오라고~." "오케이, 알았어. 내일 간다." "어! 약속 지키라고! 자, 바로 비행기 표 사!" 하면서 얼렁뚱땅 여행이 시작될지도 몰라. 초대 받아서 하는 교류가 아니라 사람들끼리 진짜로 친해질 수 있는 작전이라 넘 맘에 들어~.

주변에 바보 같은 짓을 좋아하는 녀석이 반드시 하나쯤은 있지? 그런 녀석들이라면 도쿄에 있는 바에서 만나기로 약속한 후에, 홍콩에서 "어이! 거기 아니고 여기야! 여기!" 같은 일발네타(一発ネタ: 짧은 시간에 웃기는 개그—옮긴이)를 하려고 진짜 홍콩에 갈지도 몰라! 부산과 후쿠오카같이 가까운 도시라면 더 수월하게 할 수 있을지도!

와!! 재밌겠다!!!

대형 모니터 작전, 즉 '세계를 연결하는 멍청이 창문' 작전을 쓰면 술에 취해서 재밌는 일을 벌이는 주정뱅이나 묘하게 재밌는 얼굴을 한 녀석, 항상 이상한 옷을 입고 있는 녀석 등등 흥미를 끄는 패거리와 안면을 트게 될 가능성이 높아. 해외의 여러 바보 센터를 왔다 갔다 하다 경험한 건데, 배꼽이 빠지게 재밌는데 너무 가난해서 동네 밖으로 못 나가는 녀석, 다른 곳에 흥미가 전혀 없는 녀석, 일이 너무 바빠서 나갈 엄두를 못 내는 녀석 등이 엄청나게 많아. 재미있기로는 세계 최강인데 집행유예 중이라 안타깝게 해외에 나갈 수 없는 녀석이 있을지도 모르지. 꼼짝도 않고 동네에 붙박여 있는 녀석 중에 재밌는 놈들이 더 많다고 해도 틀리지 않아. 이곳저곳 자유롭게 움직일 수 있는 사람이 생각보다 적어. 스카이프 이벤트 따위로 절대 볼 수 없는 세상이 널려 있단 말이지.

연결된 가게끼리는 엄청 친해지게 될 거야. 메뉴나 내부 장식, 단골 얼굴도 아는 데다 평범한 날과 이벤트 열리는 날의 분위기가 어떻게 다른지도 알고, 가게 문 닫은 후에 쥐 잡으러 다니는 주인장의 우스꽝스러운 모습까지 보게 되겠지 아마. 그 정도로 친해지면 낯선 곳에 갈 때 느끼는 긴장감이 싹 사라질걸! 여기다 가게 맞교환 작전까지 벌인다면 더 재미있어지겠지~. 아~ 넘 기대돼!!

무수히 존재하는 기묘한 공간들

　　지금까지 몇 종류의 바보 센터를 소개했는데, 세계는 넓고 바보 센터는 아직도 많아. 게다가 바보 센터끼리 연결되어 영향을 주고 받고 있어. 더 소개할게~.

월세는 내킬 때만 냅니다요, 생각다방산책극장

　　『가난뱅이의 역습』을 2008년에 썼는데, 이듬해에 한국어로 번역이 돼서 출판되었어! 덕분에 한국에 자주 가게 되었고, 그러다 부산에 사는 히요라는 사람을 알게 되었지. 물론 한국인이야. 히요와 친구들이 자신들의 공간을 만들려고 할 때 마침 『가난뱅이의 역습』을 읽고서는 "뭐야, 간단하게 할 수 있잖아!" 하고 2011년에 친구 두세 명이서 카페를 열었어. 가게 이름이 〈생각다방산책극장〉.

놀러 가보니 엄청나게 쾌적한 공간이더라고~. 낡은 주택이고 주택 가로 들어가야 해서 입지가 좋은 편이 아니야. 하지만 오히려 그 점 때문에 여유로운 분위기가 있더라고. 게다가 약간 언덕배기에 있어서 햇볕도 잘 드는 데다 툇마루 같은 베란다도 있어서 느긋하게 쉴 수 있는 분위기~. 히요 씨는 술을 좋아해서 여러 종류의 술도 준비해놓고 있었어. 커피를 마시러 왔다가 너무 쾌적해서 맥주 한 잔을 죽 들이켜고 오히려 더 여유롭게 쉬는 거야! 음~ 너무 안락해서 위험한데!

　월세는 단돈 10만 원! 너무 싸! 왜 그렇게 싼고 하니 곧 재개발될 지역이라서 집주인도 그냥 방치한 곳이래. 건물이 낡고 수도관 상태가 나쁘다는 문제가 있긴 해……. 이런 건물은 임대인을 쉽게 구할 수가 없잖아. 그래서 월세가 엄청나게 싸다는 거야! 처음에 히요 씨가 중심가 부근의 부동산중개소를 통해 가게 자리를 알아봤는데 너무 좁고 비싸서 맞는 곳이 없었대. 그러다 재개발 지역 부동산중개소에 갔는데 이 건물이 나와 있었어. 그랬던 거야~. 좋은 생각인데! 문제의 수도관도 집주인이 고쳐주질 않아서 본인들이 직접 공사를 했어. 그러다 흐지부지 월세를 내지 않게 되었는데 집주인도 세입자의 신세를 진 셈이라 별문제 삼지 않았지! 내킬 때마다 한 달 치 정도를 내기도 하는데 대충 그럭저럭 지나간다고 하더라고. 짱인데! 너무 감동해서 "그런 식으로 해도 괜찮아?" 하고 물어보니 "『가난뱅이의 역습』을 읽고 배웠습니다!"라고 하지 뭐야! 와!! 실천해줘서 고마워~!!! …… 내가 그런 것까지 썼나?

내킬 때마다 월세를 낸다는 〈생
각다방산책극장〉. 짱인데! 너
무 감동해서 "그런 식으로 해도
괜찮아?" 하고 물어보니 『가난
뱅이의 역습』을 읽고 배웠습니
다!"라고 하지 뭐야! 와!! 실천
해줘서 고마워~!!!

심지어 이 가게 바로 앞이 구청인데도 "영업허가? 어 그러고 보니 안 받았네"라고 하잖아! "대충 오픈해서 대충 운영하고 있으니까 괜찮겠지 뭐" 이래. 엄청나게 평화로운 분위기에 사기라는 양념까지 살짝 치는 것이 최고!!! 고엔지의 수상함을 가볍게 넘어섰어! 졌다, 졌어!!

히요 씨는 어찌어찌 잘 구한 건물을 친구와 공동으로 임대, 운영하면서 자신들의 공간으로 만들어가고 있어. 소규모 어쿠스틱 기타 연주회를 열기도 하고 책 읽기나 어학 공부 모임도 하고 다 같이 잡지를 만들기도 한대. 잠자는 공간이 있어서 잘 때도 있고 누구를 재우기도 해. 다들 사는 곳이 다르니까 각자의 필요에 맞게 자유롭게 쓰는 공간이 된 거야.

가게를 막 열었을 때는 일반적인 가게답게 열심히 운영을 했어. 그런데 손님이 하나둘씩 늘자 다른 바보 센터와 교류도 안 하고 찾아오는 손님도 단순한 소비자에 불과하다는 생각이 들었대. '내가 하고 싶었던 일은 이런 게 아니야' 하고 깨닫고 더 이상 열심히 하지 않고 대충 운영하게 되었다고 하더라고. 적자가 안 날 정도로 아슬아슬하게 운영하면서 쾌적한 공간을 유지하는 것이 목표! 음~ 이런 균형 감각이 정말 좋다니까.

엄청나게 포근한 〈생각다방산책극장〉도 진짜 재개발이 시작되면서 3년 정도 운영하고 폐점! 너무 안타까워! 그래도 히요 씨와 친구들은 전혀 동요하지 않고 다른 가게를 잠깐 빌리거나 집을 개방하는 식으로 공간을 마련했어. 역시! 멋져! 그러다 드디어 자신들의 새로운 공간을 연다는 소식이 도착했어! (4장 '세계 각지의 가난뱅이 자립 공간 목록'을 봐~.) 와! 다음엔 어떤 공간이 될지 너무 기대된다고!! 아마 엄청나게 쾌적한 곳일 테니 꼭 가보면 좋겠어!

불량기 넘치는 홍콩의 아지트, 탁청레인

내가 좋아하는 도시 1~2위를 다툴 정도로 멋진 데가 홍콩이야. 왜냐하면 항상 무정부적 움직임이 있어서 두근거리거든. 홍콩은 고도의 자본주의 사회에 터무니없는 약육강식의 세상이자 중국 정부의 통제마저 매년 심해지고 있는 곳이야. 양쪽에서 주는 압박이 상상할 수도 없이 홍콩 시민을 여러모로 힘들게 하지. 게다가 사람은 너무 많은데 땅이 좁으니까 발 닿는 곳마다 고층빌딩뿐이야. 홍콩 사람 누구에게 물어봐도 "홍콩은 최악이야"라고 말할 정도야.

그런데도 홍콩 사람들은 씩씩해서 참 멋져. 일찍이 구룡채성[九龍寨城: 중경 맨션(重慶大廈)과 함께 외지 사람들이 발을 들여놓으면 두 번 다시 나올 수 없다는 홍콩의 양대 마굴—옮긴이]이라고 불린 카오스한 공간이 있었던 데서 알 수 있듯이, 다들 도시 곳곳에서 틈을 발견해 여러 공간을 개척하고 있어. 평범한 상가 건물의 방에 난데없이 엄청 위험한 공간이 있는 식으로 말이지.

〈탁청레인(德昌里2號3號舖, Tak Cheong Lane)〉은 홍콩의 불온한 힘을 상징하는 곳이야. 여기는 홍콩 구룡구(九龍区)라는 구시가지(라고 해도 여전히 엄청 번화가야)에 있어. 홍콩 영화에 나왔던 네온 간판이 잔뜩 있고 엄청 뒤죽박죽인 상태의 거리 말이야. 이 거리 뒷길이 '탁청레인'인데, 이걸 공간 이름으로 쓰고 있어. 어떻게 설명하면 좋을지 난감할 정도로 가보면 불온한 공기가 그득해. 예전에 치안이 개판이었던 시절의 도쿄 변두리 도에이 단지(都營団地: 저소득층을 대상으로 빌려주는, 도쿄 도가 관리하는 집합 주택—옮긴이)의 빈집에 중학생들이 모여서 담배를 피우고 술을 마시는 느낌이랄까? 어쨌든 10대 청소년부터 20대 정도가 중심인데 매일 밤 모여들어 술 마시고, 밥 먹고, 한 대 피우고, 음악을 듣고, 기타를 치면서 왁자지껄 놀고 있어. 얘기를 나눠보면 다들 반골 정신이 왕성해서 "뭐든지 해낼 거야~" "돈 따위 부자한테 뺏으면 되지 뭐" 같은 식이야. 오오, 좋구먼~ 이런 거친 도에이 단지 같은 분위기라니! 그리고 벽에는 '무정부주의!' 같은 낙서가 있고(한자라서 더 박력 만점!), 책장에는 그런 내용의 책이 쭈욱 꽂혀 있는 데다 슬쩍 물어보면 무용담이 줄줄 나와(여기에서는 일부러 쓰지 않겠어)! 어휴, 무섭잖아~!

하지만 그냥 불량한 집단이 아니야. 홍콩에서 민주화 데모가 있으면 대부분 참가하고, 밴드를 하는 사람이 많아서 폐공장 등 비어 있는 장소를 찾아내서 게릴라 콘서트를 열기도 해. 경찰에게 잡히기 직전까지 이런 활동을 아슬아슬하게 하면서 재미있는 일을 벌이고 있어. 한번은 〈탁청레인〉에 외국인으로 보이는 꼬맹이가 놀고 있었는데 알고 보니 이민자의 아이라더군. 홍콩은 이민 사회로 동남아시아에서 온 이주노동자가 많아. 그런데 이주민의 아이는 교육도 제대로 받기 어렵고 부모가 일을 하는 동안 있을 곳도 마땅치 않아. 그런 꼬맹이들을 보살펴주기도 한다고. 짱인데, 너무 멋져!

　이 녀석들, 처음 만났을 때 "네가 쓴 『가난뱅이의 역습』읽었어! 꽤 좋던데 그거!"라는 거야. 와~ 기쁘다! 이런 곳까지 퍼지다니!!! 사실은 타이완에서 출판된 중국어판이 홍콩까지 퍼졌던 거야. 〈탁청레인〉 녀석들이 내 책을 읽고 처음에는 재활용품 가게를 하자고 결심하고 비밀 아지트 1층에서 중고품을 팔았대! 그런데 물건을 회수해온 뒤에는 분류하고 고장 수리를 하고 깨끗하게 세척한 뒤 가게에서 팔아야 하잖아. 하다 보니 장난 아닌 거야. 그래서 "이거 너무 바쁘잖아! 그냥 일하는 거랑 뭐가 달라!" 하고는 재활용품 가게에서 손을 털고 지금처럼 사람들이 모이는 장소로 바꿨다더라고. 그러고는 "일본에서는 어떻게 부자 돈을 뺏어와? 가르쳐줘" 하며 눈을 반짝반짝 빛내면서 묻더라니까. 음~ 부산의 〈생각다방〉은 여자들이 운영하는 조용하고 쾌적한 카페, 홍콩의 〈탁청레인〉은 옛날 도에이 단지 같은 살벌한 곳……. 와, 이렇게 다양한 사람이 내 책을 읽어주다니 정말 기뻐!

　〈탁청레인〉이 어떻게 운영을 하고 있냐고? 이걸 어떻게 써야 하나 정말 신경 쓰이는데…… 그건 80년대 도에이 단지와 같아. 여러모로 남다른 경지에 올랐다고 볼 수 있지. 문장으로 써버리면 촌스러우니까 직접 가서 물어보라고. 응, 가보면 알아!

한국 인디 문화의 전당, 두리반

〈두리반〉은 서울 홍대에 있어. 홍대가 대학가라서 젊은 사람들이 엄청 많은데, 평범한 젊은이뿐 아니라 인디 음악가, 예술가, 작은 가게를 운영하는 사람, 영화나 사진을 찍는 사람 등 다양해서 그 덕에 공연장이나 갤러리도 잔뜩 있어! 문화의 동네 느낌이야. 그런데 세계 어디나 똑같이 젊은 사람들이 독자적으로 재미있는 문화나 거리를 만들고 나면 거대 자본이 돈놀이를 하려고 눈독을 들여. 2000년대 후반부터 홍대가 점점 개발되더니 눈 깜짝할 사이에 쇼핑센터나 큰 길이 마구잡이로 생겨나서 지금은 시부야 같은 동네가 돼버렸어. 예전 같은 즐거움은 사라지고 있지.

게다가 홍대에서 재미있는 일을 벌이던 음악가나 예술가들이 월세가 너무 올라서 본인들의 활동 무대가 없어질 판이라 견딜 수 없을 정도였어. 물론 홍대 주변에서 노는 보통 젊은 사람들한테도 그런 독특한 문화가 사라지고 어디에나 있는 번화가처럼 돼버리면 하나도 재미가 없겠지. 그러니 다들 엄청나게 화가 날 수밖에. 당연히 반대 운동이 일어났고 강제 퇴거에 반대하는 상점 주인도 나타났어. 한국의 저항운동은 엄청나게 과격한 걸로 유명하지. 데모를 할 때도 경찰과 격돌해서 치고받고 싸우고 경찰은 물대포와 최루가스를 뿌려대고 기업은 폭력배를 고용해서 노동자를 공격해. 심할 때는 사망자가 발생하기도 해.

홍대 재개발 예정지에 〈두리반〉이라는 칼국수 가게가 있었어. 여길 강제 철거한다고 하자 주인 아저씨와 아줌마가 "농담 아니야! 한 발짝도 움직이지 않겠어!" 하고 가게 안에 틀어박혀서 농성을 시작했어. 그게 너무 멋있는 거야! 홍대 주변에서 활동하던 음악가나 예술가, 학생이 많이 드나들던 식당이어서 다들 주인 내외를 응원하기 시작했어. 대신 칼국수 가게 부부도, 젊은 녀석들도 이전의 방법으로 싸우는 걸 원치 않았어. 사람이 다치는 게 싫기도 하고 그렇게 하면 폭력적으로 진압될 게 뻔했기 때문에 다른 방법이 없나 생각했지. 그러면서 매일 이벤트나 왁자지껄한 파티를 열어서 사람이 항상 모여드는 공간으로 만들어버리자는 엄청난 작전을 생각해냈어! 재개발 회사가 고용한 경비원이나 폭력배, 혹은 경찰이 쳐들어올 때는 사람이 없는 시간을 노리겠지. 좋~아, 항상 허벌나게 재미있는 일이 벌어지고, 사람이 넘쳐나는 뜨거운 분위기에서는 그놈들이 쳐들어올 엄두를 못 내지 않겠어? 멋진 작전이야!

이렇게 해서 역사상 최강의 공간 〈두리반〉이 탄생했지! 물론 농성할 때는 월세도 안 냈어. 4층까지 있는 작은 건물인데 위층 입주자가 나가 버린 후 전체 층을 사용해서 농성에 돌입. 홍대 주변 사람들이 무작정 모여들어서 아이디어를 내고 재밌는 이벤트를 벌이기 시작했지. 어떻게 다 하나 싶을 정도로 대규모 콘서트, 연극, 파티, 토크쇼 등 다양한 이벤트를 열었어. 나도 100일 기념 이벤트와 2주년 기념 이벤트에 갔는데, 두 번 다 서울에서 활동하는 인디 음악가들이 총출동했나 싶을 정도로 정말 호화로운 출연진을 자랑하는 공

홍대 재개발 때 강제퇴거에 불응한 〈두리반〉. 이후 홍대 주변의 예술가, 인디 음악가, 학생들이 주인 내외와 1년 반 동안 농성을 하면서 매일 왁자지껄한 이벤트를 열었어. 결국 협상이 타결되어 전설의 〈두리반〉 농성은 끝이 났어~.

연이었어. 현장에 있던 사람들도 "이런 분위기 속에서 다들 술 퍼마시고 즐기다가 적을 물리친다면 진짜 끝내주겠지!" 같은 이야기를 했어. 진짜 멋져!!! 정말 최고야!! 물론 매일 흥겹게 놀지만 진지하게 회의를 하고 재개발 반대 운동에 관한 강연회나 토론회를 열기도 했어. 실제 운영은 모두 함께 자발적으로 했다고. 전기나 가스 요금, 겨울에 쓸 연료비도 함께 마련하고, 청소도 모두 자신들의 힘으로 했지. 정말 끝내주지? 굉장한 자치 능력이야!!!

〈두리반〉 농성이 짧은 기간에 끝났다면 단순한 항의 활동에 지나지 않았을 테고, 재미있는 장소 만들기가 주제인 이 책에서 소개하지 않았을 거야. 그런데 이런 이벤트를 1년 반 동안 끊임없이 열었다는 점! 이게 너무 굉장해! 모두가 힘을 합쳐 단 하루도 비는 날 없이 이벤트를 연 거야! 이 정도면 이미 훌륭한 자립 공간이라고 인정할 수밖에 없어. 게다가 매일 이벤트를 하니까 다 같이 밥을 먹고 술을 마셨어. "저기에 가면 뭔가 재미있는 일이 벌어질 거야" 하고 계속해서 사람이 모여들어. 젊은 사람들만 내키는 대로 하는 게 아니라 칼국수 가게 아저씨도 엄청 호응을 잘하는 사람이라 함께 노래 부르고 춤을 췄고, 인정 넘치는 아줌마는 이것저것 챙기고 모두에게 밥을 지어주기도 했어~. 재미있는 공간을 만들기 위해 건물을 따로 빌려야 하는 건 아니야. 〈두리반〉처럼 싸움이 일어나는 장소에 만들어버리는 방법도 있어.

그렇게 1년 반이 지났어. 건설업체 측도 처음에는 폭력배를 써서 강제 철거를 할 태세였는데 매일 바보들이 야단법석을 떨자 철거가 어렵겠다고 생각했는지 협상에 응하기 시작했어. 홍대 지역 전체의 재개발을 중지시키지는 못했지만 이 협상으로 칼국수 가게는 새로운 장소를 구해서 다시 열게 됐어. 협상을 타결하고 전설의 공간 〈두리반〉은 종결~!

아, 정말 잘됐어! ……라고 생각하고 싶은데 실은 복잡한 기분이 들기도 해. 당시에 두리반 현장에 있던 젊은 녀석들 모두 "일이 해결되어서 좋은데 여기가 없어진다니 엄청 슬프고, 또 솔직히 곤란하기도 해" 같은 이야기를 하더라고. 하긴 1년 반 동안 음악가나 예술가들이 서로 알게 되고 그냥 놀러 온 사람들도 음악, 예술, 사회문제에 눈을 떠서 좋은 친구가 되었거든. 〈두리반〉 덕분에 서울 인디 문화가 엄청 커졌다고 볼 수 있어. 음, 여긴 정말 굉장히 멋진 곳이었어! 참고로 〈두리반〉 농성은 〈PARTY 51〉이라는 다큐멘터리 영화로 만들어졌으니까 흥미가 있는 사람은 꼭 보도록 해~!

예술가와 음악가 들의 자립 공간, 아지트

부산에는 〈아지트(AGIT)〉라는 굉장히 멋진 DIY 바보 센터가 있었어. 장소는 부산대학교 근처. 원래 유치원이었던 건물을 통째로 빌려서 자유로운 공간으로 만든 굉장한 곳이야! 약 250평 정도의 부지에 유치원 건물과 정원이 있었어. 부산에 있는 멍청하면서 멋진 녀석들을 떠올릴 때마다 이곳이 늘 생각났어~.

〈아지트〉는 예술 공간으로 쓰였는데, 솔직히 뭘 해도 상관없는 분위기였어. 예술이라고 해도 엄청난 그라피티(graffiti), 요상한 음악까지 꽤 폭넓은 장르가 모여 있었지. 상당히 넓은 2층짜리 건물이어서 작업장과 갤러리는 물론, 공연을 하고 회의를 열 수 있는 강당과 녹음 스튜디오까지 있었다고! 장기 체류를 하면서 작품을 만들 수 있도록 방도 3개나 마련해두었어. 정원 한쪽에 텃밭을 두고 뭔가를 재배하면서 바로 옆 벽에서 그라피티 연습을 하기도 했어. 그걸 보면서 '스프레이 색소가 날리면 농작물에 해롭지 않으려나' 하는 걱정이 슬쩍 들기도 했지.

예술가들이 사회문제에 관심을 갖고 항의하는 이벤트를 준비할 때도 있어. 〈아지트〉는 단순한 공간이라기보다 다양한 분야의 사람이 드나들면서 어울리는 흥겹고 재미있는 공간이야. 입구에 있는 거실 같은 곳에 커다란 테이블이 있어서 밥을 함께 먹고 술을 마시면서 이야기를 나누곤 했어. 몸담고 있는 영역이 다른 사람이 어울리니까 각자 활동하는 폭도 넓어지더라고~.

내부 장식도 굉장했어! 온통 새하얗게 칠해져 있거나 예쁘게 디자인한 간판이 있거나 정돈된 인테리어를 갖춘 흔한 예술 공간과 정반대의 분위기! 실내도 전면적으로 그라피티(이건 진짜 멋있었어!)가 돼 있고 이상한 작품(혹은 방치된 실패작) 등이 곳곳에 굴러다니고 있었지. 이름 그대로 아지트 같은 분위기가 정말 좋았어. 게다가 원래 유치원이었던 건물이라 어딘지 귀여운 느낌을 주기도 했어! 화장실도 유치원에 맞게 작아! 문도 어른 어깨높이 정도의 크기인데, 그런 **꼬맹이 화장실에서 전신 문신을 한 우락부락한 비보이가 나온다고 생각해봐! 으흐흐 깜짝 놀라겠지!**

이런 꿈같은 공간을 어떻게 만들었는고 하니, 〈아지트〉의 중심 멤버들이 학생 시절에 결성했던 '재미난복수'라는 수상한 집단이 시발점이 됐어. 예술과 음악을 하는 친구들이 부산대학교 정문 앞 광장에서 기습적으로 이벤트를 한 것이 계기가 되었다고 해. 초기에

〈아지트〉는 대학이 점점 재미없어지는 데 항의하며 부산대 학생들이 모여 장난 아닌 이벤트를 연 것을 계기로 만들어진 공간이야. 2층짜리 건물에 갤러리, 스튜디오, 숙박 시설을 모두 갖추고 있었어. 그런데!! 이곳 역시 재개발의 마수가 뻗쳐와 재계약 실패. 지금은 망해버린 상가에서 가게를 하나둘씩 다시 열고 있어! 대단해, 부산 녀석들!

는 1년에 무려 30회 정도의 이벤트를 열면서 음악이나 예술뿐만 아니라 특이한 퍼포먼스도 했대! 대학이 점점 재미없어지는 데 항의하며 정문 앞에 엄청나게 큰 탑을 세우고 거기에 전신을 하얗게 칠한 가짜 예수가 나타나서 학생들을 쫄게 만들고, 도서관 안으로 갑자기 뛰어들어 "바보가 되니까 공부하지 마!" 같은 소리를 하며 더 바보 같은 짓을 하다 빈축을 사는 등 황당한 일을 벌였어. 이렇게 난장을 치다가 점점 소문이 퍼져 나갔고, 학생뿐만 아니라 학교 밖 사람들과 연결되었다고 해. 학교 밖에서 더 폭넓게 활동하고 싶다는 생각으로 〈아지트〉를 구상했다더라고.

그러다가 2008년에 이 유치원을 발견한 거야! 여기도 "언젠가는 재개발을 해서 주상복합빌딩을 세우고 싶은데, 지금은 별다른 계획이 없어" 하는 곳이었어. 월세도 싸서 시작할 당시에는 월 80만 원이었다고 하더군. 진짜 싸지 않아? 대신 얼마 안 가서 집주인이 50만 원을 올려버려서 약 130만 원이 되었대……. 근데 보증금이 약 2000만 원, 내부 공사비가 3000~4000만 원 정도 들었다고 하니 꽤 큰 돈을 쓴 거잖아! 이런 큰 돈을 어떻게 준비할 수 있었겠냔 말이야……. 일단 기부금을 모은 후에 모자란 돈은 아는 사람을 통해 은행에서 빌리기도 하면서 어찌어찌 모으고, 그후에는 중심 멤버 몇 명이 필사적으로 아르바이트를 해 1년 조금 안 돼서 돈을 다 갚았다고 하더라고! 와~ 의욕이 엄청난데! 아르바이트를 해서 돈을 모으는 일은 지루한 데다 꽤 힘들 거야. 그런데도 첫 1년을 준비 과정이라 생각하고 모두 힘을 합쳐 이 정도 규모의 공간을 만들었다는 게 굉장해. 말은 그렇게 해도 〈아지트〉는 수익이 나는 공간이 아니므로 언제나 돈이 부족해서 자금 조달이 힘들어 보이긴 했어. 재미있는 일이나 바보 같은 일을 하면서 간신히 유지해가는 느낌이 들었지. 게다가 부산시 문화재단에서 나오는 보조금을 잘 이용하고 있었는데, 이건 〈아지트〉 자체가 받지는 않고 프로젝트를 실행할 때마다 보조금을 신청해서 받는 식이야. 대신 보조금을 받으면 여러 제약이 있고 귀찮은 일이 많아지니까 되도록 본인들의 힘으로 했다고 하더라고.

이런 꿈같은 해방구 〈아지트〉도 2013년에 드디어 재개발의 마수가 뻗쳐와 집주인이 계약 갱신을 거절해. 이사를 할지 토지를 살지 고민하다 처음에는 토지를 사는 쪽으로 노력했지만, 수억 원이 필요한 일이라 결국 단념. 모두가 애석해하는 가운데 〈아지트〉는 폐쇄되었어. 정말 안타까운 일이야!

문을 닫고 나면 보통은 "아~ 진짜 안타깝다~" 하고 풀이 죽어 있을 텐데 이 부산의 얼간이들은 아무 일도 아니라는 듯 새로운 장소를 찾기 시작해! 그러더니 어느새 옛 〈아지트〉 근처 망해버린 시장 상가 일대에 가게를 하나둘씩 빌리기 시작했어. 중심지에서 조금 벗어난 지역인 데다 망한 상가라서 월세가 10~20만 원 정도로 엄청나게 싸.

〈아지트〉가 사라졌다는 이야기를 듣고 얼마 후 "새로운 공간이 생겼으니까 놀러 와~"라는 연락이 와서 당연히 놀러 갔지. "그곳에 가면 뭐든지 할 수 있는 꿈의 해방구" 같은 공간은 아니지만, 동네 일대에 여러 공간이 있어. 게스트하우스(《B하우스》)가 있고, 카페(《나유타 카페》), 갤러리, 공연장(《B홀》) 등이 있어서 옛 〈아지트〉가 기능별로 흩어진 느낌이야. 사람들이 각 공간에 드나들기 때문에 상가 아저씨, 아줌마, 꼬맹이 들과 점점 친해져서 다들 "안녕하세요~!" 하고 인사하면서 돌아다니게 돼. 아! 이건 너무 좋아!!! 고엔지와 분위기가 굉장히 비슷해서 우리 집처럼 느껴져. 큰 공간은 사라졌지만 온 동네가 자신들의 활동 무대가 된 셈이니 전보다 더 좋아졌는지도 몰라. 와~ 부산 녀석들도 곧잘 하는데~! 대신 문제 하나를 해결하면 다시 문제가 생기는 법. 이 시장도 점점 유명해지기 시작해서 월세가 조금씩 오른다더라고. 젠장힐! 땅 부자 놈들을 위해 우리가 재미있는 공간을 만드는 게 아니라고, 이 자식들아! 하지만 부산의 씩씩한 녀석들은 어떻게든 꾸려나갈 거라고 믿어!!

공업 도시에 우뚝 솟은 펑키한 실험소, 워먼지아

멋진 녀석들이 운영하는 자립 공간은 어디든 있어. 물론 중국에도 있지. 중국 우한(武漢)의 〈워먼지아 청년자치실험실(我们家 青年自治实验室)〉이 바로 그런 곳이야. '워먼지아'는 중국말로 '우리의 집'이라는 의미래. 이름만 들으면 뭔가 상큼하고 진중한 청소년들이 공부를 하는 이미지야. 근데 가보면 생각했던 것과 분위기가 조금 달라. 아니, 굉장히 달라! 일단 우한은 중국 중부에 있는 유명한 공업 도시로 거대한 기타큐슈(北九州: 일본 규슈 최북단에 있는 도시. 제철소를 근간으로 공업지대를 형성했던 도시—옮긴이) 같아. 2009년에 처음 가봤는데 이때는 이미 중국도 굉장히 발전해 있었지. 우한 역에 내린 순간 도둑이 100명 정도 우글거리고 있었는데 훔친 스마트폰 같은 걸 팔고 있어서 엄청나게 삭막한 분위기였어. 그러면서 택시에 타라, 호텔은 정했냐며 모두 말을 걸어오는데 와~ 치안이 엉망인 분위기가 너무 맘에 들었어. 우한 중심부를 벗어나 〈워먼지아〉에 도착하니 펑크 밴드 녀석들이 잔뜩 있잖아! 얼굴에 문신을 하고, 괴상한 옷을 입고, 이가 하나도 없고, 덩치가 엄청나게 큰 남자들이 득실대는 장난 아닌 분위기. '우리의 집 청년자치실험실' 같은 소리 하고 있네! 그런 이미지와 엄청나게 다르다고! 흠…… 곰곰이 생각해보니 이름이 어울리기도 하네. 원래 펑크족들은 자기 일은 자기들 힘으로 한다는 DIY 정신이 강해. 자기 힘으로 뭔가를 한다는 동료 의식이 있으면 깜짝 놀랄 정도로 친절해져. 참고로 〈워먼지아〉는 음악을 하는 사람들만 오는 공간이 아니고 평범한 대학생이나 젊은 사람들도 모여드는 곳이야.

내가 방문했을 때는 생긴 지 얼마 안 됐을 때라 정말 즐거워 보였어. 부산 〈아지트〉처럼 숙박 공간, 음악 연습 스튜디오, 소규모 이벤트를 열 수 있는 방도 있었어. 정원도 꽤 널찍해서 밤에는 불을 피워 바비큐 파티나 술잔치도 할 수 있고 말이야. 심지어 야외 이벤트에 쓸 수 있는 무대까지 있더라고! 정말 뭐든지 할 수 있네! 싶어서 자세히 물어보니 시험 삼아 밖에서 공연을 해봤는데 이웃에게 너무 시끄럽다

중국 우한에 있는 〈워먼지아 청년자치실험실〉. '워먼지아'
는 중국말로 '우리의 집'이라는 의미래. 가보니 펑크 밴드
녀석들이 잔뜩 있잖아! 얼굴에 문신을 하고, 괴상한 옷을
입고, 이가 하나도 없고, 덩치가 엄청나게 큰 남자들이 득실
대는 장난 아닌 분위기. '우리의 집 청년자치실험실' 같은
소리 하고 있네! 그런 이미지와 엄청나게 다르다고!

고 된통 혼나서 "여기서 야외 이벤트는 못 해"라고 하는 거야. 아쉽구먼!

이곳이 만들어진 계기는 역시 음악. 한 멤버가 밴드 활동으로 유럽에 갔을 때 어느 스콧에 방문했었대. 그곳에서 지내다 보니 굉장히 부러워졌고, 우한에 돌아와서 〈워먼지아〉를 만들었다고 해. 하지만 이래저래 엄격한 중국에서 유럽같이 빈 빌딩을 점거해 반정부 활동 거점 같은 수상한 아지트를 만들 수는 없겠지. 그래서 튀지 않게 건물을 빌려서 자신들이 하고 싶은 일을 하는 공간을 만들었다고 해.

〈워먼지아〉에 꽤 오랜 시간 놀러 가지 못했어. 그런데 여기저기서 〈워먼지아〉에 관련된 사람을 자주 만나. 지금도 변함없이 운영하고 있다고 하니 꼭 가봐야 하지 않겠어?

시장 상인들의 전폭적 지원을 얻은 피카스페이스

일본에도 어마무시한 바보들이 집결한 공간이 있어. 일본에서 제일 멍청한 분위기가 느껴지는 도시, 오사카 신세카이(新世界: 신세계라는 의미로, 오사카 시 나니와 구에 있는 유흥가. 술집이 밀집한 곳으로 옛 정취가 남아 있는 지역이다—옮긴이)에 갑자기 나타난 〈피카스페이스(ピカスペ—ス)〉란 곳인데 아주 끝내줘! 여기는 스텐카쿠(通天閣: 오사카 신세카이에 있는, 일본 최초로 엘리베이터가 설치된 전망대—옮긴이) 근처여서 위치가

엄청나게 좋은데 이상할 정도로 쓸쓸한 신세카이 시장 안에 있는 수상한 가게야.

　오사카에 있는 완전히 미친 예술가나 음악가 등이 상가에서 연 '셀프 축제(セルフ祭り)'가 사건의 시작! 그 이상한 축제를 했던 장소가 바로 신세카이 시장인데, 어쩌다 보니 시장 상인들과 예술가들이 사이가 좋아져버렸대! 세계에서 제일 어벙한 오사카 바보들, "이것저것 도와줄게" 하고 상점가에 있는 하수구 청소부터 간판이나 아케이드 수리까지 전부 도맡아 하고 있으니 상가 아저씨, 아줌마들도 "아이고, 이거 너무 고마운데~" 하며 기뻐해. 결국에는 "빈 가게니까 한동안 써도 좋아" 하면서 거의 공짜나 다름없이 빈 점포를 입수했지! 죽인다!! 역시 오사카는 다르군! 그런데 일본에는 이런 일이 자주 있어. 정에 약하다고 할까. 맘에 들어서 점 찍어둔 사이 좋은 녀석에게는 기분 내키는 대로 이것저것 주는 일이 많아. 뭐든지 잇속만 따지는 사회로 바뀌고 있지만, 이처럼 아량을 베풀고 싶어 하는 문화가 남았으면 해~.

　그나저나 오사카 멍청이들 힘이 정말 대단해. 일단 모두가 놀러 올 수 있는 술집을 만들었는데, 가게를 열기 전부터 사람들이 모여들어서 개업 준비를 함께 했어. 엄청나게 바보 같은 예술가들이 잔뜩 있어서 가게 내부 장식도 기괴하게 되어버렸지. 쇼킹한 핑크색에 모찌(일본의 떡—옮긴이) 무늬가 끊임없이 이어져서 보고 있으면 정신이 나갈 것 같은 벽지로 도배되어 있어. 또 괴상한 장식품이 여기저기 놓여 있어서 대체 내가 어디에 있는지 알 수 없는 사차원 세

세계에서 제일 어벙한 오사카 바보들이 만든 수상한 가게 〈피카스페이스〉. 오사카의 정신 나간 예술가와 음악가들이 인테리어를 해서 그런지 눈깔이 팽팽 돌아갈 듯한 벽지로 도배를 했고, 괴상한 장식품이 여기저기 놓여 있는 사차원 공간 같은 곳.

계 같은 공간이야! 심지어 가게 이름이 〈이매지네이션 피카스페이스〉라니! 뭐야 그게!

말도 안 되는 공간에 딱 어울리는 정체불명의 이름!……이라고 생각했더니 사라진 옛 가게 이름을 그대로 사용한 거래. 그러고 보니 가게 앞에 낡아빠진 간판이 남아 있었어. 그게 뭐야! 오사카 놈들의 감각이란! 너무 후지잖아!

가게를 연 후에는 다양한 이벤트를 하면서 사람이 모이는 바보 센터 역할을 수행하고 있지. 대신 정식으로 영업을 시작해서 월세를 조금 내게 되었는데, 여전히 엄청나게 싼 금액이라고 해. 와~ 너무 좋아! 〈피카스페이스〉는 일본(오사카?)만의 인간관계와 분위기를 몽땅 동원해서 개척한 끝내주는 공간이야. "답답한 일본에서는 아무것도 못 해"라며 비관하는 거기, 너! 정신 차려! 일본에서만 할 수 있는 방법도 있다고!

북한과 블라디보스토크(아직 못 만남)

제멋대로 노는 녀석들이 운영하는 수상한 DIY 공간은 어디에든 있어. "설마, 여긴 없겠지" 하는 곳에도 있다고. 일본에서 가까운 해외의 바보 센터와 연락을 취하고 있는 요즘, 러시아의 동쪽 끝인 블라디보스토크와 북한이 신경 쓰여서 견딜 수가 없어.

일단 블라디보스토크는 러시아라서 굉장히 멀게 느껴지는데 사실 일본에서 꽤 가까워. 세계지도를 놓고 보면 동해를 끼고 홋카이도나 도호쿠 지방 맞은편에 있어. 인구가 60만 명이라니 가고시마(鹿児島) 정도로 그럭저럭 큰 도시인 셈이야. 러시아의 중심은 유럽에 가까운 서쪽이기 때문에 수도인 모스크바에서 보면 변두리 축에도 못 끼는, 상대하기도 싫을 정도의 변방이지. 심지어 밤낮마저 반대야. 위치만 놓고 보면 완전 동아시아권이고 가까이에 도쿄, 서울, 베이징 같은 왁자지껄한 대도시가 잔뜩 있는데 별로 교류가 없단 말이지~. 텔레비전을 봐도 세계적인 음악가나 영화배우가 도쿄나 서울이나 베이징에 가는 일은 있어도 블라디보스토크에 가는 일은 없어. 블라디보스토크에 사는 녀석들이 풀이 죽은 채 "망할! 아무도 상대를 해주지 않잖아!" 하며 보드카를 미친 듯이 퍼마시고 있을 거야. 인디 문화는 교류하면 할수록 더 재미있는 일들이 생겨나. 그러니 좋았어! 친해지는 수밖에!!!

블라디보스토크에도 멍청한 녀석들이 있지 않을까 하고 조금 조사를 해봤는데, 좀처럼 찾을 수가 없더라고. 블라디보스토크에 출장이나 유학을 가본 사람에게 이것저것 물어보고, 홋카이도나 도호쿠 지방에 사는 사람들에게도 혹시 블라디보스토크의 언더그라운드 문화와 교류가 있는지 물어봤는데 좀처럼 단서가 나오질 않아. 인터넷으로 검색을 해도 도무지 찾을 수가 없는 거야. 폭을 조금 넓혀서 블라디보스토크의 사회운동이나 인디 음악 등을 인터넷에서 검색해보니…… 찾았다! 아나키스트 같은 사람들이 음악 이벤트나 데모를 하는 것 같더라고. 오, 멋진데! 멍청이 공간에 관한 단서를 찾아낼 수 있을지도 몰라! 구글 번역의 도움을 받아 좀 더 알아보니 "극우세력의 습격으로 X명 사망했습니다. 그후 반격을 해 X명 죽였습니다" 같은 글이 쓰여 있지 뭐야! 으악! 이건 너무 리얼한 싸움이잖아! 장난이 아니네. 멍청한 얼간이 군단이나 바보 센터는 없는 거야? 근데 반대 세력이 있다면 노예 생활을 하지 않고 살아가는 멍청이가 있다는 뜻 아닐까? 좋아! 조사를 계속해보자고!

또 엄청나게 특이한 국가인 북한. 문화로나 거리로나 굉장히 가까운 나라인데도 완전히 미지의 세계야. 말할 필요도 없이 심각한 통제 사회인 데다 압력 사회지. 제삼자가 보면 자유의 '자'도 없는, 모든 사람이 모든 욕망을 억누르고 일하는 인상을 준단 말이야. 반면 북한 정부는 나라를 지배하고 통제하기 위해 자국민을 해외와 단절시키려고 해. 그래서 일본을 포함한 서방 국가들은 북한을 고립시키기 위해 끊임없이 북한에 대해 나쁜 정보를 흘리면서 이미지 조작을 하고 있어. 이중 필터를 통하면 북한을 제대로 알 리가 없지! 게다가 경험상 어떤 나라든 바보 녀석들이 운영하는 멍청한 장소는 꼭 있어. 어떤 형식인지 알 수 없고 아직 보지 못했지만 윗사람들의 허점을 찌르는 멍청한 일을 하는 동지가 북한에도 분명히 있을 거야! 만나고 싶어!

아, 맞다! 냉전 시대에 동독에서 서독 문화를 금지해서 인디록 문화 따윈 없으리라고 생각했지만, 베를린 장벽이 무너진 후에 보니 동독에 독립 음악 문화가 융성해서 서독 녀석들이 깜짝 놀랐다고 해. 유럽이나 미국 문화만 새롭고 재미있다는 발상은 집어치워! 선진 문화라는 건 없어. 북한에 서구 문화 뺨치는 독창적이고 멍청한 DIY 문화가 있을지도 모른다는 말씀!! 아직 접촉할 방법이 없지만, 북한 민중이 끊이지 않고 독창적인 인디 문화를 만들고 있다고 믿자고. 언젠가 "뭐야! 너 이 자식들, 그렇게 재밌는 일을 벌이고 있었어?!" 하고 깨닫게 될 날을 기다리자고.

블라디보스토크와 북한의 멍청이 문화 정보에 대해 뭔가 알고 있는 사람은 연락 주길!

집·가게·아지트를 겸한 공간, 포고타운

예전에 지인을 통해 오키나와(沖縄)에 '채널 식스(チャンネルシックス)'라는 장난 아닌 집단이 있음을 알게 되었어. 알아보니 정말 굉장하더라고. 원래는 오키나와 고자(ゴザ)에서 밴드를 하던 음악가들이 시작해서 점점 다양한 일을 하게 되었대. 2009년쯤 처음 만났을 때는 "요즘 음악은 대충 하고 다른 일을 하고 있어요"라고 하더군. 진짜 말도 안 되는 바보 같은 사진집을 만들거나 〈바 식스(BAR SIX)〉라는 술집을 열어서 수상한 아지트를 만들고 있더라고. '채널 식스'로 검색을 하면 그들이 만든 사이트가 나오는데 엄청나게 바보 같은 분위기를 느낄 수 있어. 참고로 나는 채널 식스의 중심인물인 유우라는 사람이 나가노에서 열린 이벤트에 왔을 때 처음 만났어. 그 녀

석, 아무 생각 없이 편도 티켓만 가지고 와서 완전히 빈털터리가 돼 오키나와로 돌아갈 수 없게 된 거야(너무 바보 같아!!)! 그후 어찌어찌 도쿄까지 와서 한동안 우리 재활용품 가게에서 아르바이트를 했어. 알바비로 오키나와행 비행기 표를 사서 무사히 오키나와에 돌아갈 수 있었지. 음~ 이런 정신 나간 녀석!

그후에도 오키나와에서 이벤트를 열거나 친한 동료들이 가게를 열면서 수상한 세력을 확장해갔다고 해. 어느 날 갑자기 유우 군 패거리가 "전부 다 해보고 싶어요"라는 당최 알 수 없는 소리를 토해내더니, 집과 아지트와 가게를 한데 묶은 강력한 〈포코타운(POGOTOWN)〉이라는 공간을 만들어버렸어! 〈포고타운〉 안에 있는 〈무즈이즈무(ムズイズム)〉라는 잡화점을 운영하는 마리코라는 사람이 있어. 근데 이 양반 역시 거물급으로 여러 가게와 연결이 돼 있어서 각 지역에서 상품이 들어오는 데다 이 가게 덕에 사람들이 더 활발하게 오가는 느낌이야. 고자 일대는 상가가 쇠락해서 빈 건물이 많다고 해. 벌써부터 동료들이 하는 가게가 5~6개 정도 있으니 점점 더 좋은 분위기로 바뀌고 있지. 음~ 좋은 징조야!

고엔지 〈아마추어의 반란〉도 그렇지만 타이베이나 홍콩, 〈아지트〉가 사라진 후의 부산 사람들도 공히 다양한 가게를 많이 만들어서 하나의 마을을 이루는 걸 생각하고 있어! 말을 맞추지도 않았는데 다들 '우리끼리 모여 마을을 만들자'는 결론에 도달했다는 게 신기해. 심지어 국경을 넘어서 그런 일을 하고 있잖아! 참, 그러고 보니 미국이나 유럽에서 상가 이야기는 들어보지 못했어. 이건 아시아만

나가노에서 열린 이벤트에 달랑 편도 티켓만 끊어 온 오키나와의 이상한 놈 유우. 어찌어찌 도쿄까지 와서 〈아마추어의 반란〉에서 아르바이트를 해서 번 돈으로 집으로 돌아간 유우 군이 집과 아지트와 가게를 한데 묶어서 오픈한 공간 〈포고타운〉.

의 독특한 문화일까? 뭐 어찌됐든 최근 멍청이 문화권에서는 안락한 마을을 만드는 게 유행인지 몰라. 정말 재밌어!

하나 더 소개해볼게. 이 지역 사람들이 시작한 DIY 페스티벌 '오드랜드(ODD LAND)'도 굉장해! 야외 음악 공연 중심의 이벤트인데 전부 자기들의 힘으로 한다는 게 특징이지. 이런 이벤트는 대부분 거대 스폰서가 붙거나 하는데, 여기는 모든 일을 스스로 해내고 있어. 게다가 무료 입장! 와~ 그런 말도 안 되는 일이 있을 수 있어? 2015년에 제1회 대회를 개최했고, 2016년 2회 대회 때는 타이완 〈반루 카페〉 일대의 밴드 패거리가 놀러 간다기에 나도 잽싸게 갔다 왔지. 넓은 운동장 같은 데서 하나 싶었는데 그런 레벨이 아니야. 거대한 공원을 사용할 정도로 엄청난 규모였어. 무려 6개의 무대가 있었어! 너무 멋졌다니까! 손님도 수천 명에 장식도 굉장히 신경 썼더라고! 무엇보다 출연자들이 거의 자비로 왔고 손님이나 출연자, 참가 팀 모두 하나가 돼서 무대 설치부터 뒷정리까지 본인들이 다 했다는 점이 대단해! 시간과 정성을 들여서 준비했을 텐데, 정말 아슬아슬하게 성사되었다고 하더군. 입장료는 무료지만 술이나 기념품을 판 돈과 입점비로 경비는 어떻게든 해결했다더군. 와~ 멋지다~ 이런 거대한 DIY 이벤트가 다른 데서도 열리고 있을까……?

구청 같은 관공서에서도 지역 활성화 측면에서 여러 편의를 봐줬다고 해. 오드랜드 페스티벌도 고자에서 수상한 가게를 하는 녀석들이 중심이 되어 진행하고 있어. 졌습니다요! 오키나와 최고!!

살아남는 기술 최강! 홍콩의 얼간이들

몇 번 다루었지만 여전히 재미있는 일을 하고 있는 도시라 홍콩을 좀 더 소개해볼게. 전에도 말했지만 홍콩은 겁나 갑갑한 사회야. 홍콩 사람들은 죽지 못해 살까? 싶겠지만, 그렇지는 않아. 안심하라고.

일단 〈우퍼텐(活化廳, Woofer Ten)〉(폐쇄)이라는 중요한 예술 공간이 있어. 여기는 지역 활성화 프로젝트와 예술 활동이 결합된 공간으로 젊은 사람들의 작품뿐 아니라 오래전부터 홍콩 거리를 지켜온 장인들의 작품을 전시하기도 해. 동네 노인도 심심하면 들르는 멍청한 분위기가 있어서 굉장히 좋았어. 〈탁청레인〉에서 굉장히 가깝고 홍콩 구시가지의 번화가인 '유마지(油麻地)'라는 곳에 있어. 도쿄로 치면 우에노 같은 곳이려나? 그런데! 2015년 가을에 폐쇄! 〈우퍼텐〉은 홍콩시에서 보조금을 받아서 운영하고 있었는데, 시도 때도 없이 너무 자유로운 일을 벌인 나머지 결국 시정부에서 "더는 못 봐줘!" 하는 폐쇄 통보를 했대. 아까워죽겠네!

그러나! 어느새 〈탁청레인〉이 〈우퍼텐〉 바로 근처에 생겼고 거의 같은 시기에 〈탁청레인〉에서 걸어서 5분 거리에 매일 점장이 바뀌는 〈소보링(So Boring)〉이 개점! 다들 매일같이 그곳에 모이게 됐어! 아, 〈소보링〉도 재미있는 곳인데, 홍콩의 월세가 미친 듯이 비싸므로 가게가 5평 정도로 엄청나게 좁아. 게다가 반은 주방으로 써야 하니 받을 수 있는 손님 수는 많아야 두세 명 정도? 대신 이 가게 앞이 우연히도 보도! 가게 내부보다 10배는 넓은 공간에 테이블을 멋대로 늘어놓고 영업하고 있어(눈비 오면 영업 불가). 그 덕에 홍콩 한 가운데 있어도 뭔가 자유로운 분위기가 있지. 참고로 이 미칠 듯이 좁은 가게의 월세는 엔화로 자그마치 18만 엔!!! 이건 일본의 2배 정도가 아니잖아!!

〈소보링〉에서 걸어서 1분 정도의 거리에 〈18피트스트리트(18 Pitt Street, 碧街18號)〉라는 새로운 공간이 있었어!!! 어이, 대체 어떻게 된 거야!? 너무 좋잖아! 이곳은 2개 층을 사용하고 있었는데, 1층이 작업 공간 겸 사람이 모이는 아지트 같은 곳이고 2층은 게스트하우스였어. 면적은 40평 정도? 여기도 징말 좋았는데 역시 비싼 월세를 감당하지 못하고 2~3년 영업 후 2016년 봄에 멸망! 월세가 자그마치 약 60만 엔!!! 너무 비싸! 참고로 월세 60만 엔에 침대가 5개. 절대 이익이 남지 않는 역대급 구조였어.

하지만 7전 8기! 홍콩 녀석들은 절대로 굴하지 않아. 지금까지는 돈 있는 동료가 돈을 대거나 기부금을 모아서 어떻게든 운영해 왔는데, 이 방법으로 어렵다는 것을 깨닫고 다른 작전 개시! 맞아, 앞에서 이야기한 **홍콩 명청이 포장마차**야! 지금은 사람 좋아 보이는 마이클이라는 형씨가 여유 넘치게 포장마차를 하고 있는데, 갈 곳 잃은 〈우퍼텐〉 사람들도 새로운 포장마차를 만드는 계획에 동참하고 있다고 하더라고. 참고로 이 포장마차도 〈탁청레인〉이나 〈소보링〉이 있는 곳에서 도보로 2~3분 거리에 있어. 이거, 완전히 독자적인 샤쿠(社区)(중국어로 커뮤니티+지역이라는 의미야)를 만들 참인데!

우선 오해가 없도록 말해두는데, 이런 가게를 만드는 사람들은 어떤 그룹의 멤버도 아니야. 물론 서로 알고 지내는 친구긴 하지만 각자의 공간이 전부 독립적으로 멋대로 운영되고 있어. 공간에 따라 감각이나 분위기도 달라. 그런 사람들이 교류하면서 고층빌딩과 인구 과밀로 엉망진창인 거대 도시에서 자신들의 영역을 만들어 운영하고 있어. 힘든 일도 많겠지만 어떻게든 꾸려나가는 걸 보면 홍콩 사람들 정말 대단해! 어찌해도 이길 수 없는 최강의 군단! 홍콩 사람들과 이야기를 나누다 보면 "도쿄는 월세가 싸고 높은 건물이 없어서 하늘도 보이고 언론의 자유가 있어서 부러워~"라고 하잖아. 뭐시라고라?! 더럽게 지루한 일본 사회가 자유로워 보일 줄이야! 홍콩 녀석들도 정말 괴롭게 살고 있구먼~.

홍콩에는 마이클 멍청이 샤쿠뿐 아니라 제멋대로 운영하는 공간이 많아. 그런 홍콩 녀석들에게 배울 점이 정말 많아. 월세가 말도 안 되게 비싸니 장소를 만들기가 힘들 거야. 그래도 한 지역에 멍청이 가게를 많이 만들면 부산의 멍청이 샤쿠같이 자연스럽게 지역 사람들과 친해지고 그 일대가 자신들의 마을이 되어갈 거야. 와~ 도시에서 살아남는 힘이 정말 대단하다니까~.

하나 더. 해외 생활이 부럽다는 일본인도 많고, 다른 나라에 사는 녀석들도 다른 나라가 좋다고 말해. 그러면 자기 동네의 좋은 점을 제대로 못 보게 돼. 수상한 바보 공간을 만들 때 무엇보다 월세

제도가 중요해. 사실 일본의 월세 제도가 나쁘지 않은 편이야. 홍콩, 한국, 타이완 등 가까운 나라를 보면 집주인 맘대로 월세를 올리거나 재개발로 강제 퇴거를 당하기도 해서 세입자 신세가 정말 말이 아니야. 하지만 일본에는 대대로 내려오는 보물 '차지차가법(借地借家法: 세입자 보호를 최우선으로 하는 일본의 법. 정당한 사유가 없으면 임대인의 계약 갱신 거절 또는 임대차 해약을 제한하고 있다—옮긴이)'이 있어서 빌리는 쪽이 보호를 받는 편이야. 예를 들면 집주인은 한 번 빌려준 건물의 월세는 정당한 이유가 없으면 올리지 못하고, 자기 멋대로 건물을 재건축해도 안 돼. 다른 나라와 비교해보면 신기할 정도로 빌리는 사람의 권리가 법으로 보장돼 있어. 이런 점을 최대로 활용해서 공간을 잘 유지해줬으면 해. 내가 만난 다른 나라 사람 대부분이 "그 법 진짜 부러워. 꼭 지켜줘"라고 이야기해. 그런데 최근에 차지차가법이 조금씩 나빠지고 있어. 기간을 한정해 빌려주는 이른바 '정기차가 계약(定期借家契約)'이 생겨났거든! 주의해야 해. 이걸로 계약을 해버리면 집주인 기분에 따라 월세가 오르거나 쫓겨나는 경우도 있으니까 말이야.

일단 각자의 좋은 점은 따라 하고 가르쳐주면서 우리 멍청한 가난뱅이들도 도시에서 살아남자고~.

궁극의 공간 발견! 타이난의 일본 대사관

지금까지 장난 아닌 공간을 여러 군데 소개했는데 마지막으로 한 군데 더. 타이난에 있는 '일본 대사관'을 소개해볼게. 여기는 공장을 개조한 게스트하우스 〈넌성싱 공장〉과 이어져 있어. 타이난에 사는 이상한 전직 예술가 이야기를 살짝 했잖아. 이런 수상한 사람들이 어슬렁어슬렁 돌아다니는, 도통 정체를 알 수 없는 곳이 타이난이야. 토양 자체가 다른가 싶기도 해…….

타이난 사람들과 사이가 좋아서 2013년쯤에 자주 놀러갔는데, 갈 때마다 엄청나게 챙겨주더라고~. 매번 잘 곳을 준비하는 것은 물론, 진수성찬을 차리고 환영 잔치를 열고 여러 곳에 데리고 가줘서 몸 둘 바를 모를 정도로 고마웠어. 타이난뿐 아니라 타이베이 사람들에게도 도움을 받기만 해서 일본에 올 때 대접해주고 싶었어. 타이난에서 술을 마실 때 "늘 받기만 하니까 고엔지에 '타이완 대사관'을 만들게! 놀러 올 때 언제든 써도 좋아!" 하고 말하니 다들 엄청나게 기뻐해. 그때 마침 고엔지에 게스트하우스를 열 준비를 하고 있었는데, 게스트하우스 한쪽에 비어 있는 조립식 방이 있어서 그곳을 타이완 대사관으로 결정! 일본과 타이완은 국교가 없으니 이 세상에 주일 타이완 대사관은 존재하지 않지. 좋아, 결심했어! 이렇다 할 흠이 없는 빈방이라 달리 준비를 할 필요가 없었어. 타이완에서 친구가 놀러 오면 술잔치도 열고 재워주는 숙박소로, 물론 다른 나라에서 온 손님들도 대접하는 장소로 오픈!

'타이완 대사관' 사진을 타이난 사람들에게 보냈더니, 이 녀석들 "이 자식, 이런 짧은 시간에 진짜로 대사관을 만들었어!" 하고 또 엄청 기뻐하더라고! 빈방에 타이완 대사관이라고 이름만 써 붙인 거라 고생하지도 않았는데, 굉장한 반응이었어. 타이난 사람들도 "우리도 뭔가 하지 않으면 안 되지" 하더니 답례로 일본 대사관을 타이완에 만든다고 단언하지 않겠어? 와, 멋지다! 기대되는걸! 그때부터 전직 예술가 아저씨가 일본 대사관을 만들기 위해 한 달간 타이완 도보 일주에 나서. 뭐야, 그렇게까지 할 필요는 없잖아!

1달 후에 "타이완 13곳에 일본 대사관을 만들었으니까 언제든 놀러 와. 그곳은 전부 네 거야" 하잖아! 으악! 뭐야 그게!!! 그 행동력과 네트워크는 대체 뭐야!!! 유럽에서는 법의 틈을 노리고 실력 행사를 해서 빈 건물을 무단 점거하고, 홍콩에서는 눈알이 튀어나올 정도로 비싼 월세와 싸우면서 공간을 세우고, 오사카에서는 하수구 청소부터 아케이드 수리까지 해가며 멍청한 미소로 공간을 획득. 한국에서도 항상 재개발과 강제 퇴거의 악순환 속에 내칠락 들이칠락 하는 공방전을 벌이고, 중국에서는 정부에게 찍히지 않는 선에서 공간을 잘 만들고 있어. 물론 팍팍한 일본 사회에서 고엔지 멍청이들도 다양한 노력을 들여 공간을 유지하고 있지. 근데 타이완에서는 한 달간 아저씨 혼자 돌아다니면서 공간 13개를 만들었다니 대체 무슨 일이야?! 건물이나 월세는 어떻게 돼? 각지에 친구나 직원이 있는 거야? 한 번에 13곳을 도대체 어떻게 운영할 생각이지?? 음~ 의심만 커지는데.

그때부터 1~2년간 타이완에 놀러 갈 일이 자주 있었는데 타이

타이난의 수상한 전직 예술가 아저
씨가 만든 정글 속 '주 타이완 일본
대사관'. "여기가 우리 공간이야"라
고 말하는 순간 그곳이 이미 자신들
의 자유로운 공간이 돼. 와, 공간 만
들기가 이렇게 쉬웠다니!

밍이 안 맞아 일본 대사관에 갈 기회가 좀처럼 없었어. 가끔 "그러고 보니 일본 대사관은 요즘 어때?" 하고 물어보면 "물론 13곳 모두 건재하지. 시간 있을 때 언제든지 가보자고!" 하더라고. 음~ 전혀 문제가 없다고 하네. 빨리 가보고 싶어!!! 하던 어느 날 타이난에 갔다가 아저씨를 만났는데 "맞다. 13곳 중에 타이난에 있는 일본 대사관에 데려다줄게" 하더라고. 아싸! 드디어! 아저씨는 "일단 차에 타" 하더니 고장 나기 직전인 자동차를 운전해서 점점 교외로 가. 음, 의외로 멀리 떨어진 곳에 있구면~. 그렇게 한동안 교외를 향해 달리다 결국 아무것도 없는 곳에서 "여기야!" 하고 차를 세우는 아저씨. 정말 엄청난 변두리 지역이었어! 민가 한두 채를 빼면 폐가와 숲밖에 보이지 않아! 에이, 아무것도 없잖아~.

"이쪽 방향이야!" 하고 아저씨가 안내해주는데, 읭? 왜 점점 숲 속으로 들어가지? 이때는 타이난 패거리도 함께 갔던지라 열댓 명의 사람이 한 줄로 졸졸 따라가는 꼴이 되었지. 일본에서도 에가미라는 친구가 같이 갔는데(아시아권을 돌아다니며 이런 바보 센터 사진을 찍고 취재하는 일을 해), 그 친구도 영문을 모르겠다는 표정으로 숲속으로 들어갔어. 정글 같은 곳을 지나 좀 널찍한 곳에 다다르더니 "드디어 도착이야!"라는 거야! 뭐시라? 어디? 아무것도 없는데?

다들 드디어 도착했다고 만족스러워하더니 주변에 있는 통나무를 모아서 원을 그리듯이 늘어놓고 앉더라고. 그러고는 불을 피우고 술을 마시면서 담배를 피우기 시작해. "여기가 일본 대사관이야"라지 뭐야! 어이!!!!!!! 여기라니!!! 젠장!! 이건 정말 장난 아니잖아!!! 여기는 누가 소유하는 땅인지도 모르니 일단 사람이 모이기만 하면 공간이 완성되는 거야. "하~ 졌습니다" 하고 있을 때 "와 진짜 굉장해!" 하고 탄복하는 에가미 씨. "일본도 '얼터너티브' 같은 소리 하면서 이것저것 하는 사람이 많은데, 결국엔 어떻게 하면 자본주의에서 '멋지게' 벗어날까 하고 경쟁하는 꼴이 되고 말았잖아요. 아무 의미 없어요. 나는 이 대사관이 제일 멋있다고 생각해요"라는 명언을 남겼어. 뭐야! 음~ 핵심을 찌르다니. 그때 누군가가 "좋은 걸 찾았어!" 하고 양손에 바나나를 잔뜩 들고 왔어. 어떤 녀석은 북을 치기 시작하고…… 너무 끝내주잖아! 그랬던 거야. 13곳이나 만들었다고 해서 어떻게 된 일인가 했는데 이거였구먼! 나중에 들으니 제대로 된 곳도 있다고 해. 근데 거기 말고는 친구가 운영하는 공간 한구석을 일본 대사관이라고 멋대로 부르거나 친구 가게에 "일본 친구가 오면 보살펴줘~→ 좋아→ 자, 여기도 일본 대사관이야"라는 식의 공간만 잔뜩 있는 거였어.

예전에 친구가 타이완에 간다기에 대사관 리스트를 넘겨줬어. 그 친구가 여기저기 가봤는데 다들 굉장히 환영해줬다고 하더라고! 역시 사람이 모이면 그곳이 이미 '공간'이구나~. 일본 대사관, 멋지게 제대로 돌아가고 있구먼! 게다가 '공간 만들기'를 아주 가뿐하게 생각하는 사람들이라 실제로 가보면 깜짝 놀랄 곳이 엄청 많을 거야. 정말 기대돼!

지금까지 여러 건물을 손에 넣는 방법을 알아봤는데, 결국 사람들이 모여서 "여기가 우리 공간이야"라고 말하는 순간 그곳이 이미 자신들의 자유로운 공간이 돼. 와, 이렇게 간단했다니! 물론 많은 장애물을 극복하고 다들 다양한 방법으로 자신들의 공간을 만들어왔어. 소음 문제가 생기지 않아야 하고 추우니까 방이 필요하고, 비에 젖으면 안 되니까 천장도 있어야 하고, 도둑이 들면 안 되니까 문과 열쇠도 필요해. 그렇게 월세가 발생하고 힘든 일이 줄줄이 딸려 나와. 물론 일본 대사관 같은 공간을 도시 중심에 뚝딱 만들기는 거의 불가능하지. 지금까지 알아본 여러 방법을 사용해야 해. 무엇보다 대사관같이 사람과 동료가 여기저기서 모여서 "와 여기다, 여기야!" 하는 것이 가장 핵심이라는 걸 잊으면 안 돼! 굉장히 멋있거나 세련됐거나 넓거나 공짜라고 해도 내용이 텅텅 비어 있으면 그런 공간은 금세 망해. 아니, 애시당초 없는 거나 마찬가지야. 반대로 말하면 동료(아니면 혼자라도)와 하고 싶은 일이 확실하게 정해져 있다면 거의 성공한 것과 마찬가지. 알맹이와 물건이 어울리지 않으면 공간을 계속해서 옮겨가면 돼. 뭐야, 간단하잖아!

4장 전 세계 얼간이들의 네트워크 만들기

여러 곳에 정말 재미있는 공간이 가득하니 주변을 왔다 갔다 하다 보면 계속 새로운 일을 만나게 돼. 우리가 모르는 공간에도 바보 센터는 무수히 존재하지 않을까?

근데 의외로 연결되지 않은 곳이 널려 있어서 다른 나라에 갈 때마다 늘 새로운 장소를 소개받아. 이제껏 만나보지 못한 최고의 얼뜨기 녀석과 만나서 굉장히 큰 자극을 받고 아이디어를 많이 얻게 되걸랑. 미지의 세계와 만나는 것은 바보 센터에서 가장 중요한 일이야. 겁나 재미있는 공간이 있어도 사람들에게 알려지지 않고 사라지면 너무 아깝잖아! 국내외를 막론한 바보 센터들이 연결되어 공동으로 힘을 내면 엄청난 일이 시작될 듯한 예감!

이번에는 바보 센터를 뒤섞는 작전 공개! 사람과 사람, 공간과 공간이 섞이기 시작하면 틀림없이 무지하게 재미있는 세계가 될 거야!!

세계 만능 여권

여권 대량 생산 계획!!!

세계를 다닐 때 가장 방해가 되는 국경! 해외에 있는 진짜 재미있는 녀석을 보러 가려고 해도 국경을 그냥 넘을 수는 없어. 그럴 때 바로 여권이 필요하지. 여권이 뭐라고라?

여권 내용을 잘 읽어보면 "일본 국민인 이 여권 소지자가 통행에 문제없이 여행할 수 있게 해주고, 또한 소지자가 필요로 하는 편의 및 보호를 제공할 수 있도록 관계 기관에 요청한다"라고 쓰여 있어. 간단하게 말하면 '이 녀석은 나쁜 녀석이 아니니까 잘 돌봐줘'라는 소리야. 이 서류를 나라의 잘나신 분들끼리 주고받는다고 할까나.

좋아! 우리도 맘대로 여권을 발행하면 되잖아?! 사실, 최근에 내 맘대로 여권을 발행해버렸지 뭐야~. 이번엔 이걸 소개할게~.

혹시나 해서 말해두는데 위조 여권을 만들어서 밀입국하자는 그런 어마무시한 얘기가 아니야. 엉망진창인 녀석들이 국가에 빌붙어 있는 정상 여권에 대항해서 제멋대로 발행한 여권, 이름 하여 '세계 만능 여권'!!

세계 만능 여권은 개인이 개인에게 발행하는 여권이야. 첫 문장은 일본에서 발행한 여권 내용을 조금 바꾼 이것→ "나의 친구인 이 여권 소지인이 아무 문제없이 통행할 수 있도록 해주시고 필요한 모든 편의 및 보호를 베풀어줄 것을 친구들에게 요청합니다." 표지를 넘기면 바로 이 문장이 나오고 다음 페이지부터 다 백지. 맞아, 나라에서 주는 여권과 똑같다고. 그런 의미에서 누가 발행한 여권인지가 굉장히 중요해지지. 예를 들어 엄청나게 사이가 좋아진 친구에게 이 여권을 발행했다고 치자. 그때는 문장 마지막에 서명을 해서 줘. 여권이 효과가 있을지 없을지는 발행자와 사용자에 따라 달라지겠지. 대환영을 받을지도 모르고, "누구야, 이 녀석은?" 하고 완전 개무시를 당할지도 몰라. 반대로 누군가 세계 만능 여권을 가지고 온다면 거기 쓰여 있는 서명에 따라 "와! 이 녀석 어디서 만났어?" 하고 엄청 분위기가 좋아질지도 모르고 "헐, 이놈 친구라니, 엮이면 귀찮아질듯" 하고 도망갈지도 몰라.

비자도 맘대로 발행하자

자, 여기서부터 본론으로 들어가자고. 단순히 서명을 넣은 초대장이라면 명함과 다를 바 없어서 '나는 이 녀석과 친구라고, 어때? 깜짝 놀랐지?' 하게 되니까 재미가 없잖아. 진짜든 가짜든 여권 하면 중요한 것이 비자야. 보내는 쪽에서 "잘 보살펴줘" 하고 발행하는 게 여권이라면 비자는 "물론이지! 놀러 와~" 하고 반응하며 찍어주는 거야. 실제로 여권에 찍히는 비자는 '3개월 관광이면 OK' 혹은 '너는 1년간 일해도 좋아'라는 뜻이야. 우리도 비자를 발행해서 여러 사람을 받아들이자고.

비자 내용은 뭐든지 좋아. 예를 들어 발행하는 사람이 가게를 한다면 '음료수 한 잔 무료'나 '100엔 할인'이 어떨까? 개인이라면 '밥 한 번 쏜다' 혹은 '우리 집에서 3박 가능'도 좋아. 나는 도움을 굉장히 많이 받은 사람에게 '일주일 숙박 무료 & 술 5번 쏜다' 같은 초호화 비자를 발행하기도 했어.

멀리 사는 사람과 친구가 되면 헤어질 때 "다음에 오면 술 한 잔 살게!" 하는 이야기를 자주 듣는데 대부분은 잊어버리잖아. 기억한다 해도 "그때 사준다고 했지?" 하고 물어보기 좀 그렇잖아. 근데 이런 기회가 너무 아깝지 않아? 모처럼 친해졌으니 교류를 이어가는 게 좋잖아. 이럴 때 '맥주 한 잔 쏜다'고 써서 즉석에서 비자를 발행해봐. 그 친구가 비자를 가지고 찾아오면 나도 기억하기 쉽고 "어 그때 발행한 거네! 정말 오랜만에 보는데!" 하고 이야기할 거리도 생기니 다시 기분 좋게 만날 수 있어. '미소 한 번 무료' 비자여도 좋아~. 뭐든 내용이 중요하잖아~.

세계 만능 여권은 여권의 의미를 바꿔. 만난 적도 없는 외무부

世界万能
旅　券

UNIVERSAL
PASSPORT

私の友達である本旅券の所持人を通
路故障なく旅行させ、かつ、同人に
必要な保護扶助を与えるよう、関係
諸友人達に要請する。

我茲請各國朋友對持用本護照之我的朋友
允予自由通行，并請必要時儘量予以協助
及保護。

*I request all my friends to allow the bearer,
my friend, to pass freely and without
hindrance and, in case of need, to afford
him or her every possible aid and protection.*

나의 친구인 이 여권소지인이 아무 지장 없이 통행
할 수 있도록 하여 주시고 필요한 모든 편의 및 보
호를 베풀어 주실 것을 친구들에게 요청합니다.

얼간이 녀석들이 정상 여권에 대항해서 제멋대로 발행한, 이름 하
여 '세계 만능 여권'!! 보내는 쪽에서 "잘 보살펴줘" 하고 발행하는
게 여권이라면 비자는 "물론이지! 놀러 와~" 하고 반응하며 찍어주
는 거야.

장관이나 국가기관이 발행한 여권을 가져가면 본 적도 없고, 알지도 못하는 외국의 공무원이 입국을 허가해줘. 그것보다 친구나 멀리 사는 지인이 발행해준 비자를 가지고 있으면 기분이 좋고, 가고 싶어지겠지.

먼 곳에 사는 친구가 늘어나면 비자도 늘어나. 어느 날 문득 자기가 가진 세계 만능 여권을 훌훌 넘기면 베를린에서 맥주 10병, 이즈에서 온천 1번, 파키스탄에서 노래방 3곡, 러시아에서 미소 한 번 무료……. 이런 비자가 계속 눈에 들어올 거야. 동시에 비자를 발행했을 때 만난 친구들의 얼굴도 떠오르고 말이야. 와~ 어디론가 떠나고 싶어서 몸이 근질거리지 않겠어?!

여행 가서 단순히 관광을 해도 좋지만, 현지인과 만나서 이것저것 배우면 더 재미있는 일이 벌어져. 게다가 그 사람이 아직 한 번도 가보지 못한 바보 센터와 관계된 사람이라면 더더욱 즐겁겠지!

세계 만능 여권을 대량 발행

여권 작전은 2012년 한국 부산에서 열렸던 음악 축제에 부스를 내러 갔을 때 시작되었어. 한국에 가기 직전, 이명박 전 대통령이 독도를 방문해서 전부터 꼬여 있던 한일 관계가 더 나빠지고 말았어. 일본 정부가 한국 주재 대사를 일본으로 불러들이는 사태로까지 발전. 일본 정부가 다른 나라 일에 쓸데없이 참견을 하는 버릇이 있어서 귀찮은 일이 생긴 셈이야. 음…… 진짜 너무 지겨워!

부산 음악 축제에 일본 밴드가 출연하게 되어서 그 참에 더 깊이 교류해야겠다고 생각하고 있었지. 근데 정부 간 문제를 공론화해 모처럼 시작된 교류에 초를 쳐버리다니! 괘씸해, 괘씸해! 그래서 급조한 일본 대사관 작전! 대사가 일본으로 돌아간 틈을 타 내가 대사를 하면 될 거 아니야. '일본에도 재미있는 사람이 잔뜩 있어' 하고 일본의 얼뜨기 바보들을 소개하는 것도 우리의 사명이야! 그래서 축제가 열리는 해변에 배정받은 부스에 '일본 대사관'이라고 쓴 거대한 간판을 걸고, '여권 무료 배포 중'이라고 한국어로 써놓은 안내판 설치. 정말 획기적이었어! 도쿄의 친구가 하는 가게에 부탁을 해서 비자를 발급하고 인쇄했지! 부스를 같이 내기로 한 후쿠오카에서 온 친구가 '국적 불명'이라는 출입국 관리소 도장을 가져와서 하룻밤 만에 일본 대사관 건립! 물론 사설 대사관~.

축제 당일이 되니 이게 엄청나게 인기였어! 수천 명 규모의 큰 이벤트도 열렸는데, 다들 "뭐야, 무슨 일이야" 하고 모여들었지. '고엔지에 오면 맥주 한 병 무료'라는 비자를 발급하니 모두 너무 좋아하더라고! 일본 여행을 간다 해도 관광만 하고 돌아오잖아. 그런 사람들한테 듣도 보도 못한 외국인이 환영해주고 함께 커피나 술 마실 수 있는 곳이 생기니 기분이 안 좋아질 수 없지! 여권을 발행할 때 누가 누구인지 모르면 아쉬우니까 발급 받는 사람과 많은 이야기를 나눴어. 그렇게 순식간에 모두 친구가 되었지. 이렇게 해서 준비해온 여권 수백 개를 순식간에 발급했어!

참고로, 당시 한일 영토 문제는 축제에 참가한 사람들 사이에서 아무 문제가 되지 않았어. 가끔 화제가 되어도 "아~ 우리 대통령이 좀 바보야, 그런 녀석은 무시하면 돼" 하고 한국 사람들이 매우 차분하게 반응했어. 맞아. 일본도 한국도 정치인은 다 바보니까 우리는 우리만의 교류를 이어가면 돼.

이때 한국 사람들이 정말 기뻐서 멍청이에게 국경이 없다는 걸 확신하고 여권 작전을 속행! 유럽, 동남아시아, 중국 등 다른 나라에 갈 때마다 여권을 발행하고 도쿄에 놀러온 내국인, 외국인 가리지 않고 계속 발행하기 시작했지. 이게 시작이야.

각지에 강력한 바보 센터가 있지만 공간과 공간을 잇는 일은 의외로 어려워. 운영자가 바빠서 어느샌가 소원해지는 일이 자주 있거든. 그럴 때는 주변을 어슬렁거리는 한가한 녀석들이 엄청나게 도움이 돼. 이러쿵저러쿵해도 결국은 사람과 사람이 연결되면 공간은 자연스럽게 이어져. "잉? 잉? 잉? 나도 그 자식 잘 알지! 진짜 바보 같은 녀석이야!" 하는 이야기를 주고받는 게 너무 좋아. 이렇게 되면 이제 우리 사이에 거리가 없는 것과 마찬가지.

만능 여권이 세계 각지에 퍼져 있으면 바보들의 세력이 강해지는 데 조금이라도 도움이 되지 않을까. 바가지 씌우는 녀석들이 좌지우지하는 세상은 이제 안녕이야! 만능 여권을 마구잡이로 발행한 뒤, 의미가 없더라도 시너지를 일으켜서 세계를 더 멋지게 바꿔버리자고!!

우리만의 화폐 만들기

동지들, 생각해보라고! 돈이 정말 돈일까? 돈(통화)이라는 것 자체가 좀 괴이쩍다는 생각이 들지 않아? 어느새 돈 많은 놈들 중심으로 세상의 가치가 바뀌고, 엄청난 부자 녀석의 재산만 더 늘어나는 데다 세상이 혼란스러워지면 2015년 그리스처럼 은행에 있는 돈이 쓰레기가 되기도 해. 나라가 망하면 돈도 사라져. 어떻게 된 거야!

환율도 똑같아. 국가정책이나 거대 기업의 움직임에 따라 우리가 가진 쥐꼬리 같은 재산의 가치가 고무줄처럼 늘어나거나 줄어들기도 해. 뭐야 이건? 돼먹지 못한 세상 같으니라고! 경제구조를 알고 나면 이게 굉장히 자연스러워 보여서 뉴스를 보고 고개를 끄덕일지 모르지만, 잘 생각해보면 이건 사기야! 조금 냉정하게 보면 원래부터 돈이라는 물건 자체가 사기로 똘똘 뭉친 것 같아. 이건 위험해, 바보같이 속아 넘어갈 뻔했잖아!

1마누케달러 = 한 끼 식사권

자, 이렇게 되면 할 일은 하나. 우리만의 독자적인 화폐를 만들 수밖에 없어. 부자 패거리의 장단에 놀아나지 않는 수상한 통화. 자 결정했어! 시~작~.

세상에는 많은 지역 통화가 있어. 지역 통화는 한 지역에서만 쓸 수 있는 돈으로 지역을 활성화하고 동네 경제를 떠받치는 데 좋을지도 몰라. 그런데 지역 통화 효과가 어쩌고저쩌고 해도 결국 일본 엔과 엮여 있는 환율 같은 것이라 재미가 전혀 없어. 만약 경제가 망해서 일본 엔이 쓰레기가 되면 같이 쓰레기가 돼. 이건 안 돼. 우리가 정하는 통화니까 엔이나 달러 같은 수상쩍은 것들과 다른 가치관을 토대로 만들고 싶어. 그렇다면 인간에게 무엇이 가장 중요한지 생각해볼 필요가 있겠지.

고대 이후 인간에게 가장 중요한 가치는 이렇게 정리할 수 있어. 밥을 먹을 수 있는가. 그렇다면 '밥 한 끼'를 '1'로 하는 가치관의 통화를 만들면 재미있겠지? 이름은 나중에 생각하자고~. 어차피 이런 걸 처음 시도하는 사람은 죄다 바보 멍청이(まぬけ, manuke)일 테니까 말이야. 음…… 일단 마누케달러(MD: manuke dollar)라고 하자. 평범하면서도 만족스러운 한 끼 식사의 가치가 1마누케달러. 1마누케달러를 내면 일단 밥을 얻을 수 있어.

1마누케달러를 받고 서비스를 제공하는 쪽이 식사 한 끼에 얽매이지 않는 점이 중요해. 여유 있는 사람은 레스토랑에서 밥을 사쥐도 되고, 그 정도 사치가 무리면 자기 집 냉장고를 털어서 식사를 준비해도 좋아. 슈퍼에서 식재료를 사는 사람이 있는가 하면, 농부나 어부같이 손수 먹을거리를 구할 수 있는 사람도 있어. 외식이라도 300엔 정도의 규돈(소고기덮밥)부터 1200엔 정도 하는 점심식사, 수천 엔에서 수만 엔에 이르는 고급 요리까지 종류는 많아.

일본 엔으로 환산해서 1마누케달러의 가치가 딱 떨어지지 않아서 애매하다고 생각하겠지만 사실 그렇지 않아. 5000엔 하는 비싼 밥이 맛이 없고 동네 식당에서 파는 500엔짜리 정식이 최고로 맛있을 때가 있어. 같은 밥이라도 뱃가죽이 등짝에 붙을 만큼 배고플 때랑 매일 먹어서 질렸을 때랑 같을 수가 없지. 오랜만에 만난 절친과 함께 먹는 밥과 직장 상사의 설교를 들으면서 먹는 밥의 가치도 완전히 다르지. 결국 어느 쪽이든 애매한 데다 식사 한 번=1마누케달러로 정했다고 벌을 받는 건 아니잖아?!

이것을 기본으로 여러 가치를 창출할 수 있어. 예를 들어보자. 어떤 곳에 하룻밤 머무는 가치는 어느 정도일까? 음~ 집에서 자게 하면 식사 2번이나 3번 정도는 교환할 수 있을지도. 혹은 "나는 개인 공간에 다른 사람 재우는 걸 별로 안 좋아하니까~ 우리 집은 10마누케달러쯤······" 할 수도 있어. 또 자기가 운영하는 카페에 친구가 놀러 와서 커피를 주문하면 약 0.4마누케달러? 내가 쓴 책, CD를 팔 때는? 음~ 역시 3마누케달러 정도? 뭐 이런 식으로 가치가 정해져. 내 수중에 1000마누케달러쯤 모였을 때의 기분을 생각해보자고! 자그마치 1000번이나 밥을 먹을 수 있어!!! '한동안 죽을 일은 없겠구먼~' 같은 안도감이 밀려와서 정말 좋아! 게다가 식사한 끼와 묶여 있으니 인플레이션도 디플레이션도 걱정할 필요가 없어. 밥 한 끼는 무슨 일이 있어도 변함없이 밥 한 끼야. 돈까스가 햄튀김으로 격하되거나 된장국이 돈지루(돼지고기를 넣어서 만드는 된장국—옮긴이)로 격상되어도 밥 한 끼는 한 끼.

일본 엔 같은 기존의 통화로 환산되지 않는 게 제일 중요해. 나라 경제가 아무리 혼란스러워도 "우리는 우리만의 경제권이 있으니까 문제없어~ 약 오르지~ 바보 멍청이!"같이 걱정근심 없이 말할 수 있는가 없는가, 그것이 중요하다고라! 이럴 때는 멍청한 녀석들이 모이는 바보 센터에서 유통하는 독자 통화가 있으면 엄청 든든하지.

환율이 아닌 '밥' 시세

식권(← 이렇게 이야기하니 뭔가 더 멍청하게 느껴져……)은 국경을 넘을 때 더욱더 위력을 발휘할 거야. 환율이라는 요물은 계속 바뀌어서 우리의 재산 가치도 멋대로 바꿔버리지. 또 물가가 싼 나라, 비싼 나라, 부자 나라, 가난한 나라도 있어. 돈을 움직이면서 희희낙락하는 녀석들의 사정은 어떤지 모르겠지만, 우리 같은 서민 수준에서 생각해보자고. 정말 가난한 나라에 사는 녀석과 경제 대국에 사는 녀석, 이 두 사람이 태어나서 평범하게 일하고, 밥 먹고, 노는 건 사실 거의 차이가 없어. 있는 놈들 멋대로 격차를 만들어서 민폐만 끼치고 말이야, 젠장할, 빌어먹을!

1990년대에 중국에 갔을 때는 100엔이 있으면 식당에서 평범하게 저녁밥을 먹고 맥주까지 마실 수 있었어. 한데 지금 베이징에 가보면 물가가 터무니없이 높아진 데다 엔 가치가 떨어져서 정말 힘들어. 술집이나 소공연장에서 음료수를 한 잔 주문하려고 해도 600~700엔이 필요해. 으악~ 이러면 일본이랑 다르지 않잖아!

이때 우리의 마누케달러라는 식권 등장! 어디에 가도 쓸 수 있으니까 당연히 환율이든 뭐든 전혀 구애를 받지 않아. 그냥 1마누케달러를 내면 어떻게든 밥을 얻을 수 있지. 인도나 아프리카 같은 물가가 싼 곳은 물론이고 북유럽처럼 물가가 굉장히 비싼 곳에서도 쓸 수 있어. 이렇게 되면 바보 센터 사이를 왔다 갔다 하기도 쉬워지지. 지금은 물가가 싼 곳에 사는 사람들은 해외에 나가기 어려운 데 반해 물가가 비싼 지역(주로 선진국) 녀석들만이 세상을 쉽게 돌아다닐 수 있잖아. 이상하게 맘에 안 들어!! 옛날에 일본 엔이 비쌌을 때는 물가가 싼 나라에 가면 뭐든지 살 수 있어서 좋으면서도 뭔가 뒷맛이 개운치 않았어. 그러니 물가와 관계없이 '식사 한 끼 대접하는 일'을 '1'로 정한 독자적인 기본 통화가 생긴다면 이건 정말 큰 사건이 될 거야. 비행기 삯도 필요하고 실제로 돈을 써야 하는 상황도 생기니 완전한 평등은 어렵겠지만 많은 변화가 생기지 않을까? 킹왕짱 좋아! 재밌을 것 같아!

이렇게 번쩍 떠오른 단순한 발상으로 내 마음대로 독자적인 통화를 구상해왔어. 근데 알고 보니 타이베이에 있는 바보 센터 〈반루 카페〉에서 멋대로 통화를 발행해서 뿌리고 있더라고. 이곳은 티켓 한 장으로 커피 1~2잔을 마실 수 있는 카페인데, 기준이 굉장히 모호하고 대충 하는 것 같아도 좋은 아이디어야. 얼결에 멋대로 시작했다더라고.

어느 날 〈반루 카페〉의 점장이 도쿄에 놀러 왔는데 그 티켓을 잔뜩 가져와서는 "타이완에 놀러 가는 사람에게 줘" 하고 두고 갔어. 와~ 통 한번 크네! 역시 바보 센터와 관련된 사람은 어디 살든 모두 같은 생각을 하나 봐. 그러고 보니 독일이나 프랑스 같은 유럽에 있는 바보 센터를 돌아다녔을 때는 기존 통화를 쓰면서 기부를 받는 곳이 많았어. '2유로'나 '1유로 이상'같이 최저 금액의 기부금을 받는다고 쓰여 있어도 낼 수 있는 범위에서 내거나 정말 돈이 없는 사람은 안 내도 돼. 이것도 비슷하지 않을까? 참고로 타이완 녀석들은 이상하게 손이 커서 그 표를 가지고 놀러 가면, 기분이 좋을 땐 커피뿐 아니라 밥과 술까지 사줘서 이게 돈인지 뭔지 도통 알 수 없게 되기도 해. 음~ 역시 타이완 녀석들은 멋지다니까. 이게 거의 친구 증명서가 되어버리지. 거 좋구먼!

어이구, 급조한 시스템이라 빈틈이 많을 테니 그걸 어떻게든 악용해서 남겨 먹으려고 수작 부리는 녀석이 나타날지 모른다고? 걱정 마셔~. 그런 나쁜 녀석을 발견하면 모두 바보 센터에 달려가서 "이 자식아!" 하고 주전자나 베개, 게타(下駄: 일본 전통의 나무로 된 신발—옮긴이) 같은 걸 던져서 지옥의 맛을 보여주면 되니까 안심해~.

세계경제가 사기판으로 굴러가는 한, 전 세계에 바보 센터가 점점 더 늘어날 거야. 지금의 세계경제와 조금이라도 어긋난 상황, 즉 이상한 네트워크나 생활권, 경제권이 나타났을 때 수상한 화폐가 있다면 서로 더 원만하게 교류할 수 있지 않겠어? 그러면 더욱더 편리해지겠지! 음~ 이건 정말 기대가 돼! 자, 우리만의 화폐를 만들자고!

국제 바보 정거장 작전

국제연합도 깜짝 놀랄 무시무시한 국경 부수기 작전! 우리 멍청이들이 돈과 여권을 손에 넣으면 어떻게 될까?! 할 일은 단 하나. 해외에 나가야 해! "어이, 점점 더 실현 불가능한 작전이 되고 있잖아!" 할지도 모르는데 꼭 그렇지만 않아. 부자와 권력욕이 많은 녀석이 좌지우지하는 세상에 살면서 주어진 일상에서 자그마한 즐거움을 찾아내는 노예 같은 처세술만 공부해봐야 아무 의미 없어. 항상 긍정적이고 즐거운 작전을 염두에 두면서 생활하면 해외에 나갈 가능성이 훨씬 높아져. 국경이 모호해지는 날이 꼭 올 테니 그럴 때 몰래 왔다 갔다 할 수 있는 작전을 지금 생각해두자고! 반드시 도움이 될 거야!

재미있는 공간을 만들 때 역시 다른 곳과 교류하는 것이 제일 중요해. 친한 사람들끼리만 놀면 금방 질려. 또 아무것도 정하지 않고 '뭐든 좋다'는 식으로 대충 넘기기 시작하면 수습하기 힘들어질 때가 반드시 와. 그러니 바다 위에 국제 바보 정거장을 만들어서 세계적으로 교류하는 것을 목표로 거대한 계획을 세워보자고!

　　세상이 흘러가는 걸 보면 불안하기 짝이 없어. 전쟁이 일어나면 그야말로 큰일이지. 그때 선택지는 딱 두 가지야. "그런 바보 같은 일엔 협력하지 않겠어" 하고 과감하게 선언하고 고바야시 다키지[小林多喜二: 프롤레타리아 소설가, 작가. 계급투쟁과 인간해방을 위해 지하운동을 전개하다 경찰에 체포되어 고문을 받고 29세의 젊은 나이로 사망했다. 대표작 『게공선(蟹工船)』—옮긴이]처럼 고문을 받든가, 투덜대면서도 살인자의 부하가 되든가. 이거 큰일 아니야?! 최근 세계정세는 국가들의 바보 같은 싸움에 민중이 휘말리는 형국이야. 전쟁을 일으키는 놈들은 전쟁으로 돈을 남겨 먹는 녀석들과 자기 나라만 생각해서 한치 앞도 못 보는 바보 같은 패거리야. 이런 녀석들에게 지배당하지 않도록, 우리는 우리 나름대로 열심히 국경을 왔다 갔다 하면서 온 세상에 동료를 만들어가자고. 그러면 세계 여기저기 흩어져 있는 멍청한 녀석들의 문화가 계속 확산될 거야.

　　유럽을 떠올리면 참 부러워. 바보 센터가 잔뜩 있을 뿐 아니라 땅이 다 연결되어서 정말 쉽게 국경을 넘나들더라고. 언제든 자동차를 타고 친구가 있는 다른 나라에 놀러 갈 수 있고, 대규모 데모가 있으면 "좋아, 응원하러 갈게!" 하고 각 지역에서 순식간에 와글와글 몰려들어 더 큰 소동을 벌이기도 해. 자기 나라에서 살기 힘들 때는 "잠깐 세간의 관심이 사라질 때까지 다른 곳에 있다 올게" 하고 가벼운 마음으로 어딘가에 갈 수도 있지. 좋겠다~. 젠장할!

잠깐 딴 얘기를 하자면, 하늘 저 건너편에 국제 우주 정거장이 있다고 해. 여러 나라에서 로켓을 발사하는데, 우리가 볼 수 없는 곳에 다들 모여서 재미있는 일을 할지도 몰라. 쳇 치사해! 우리도 정거장인가 뭔가 갖고 싶다고! 시답잖은 정치인이 실권을 잡아서 이 나라를 떠나고 싶을 만큼 싫어질 때 우리 멍청이들이 "이제 여기서 사는 의미가 없네, 안녕!" 하고 이상한 물체를 타고 우주에 날아가면 엄청 멋있지 않겠어? 근데 잘될 리가 없어. 전 세계 모든 바보 센터의 기술을 총동원해도 관람차 곤돌라에 프로펠러나 풍선을 단 어벙한 기계 정도만 만들 수 있을 뿐이야. 정작 멋있게 날아간다고 해도 원래 장소로 돌아오거나 엉뚱한 방향으로 날아간다고 기대했더니 도쿄 타워에 걸려서 도움을 청하고, 태풍이 쫓아오는 바람에 전력을 다해 도망쳤는데 결국 바람에 휘감겨서 박살이 나는 등 꼴 사나운 모습을 보일 가능성이 높아. 아, 역시 안 되겠군~. 우리는 아직 한참 멀었어. 하늘 작전은 100년 정도 지나서 시행해보자고!

역시 배가 좋지 않을까? 물론 배를 띄워 몰고 가려 해도 법이다 뭐다 해서 규제가 많겠지만 말이야. 모든 나라가 완전한 규칙을 정해 세계를 관리한다? 그건 말이 안 돼. 어딘가가 엄격하면 어딘가는 틈이 있는 법. 전체적으로 엄하다 해도 조금 기다리면 완화되기도 하는 등 기복이 있을 거야. 그 틈을 타야 하는 작전이므로 법은 '재수 없는 권력자가 멋대로 정한 것'이라고 생각하면서 무시해버리자고. 실제로 필리핀과 말레이시아 국경 근처에는 섬이 엄청 많아서 많은 아나키스트가 여권이고 비자고 나발이고 무시하고 서로 도우며 왕래하고 있다고 들었어. 일본은 세계에서 드물 정도로 법을 잘 적용시키는 불가사의한 지역이라서 일본에만 있다 보면 감각이 마비되기 쉬워. 그런데 법을 꼭 지키지 않아도 되는 곳이 생각보다 많아. 세계 기준으로 보면 오히려 그쪽이 일반적일 거야. 그러니 배를 거점으로 한 작전은 의외로 머지않은 미래에 실현될 가능성이 높아.

자, 남은 일은 무모하게 바다에 나갈 준비하기. 동해를 한 바퀴 돌면 한국, 북한, 러시아가 있고 동중국해 방면으로 가면 오키나와를 지나 타이완, 중국, 필리핀 등에 닿을 수 있어. 각 지역에 있는 바보 녀석들이 여러 곳에서 떠내려오면 의외로 가까운 거리에서 교류할 수 있게 되겠지.

각 지역에서 독자적인 '바보 센터'를 만들고 있는 집단이 총출동해서 국가와 상관없는 곳에 모인다면 엄청 재미있는 일이 일어나지 않을까? 국제 바보 정거장에 상륙한 각 지역 멍청이들이 고유의 음악이나 예술, 문화를 교류하거나 직접 만든 물건을 교환하면서 술잔치를 벌이고 공간 만들기 노하우도 전수할 수 있지 않겠어? 와 너무 좋아! 다른 나라 해역에 들어가면 귀찮은 일이 생기지만, 공해 (空海)라면 누구든 왔다 갔다 해도 좋다고 되어 있어. 아무도 소유하지 않은 곳에 모여 있는 느낌도 좋잖아. 그런 곳에 뗏목을 연결해서 만든 바보들의 꿈같은 세상이 있다면 정말 신날 거야.

이런 계획을 듣고 있자니 슬슬 의문이 생기기 시작하겠지. 말이 나온 김에 현황을 파악해보자고.

'애초에 멍청한 녀석들끼리의 문화 교류는 인터넷에서 얼마든지 할 수 있잖아!' 하고 생각할 수 있어. 내가 직접 공간을 만들 때나 다른 나라에 놀러 가서 늘 생각하는 건데, 실제로 만나서 친해지는 느낌과 그때 생기는 신뢰감이 굉장하다는 거야. 이렇게 연결된 관계가 공동의 문화권을 만들어. 물론 인터넷으로도 얼마든지 새로운 정보를 얻고 문화도 교류할 수 있어. 그런데 이것도 직접 만나서 다양한 시도를 하는 녀석들이 있어서 가능해. 직접 교류를 하지 않으면 인터넷 교류도 사라진다는 걸 알아둘 필요가 있어. 이왕 이렇게 된 거 다 포기하고 역시 배를 띄울 수밖에 없지 않을까!

공해가 안전하지 않아서 불안하기도 할 거야. 먼 옛날에는 일본의 세토나이카이(涷戶內海: 혼슈, 시코쿠, 규슈에 둘러싸인 긴 내해—옮긴이) 해적이 다른 나라 바다로 나가기도 했지. 공해상에는 굉장히 강한 해적도 있다던데 그런 녀석들이 오면 대체 어떻게 될까?! 큰 칼을 차고 안대를 하고 있으면 무섭잖아…… 하고 부들부들 떨 필요는 없어. 해적질은 기본적으로 돈이 목적이야. 그래서 막대한 돈이 되는 상품을 가득 실은 상선이 자주 습격을 당하는 거라고. 바보 정거장에 모인 녀석들은 돈이 없는 데다, 있다 해도 안마 1회권 같은 독자적인 화폐뿐일 거야. 말하자면 해적보다 더 개털이지. 해적 입장에서도 습격할 가치가 없어~. 게다가 우리는 유유자적 빈둥거리거나 난리법석을 떨고 있을 테니 해적이 와도 쉬다가 방심해서 술을 마시게 될지도 몰라. 그러다 퍼뜩 정신을 차리고 "이건 돈이 안 되잖아!" 하고 짜증을 내면서 다시 돈을 벌러 바다로 나갈 거야. 좋아! 이러면 우리는 안전해!

좋은 아이디어가 또 있어. 국제 바보 정거장에 접안한 후에 매일 바닷바람을 맞고 일광욕을 하며 물고기를 잡아서 다 같이 먹고, 기분 좋은 음악을 듣고……, 이런 걸 좋아하는 사람이라면 그나마 좋겠지만, "그런 건 싫어! 지루한 시골 생활이라면 차라리 죽는 게 나아!" 하는 사람이 있을지 몰라. 세상엔 여러 종류의 사람이 있고 우리 멍청이 문화권 동지들 중에서도 감각이 다른 사람이 있겠지. 바다 위에 떠 있는 배를 상상하면 도시를 좋아하는 사람 중엔 마냥 걱정이 되는 사람이 있을 거야. 걱정하지 마셔! 국제 바보 정거장은 히피 같은 생활 방식을 추구하자는 게 아니라고. 여러 사람과 물건이 뒤섞여 있으니까 오히려 재미있게 놀 수 있지 않을까?!

도시를 좋아하는 동지, 우리에겐 막강한 아군이 있다는 걸 잊진 않았겠지? 바로 홍콩! 홍콩은 진짜 굉장해. 엄청나게 좁은 곳에 말도 안 될 정도로 인구가 밀집해 있어. 계속해서 빌딩을 증축하고, 건물과 건물 사이에 공간을 확보해. 원래 목적과 다르게 공간을 사용하는 법이나 수상한 공간 만드는 법에 관한 굉장한 기술을 가지고 있어. 도시에서 살아남는 힘으로 치면 홍콩 사람들이 넘버원이야~. 그들이 우리 편이라면 걱정할 게 없지. 자고 났더니 구룡채성 같은 것이 생겨날지도 모른다고. 순식간에 고층빌딩을 만들어서 그 안에 에어컨을 풀가동하는 쇼핑몰을 짓거나 지하철을 다니게 할지 몰라. 어찌됐든 국제 정거장에 다들 독창적인 문화를 가지고 올 테고 거기서 영원히 살자는 것도 아니야. 사람들이 교대로 왔다 갔다 할 테니까 많은 것이 유입되어 더 뒤죽박죽이 되겠지. 요약하자면, 자기가 하고 싶은 일을 하면 돼. 어떻게든 굴러갈 테니 걱정 마~.

　마지막으로 한 가지 더. 이 작전은 배, 다시 말하면 바다 위에 떠 있는 것이 가장 중요해. 무인도에서도 비슷한 일을 할 수 있다고 생각해. 하지만 땅은 움직이질 않지. 지진이나 해일, 화산 폭발 등이 일어날지도 몰라. 갑자기 시끄러운 나라의 영토가 될지도 모르고. 그럴 땐 그냥 떠 있는 쪽이 마음이 편해. 예를 들면, 처음에는 동해 한가운데에 모였다가 점점 살기가 불편해지면 오호츠크 해 쪽으로 이동해도 좋고 그쪽이 너무 추워지면 이번엔 타이완 근해로 가도 되잖아. 가끔 인도양 근처까지 놀러 가도 좋지. 인도의 멍청한 녀석들이 모여 있는 정거장과 우연히 만나면 얼른 접촉하자고. 그렇게 1주일 정도 거대한 축제가 시작되겠지. 음~ 이거 눈 돌아갈 정도로 재미있지 않겠어?!

　세계경제도 아주 예전에 성장이 멈춰버렸어. 그 덕인지 돈, 지위, 권력을 바라보며 살아가는 지루한 인생에서 이탈한 녀석들이 하나둘씩 생겨나더니 그들끼리 바보 같은 자립 공간을 만들기 시작했어. 그 녀석들이 교류를 늘려갈수록 더 재미있어질 거야. 배 작전은 지금 보기엔 허무맹랑한 공상 같겠지만, 세계 어느 곳에서 시작될지 아무도 몰라. 운전면허증을 갱신하러 갈 때마다 지겨우리만큼 자주 듣는 소리가 '위험을 예측하라'는 거야. 운전하고 있을 때 갑자기 뛰어드는 사람이 있어도 위험을 예방하는 훈련이 되어 있다면 사고를 피할 수 있다는 말이지. 우리도 준비를 게을리하면 안 돼. 공간을 만들 때 조금이라도 방심하면 금방 폐쇄적으로 변해버려. 그럴 땐 전 세계의 엄청난 얼뜨기 녀석들과 교류한다는 걸 염두에 두면서 준비를 해가면 흥이 날 거야. 자! 동지들!! 배를 준비해!

전 세계 얼간이들의
동시다발 봉기

　　요즘같이 지루한 세상에 대항하는 공간 만드는 방법을 구상해
봤어. 그중에서도 다른 공간, 다른 지역과 연결되는 게 가장 중요해. 아는
사람이 하는 곳, 또 아는 사람의 아는 사람이 하는 곳…… 이런 식
으로 여기저기 연결되기 시작하면 언젠가 거대한 그룹이 되겠지.
거대한 멍청이 그룹이 요즘처럼 돈벌이를 최우선으로 하는 사회와
관련이 없는 곳에서 자기만의 활동을 넓혀갈 거야.

　　세계의 나쁜 지배자들이 힘을 합쳐 가난뱅이의 돈을 뺏고 흉
악한 일을 저지르는 게 일상다반사라 새삼 놀랍지도 않아. 예전부
터 용기 있는 사람들이 "세계 혁명을 일으키자! 세계를 민중들의 손
에 돌려주자!" 하고 외치며 그놈들을 쓰러트리려 노력했지만 오히
려 너덜너덜해질 때까지 두들겨 맞고 나가 떨어져버렸어. 돈에 눈
이 먼 놈들이 돈을 독차지하고 있기 때문에 의외로 강하다고. 낡아
빠진 아파트에 사는 사람이 월세를 멋대로 올리는 나쁜 부자 집주

인과 싸운 후 동네에서 따돌림을 받고 쫓겨나는 일과 같아.

자, 그럼 어떡할까. 극악한 지배자를 쓰러트리기 전에 혁명 후의 세상을 그냥 시작해버리는 거야. 세상이 이중으로 되어 있는 식이지. 삼중, 사중이어도 좋아. 나쁜 녀석들이 자연스럽게 창피한 줄 알고 망해가는 게 최고야.

미안~ 서두가 길어졌네. 하나의 멍청이 그룹을 만들 때, 다 같이 뭔가 벌이는 것도 중요해. 온 세상에 마음이 맞는 녀석들끼리 동시다발로 재미있는 이벤트를 벌이면 흥겹지 않을까? 혹은 세계가 더 나빠질 때 멍청이 반란을 동시에 일으킨다면 효과가 굉장히 크겠지. 여기서는 그런 작전을 짜보자고.

2015년 여름, 아베 총리가 난리를 치고 있었어. 개인적인 취미인가 본데 전쟁할 수 있는 법을 만들어갔어. 진짜 눈 뜨고 봐줄 수가 없어서 다른 나라에 가는 것도 창피할 정도였지. 일본뿐 아니라 다른 나라도 나쁜 정부가 수두룩해. 한국, 타이완, 홍콩, 중국 등 근처에 있는 나라 대부분이 여러 문제를 겪고 있어. 일본도 군사 대국을 목표로 하고 있고, 중국도 대규모 군사 행진 같은 걸 하면서 이웃 나라를 겁박해. 한국도 과거의 군사정권 같은 정부가 들어서서 민중을 힘들게 했어. 군사 문제를 자주 일으키는 자들은 국민의 관심사를 다른 곳에 돌리려는 속셈으로 그러는 거야. 사실 나라가 약하다는 증거지. 그래서 전쟁 준비에 말려드는 것은 참을 수가 없다고!!

아시아권 동시다발 반전 행사

2015년 여름에 아시아 지역 동시다발 반전(反戰) 이벤트를 하기로 했어! 그즈음 아베 총리가 전쟁 법안을 준비하고 있기도 해서 '전쟁 반대'를 주제로 뭔가를 해보자고 각 나라 녀석들에게 연락을 했어. 이럴 때는 몇 가지 방법이 있어. 하나는 어떤 나라에서 중요한 일이 발생했을 때 그 지역을 응원하는 이벤트를 개최하는 거야. 예를 들면 타이완에서 타이완-중국 서비스협정 비준에 반대하며 타이완의 입법원을 점거하는 운동(집권 국민당이 일방적으로 중국-타이완의 서비스협정 비준안을 상임위에서 통과시키자 이에 반발해 타이완 학생운동 단체가 국회에 해당하는 입법원을 점거한 사태. 학생들은 서비스협정이 발효되면 타이완 경제의 중국 종속이 가속될 것이라고 주장해왔다—옮긴이)을 할 때는 고엔지의 〈아마추어의 반란〉에서도 그것을 응원하는 이벤트를 했어. 미국에서 인종차별 반대 데모로 체포되었던 사람이 고엔지에 체류했을 때도 관련 이벤트를 했어. 이번같이 전쟁을 문제 삼을 때는 사정이 좀 복잡해져. "일본 정부가 말도 안 되는 일을 벌이고 있어서 들고 일어나려고 하니까 응원해줘~" 하고 연락을 하면 "그것도 이해가 가는데, 지금 우리도 진짜 큰일이야" 하는 반응이 와. 그도 그럴 것이 다른 나라 정부 욕만 하는 것도 좀 이상하잖아? 그럴 때는 자국 정부에 대한 불만도 함께 말하는 게 좋아.

2015년에는 전원(모든 지역)이 대등한 입장에서 동시에 불만을 말하자고 했어. 전쟁 반대를 중심 주제로 하고 각 나라가 처한 문제를 함께 테이블에 올리고 이벤트를 벌여. 그렇게 각지에서 정한 주제를 모두 함께 지지하는 방식을 택했지.

사회문제뿐 아니라 즐겁게 노는 이벤트를 함께할 때도 이 방식이 의외로 중요해. 매번 주요 움직임만 쫓는 형식이 되면 점점 싫어지게 돼. "매번 똑같은 사람들이 모여서 놀고 있을 뿐이잖아" 하고 불만이 터져 나오기 십상이야. 공통의 주제로 일을 벌일 때는 되도록 각자의 입장을 존중하면서 다 같이 들고 일어나는 것을 잊지 말도록!

이번엔 실전! 함께 할 일을 정한 후 실행 방식은 웬만하면 제멋대로 하자고 결론을 냈어. 즉 "테마 컬러는 이걸로 해주세요." "데모는 이 시간에 해주세요" 같은 이상한 규칙은 절대 만들지 않기로 했어. 그리고는 사람들을 불러 모았지. 물론 보통 데모처럼 정치 활동도 좋고, 반전을 주제로 길 위에서 퍼포먼스를 해도 좋고, 단순한 반전 술잔치도 좋고, 음악 이벤트를 해도 좋아. 단 하나의 규칙은 재미있게 하자. 어차피 각 지역에 사는 녀석들이 죄다 어벙하기 때문에 틀림없이 멋대로 할 거란 말이야. 안 봐도 뻔해. 문제는 그냥 맡겨놓기만 하면 다들 뿔뿔이 흩어져 있기 때문에 뭘 하는지 모른다는 거야. 굉장한 일을 끝낸 후에도 이상하게 인터넷 등에 글이나 동영상을 늦게 올리고 이걸 귀찮아해. 나도 항상 그런 편이라 잘 알고 있어. 그래서 이벤트를 실행한 그날 밤에 술잔치를 하자고 했어. 동아시아 지역은 시차가 있어 봤자 1~2시간밖에 안 되니까 다 같이 술을 마실 수 있어서 다행이지.

이 얼뜨기 녀석들은 회의나 심포지엄 같은 토론회를 한다면 다들 줄행랑을 치지만, 술잔치가 있다고 하면 무조건 '좋아!' 해.

8월 29일로 날짜를 정한 후 각 지역에서 독자적으로 작전을 실행하고, 그날 밤에 술을 마시면서 인터넷으로 회장들을 연결해 뭘 했는지 발표하자고 했지. 음~ 이건 제대로 흥할 것 같아!! 다들 들어보지 못한 일을 벌일 거라고!

이리하여 '아시아 반란 대작전' 시작! 각 지역에서 계획을 세우기 시작했는데 이게 또 예상대로 엉망진창이라 더 좋았어. 타이완은 처음에는 의욕이 넘쳐 제일 분위기가 달아올랐는데, 갑자기 "미안해~. 29일에 근처에서 열리는 무료 음악 이벤트에 같이 놀러 가기로 해서 안 되겠어. 일주일 미뤘어" 하고 말하지를 않나, 홍콩 녀석들은 "9월 3일로 결정!" 하면서 처음부터 사람이 하는 말을 듣지도 않아. 8월 29일에 하기로 했잖아, 바보들아!! 이렇게 시작부터 날짜가 엉망진창이 되어갔지. 게다가 뉴욕, 독일, 파리 등에서 아시아 반전 운동에 협력하는 이벤트를 하고 싶다는 정보 입수! 필리핀 녀석들도 발리 섬에 놀러 간다고 하면서 "아무래도 발리 섬에서 뭔가 일어날 듯한데" 하는 거야. 혼란이 확산되기 시작! 좋구먼~ 이 통일감 없는 뭐가 뭔지 알 수 없는 분위기!

일정은 엉망진창이 되었지만 결국 각자 재밌는 반전 이벤트 개시! 여기서 그걸 전부 글로 쓴다면 종이가 부족할 정돈데, 수습이 안 될 정도로 끝내줬어. 타이완은 타이완 총통부(타이베이 시에 있는 총통의 관저—옮긴이) 앞에서 '동아시아 바보 평화 조약'을 체결하고 조인식을 한 후에 거창한 파티를 벌였어. 정말로 흥청망청 이벤트를 벌여서 타이완 멍청이들의 저력을 보여줬어. 일본은 길거리 게릴라 이벤트를 했어. 최근 일본도 데모를 하면 경찰이 엄청 많이 와서 시건방을 떨기 때문에 영화 촬영을 이유로 도로 사용 허가를 취득! JR추오 선 아사가야 역 앞에서 찍는다고 신고한 영화 컷 내용은 악의 화신 같은 자동차(미사일을 탑재하고 '전쟁'이라고 쓰여 있는 자동차)에 금속 방망이나 곤봉을 든 군중이 달려들어서 차를 부수고 뒤집는 살벌한 장면. 영화 촬영이니까 당연히 아무 문제없었지~.

각지에서 일을 벌인 후 마지막에 다 함께 국제 술잔치 회의 개최! 각 지역의 작전을 발표하고 '와!! 멋지네!' 소리치면서 보고대회를 여는 거야. 한 가지 유의할 점. 스카이프 같은 걸로 연결하면 메인 회장이 아닌 다른 지역의 발표를 들을 수 없어. 이건 좀 지루하잖아. 그래서 결국 기업에서 자주 사용하는 인터넷 회의 시스템을 쓰기로 하고 다른 지역이 발표하는 내용을 들을 수 있었어. 보고대회 영상은 유튜브에 통째로 올려놓았어. 흥미 있는 사람은 검색해서 찾아봤으면 해(→ 〈Operation Anti-War Asia!〉).

동시다발 작전을 할 때는 편지나 전화를 쓰는 옛날과 다르게 의외로 간단히 정보를 공유할 수 있어. 하지만 인터넷 사용은 또 다른 문제가 있어. 인터넷 검열 수준이 어느 정도인지 잘 모르지만 규제가 심한 나라에서는 조심해야 해. 금지어가 들어간 메일을 자주 주고받으면 경찰이 집에 오기도 하니까 이건 정말 주의가 필요해. 통제가 심한 나라에서는 이벤트 직전에 열나게 전화를 돌려서 "진짜 재미있는 이벤트가 있으니까 1시간 후에 와!" 하는 방법으로 사람을 모은다고 들었어. 이 정도라면 경솔한 짓은 섣불리 못 해. 그러니 그 지역에 직접 놀러갈 때 검열 수준을 구체적으로 물어보자고.

각 지역에 바보 센터가 확산되고 있는데 인터넷으로만 이것저것 알고 있다고 착각하면 언젠가 굉장히 공허하게 느껴질 날이 와. 조심해야 돼. 직접 아는 게 제일 중요해. 특히 바보 센터 운영과 관계가 없어도 멍청이 센터를 무작정 돌아다니는 사람이 많아야 좋아. 우리 멍청이들은 이론이나 계약으로 묶여 있지 않으니까 말이야. 분위기나 웃음의 포인트, 무엇에 가장 화가 나는지를 토로하고 공감하면서 친해지는 거야. 멍청한 사회를 꿈꾸는 동지들, 그리고 여러분도 여러 곳에 놀러 가봤으면 해! 그러다 보면 언젠가는 이익을 우선하는 **효율** 사회, 지루하고 거짓투성이 도덕이 만연한 사회, 권력자가 **횡포**를 부리는 그런 세상을 뒤엎고 바보 세력이 세상의 주인이 될 거야! 하나도 어렵지 않지? 놀러 다니면서 유유자적 지내기만 하면 돼! 세계 멍청이 혁명은 이미 시작되고 있어!

가난뱅이 자치구 만들기

수상한 바보 센터를 만들고 나면 각 지역의 멍청한 동료들과 네트워크를 구성해 서로를 자극하면서 성장시키게 돼. 그러면 또 다른 엄청난 바보가 등장해서 깜짝 놀라는 일이 무한정 되풀이되는 거야. 그다음 자연스럽게 힘을 모아 어떤 작전을 함께하게 되지. 이번에는 지역이나 국경을 넘어서 바보 세력이 손을 잡고 일제히 뭔가를 시작하는 작전을 생각해볼게!

노 리미트 도쿄 자치구

2016년 9월에 각 지역의 멍청이들이 힘을 모아서 '노 리미트(No limit) 도쿄 자치구'라는 큰 이벤트를 개최했어. 도쿄에서 끝내주는 공간을 운영하는 녀석들이 연합해서 세운 계획으로 몇 년 새 친해진 각 나라(특히 아시아권)에서 멍청한 생활 구역을 만들고 있는 녀석들을 도쿄에 초대해서 공연, 전시, 각종 상영회, 토크쇼, 강좌, 대잔치 등 이벤트란 이벤트는 죄다 모아서 일주일 동안 매일 열자는 기획이었어. 게다가 이벤트를 지지하는 지인이 운영하는 가게도 참여시키기로 했지. 그저 놀려고 혹은 젊은 혈기만 믿고 벌인 일도 아니고 장사를 하자는 것도 아닌, 살아가는 방법으로서 재미있는 공간을 운영하는 사람과 친구 녀석들을 다 불러 모으자는 이벤트. 이건 정말 대사건이 될 거야! 엄청 재미있겠지만 과연 실현 가능할까? 국경을 넘어 언어도, 물가도 다른 곳에 사람들이 정말 모여들까? 게다가 대표자 몇 명이 아니라 근처를 어슬렁거리는 이상한 녀석들도 모인다고? 결론은? 완전히 쪽박을 찰 가능성을 안고 시작한 일이지만 200명 이상이 모여서 고엔지가 떠들썩하게 흥청망청 놀아버렸지 뭐야~. '노 리미트 도쿄 자치구' 홈페이지가 있으니 한번 찾아봐(→ nolimit.tokyonantoka.xyz)!

각 지역을 다니면서 참가 권유하기

각 지역 사람들과 이미 연결되어 있다면 이벤트 계획이나 정보는 언제든 쉽게 전달할 수 있어. …… 명심해! 그것만 해선 안 돼. 꼭 필요하다면 실제로 가서 불러 모아야 해. 문자로 용건만 전해도 상대방에게 통하리라 생각했다면 세상을 너무 만만하게 보는 거야.

주로 아시아권에서 멍청한 생활 구역을 만들고 있는 녀석들을 도쿄에 초대해서 라이브 공연, 전시, 각종 상영회, 토크쇼, 강좌, 대잔치 등 이벤트란 이벤트는 죄다 개최한 '노 리미트 도쿄 자치구' (2016년 9월 11일부터 17일까지) 행사 포스터.

게다가 공간을 운영하는 사람은 정말 바쁠 테니 연락을 해도 무시 당하거나 금방 까먹을 가능성이 커. 역시 직접 만나러 가는 게 제일 좋겠지. 정말 중요한 팁! 실제로 가면 주요 인물뿐만 아니라 그 주변 인물까지 모두 만날 수 있어.

이벤트를 준비하면서 홍콩, 후쿠오카, 부산, 오키나와, 서울, 중국에 갔다 왔어. 후쿠오카, 부산, 서울에 가서는 9월에 도쿄에서 '동아시아 멍청이 작전'이라는 이벤트를 개최해서 다른 지역에 있는 언더그라운드 문화를 소개하는 멍청이 결전을 치르자고 선전했지. 사람들을 만났더니 "이 동네에는 이런 멍청이가 있어. 그 동네엔 멋진 일을 하는 녀석이 있어" 하고 꼬리에 꼬리를 물고 아는 사람의 아는 사람을 소개받았어. 이렇게 주거니 받거니 하다가 술에 취해 기세등등하게 "9월에 꼭 오라고! 안 오면 죽을 줄 알아!!!!" → "알았어. 꼭 갈게!!!" 하게 되었지. 부르는 쪽이 그다지 흥이 없거나 매력이 없다면 당연히 금방 들키게 되고, 딱 그 정도 반응밖에 얻을 수 없어. 하지만 딱히 홍보를 하지 않아도 현지에서 친구들을 만나서 "끝내주는 이벤트 할 거야~" 하고 기대와 흥분을 전하기만 해도 충분히 효과가 있어.

이벤트를 한다고 떠들고 다녔더니 여기저기서 끊임없이 반응이 왔어. "우린 최저 50명은 갈 거야!" 정말 많은 사람이 올 분위기! 완전 끝내주는 이벤트가 될 게 분명해.

평소에 자주 만나야 새로운 교류가 생겨나기 쉬워. 최근에는 타이완과 오키나와가 자주 교류를 하고 있어. 원래 오키나와, 타이완에 각각 친구가 있었는데 양쪽 다 음악을 하는 사람들, 그중에서도 펑크록 밴드가 많아서 서로 알면 좋겠다 싶었지. 때마침 타이완 멍청이들이 "오키나와에 놀러 가니까 너도 와!" 하고 연락이 왔어. 너무 갑작스러운 데다 돈도 없어서 고민을 했지만 결국 오키나와로 향했지. 이런 기회는 흔치 않으니까 오키나와 바보들이 운영하는 곳에 타이완 멍청이 녀석들을 데려가서 놀았어. 그러자 타이완 녀석들이 말도 제대로 안 통하는 주제에 "다음 달에 타이베이에서 끝내주는 이벤트가 열리니까 꼭 놀러 와!" 하고 선동하기 시작. 오키나와 녀석들도 "좋아! 함께 가자!" 하더니 바로 다음 달인 2016년 1월에 15~16명의 오키나와 얼뜨기들이 정말 타이완에 가서 엄청 놀다 왔어! 다시 오키나와의 역습. "4월에 오키나와에서 장난 아닌 음악 이벤트를 열어!" 하고 타이완에 퍼트리고 다니니 이번엔 타이완 녀석들이 "그럼 모두 함께 갈게!" 해서 4월에는 25명 정도의 타이완 사람이 오키나와 이벤트에 참가했어! 타이완 사람들이 돌아갈 때 "자, 9월엔 도쿄에서 보자고!" 하고 인사. 사람들이 왔다 갔다 하면서 일이 제멋대로 굴러가더니 결국 큰 사건이 되었어.

현지에서 이렇게 흥청망청 놀면 자연스레 사람이 계속 모여드는 법이야. 자, 이다음엔 각 지역 녀석들이 모였을 때 어떻게 할지 생각해보자고~.

형편에 맞게 환대하기

손님을 대접하는 일은 정말 중요해. 모처럼 시간을 내서 놀러 왔으니 마음 같아선 "와줘서 정말 고마워~!!!" 하면서 엄청 반겨주고 싶어. 하지만 대접한답시고 교통비를 전액 부담하고, 호텔을 예약하고, 매일 밤 환영 파티를 열어 밥을 사준다……. 돈이 남아돈다면 얼마든지 이렇게 해줘도 좋아~. 근데 멍청한 녀석들이 자기들 힘으로 이벤트를 여는 마당에 돈이 충분할 리 없잖아. 그런 주제에 자비로 비용을 부담하거나 이벤트 입장료를 비싸게 해서 손님들에게 왕창 바가지를 씌운다면 손님과 주최자 사이에 위화감이 생겨버려. 딱히 자금줄이 없는 이벤트를 벌일 때는 모두 함께 만들어가는 게 중요해. 손님들에게 주최 측이 돈이 충분치 않다는 걸 알아달라고 얘기하고 정성껏 대접하자고.

숙박 해결

자, 우리 가난뱅이들이 뭘 할 수 있을까?! 여행할 때 가장 큰 지출 항목은 숙박비야. 비행기 삯을 해결하면 추가로 드는 비용은 식비 정도지. 우리가 할 수 있는 일은 역시 숙박! 도쿄 자치구 이벤트 때도 어떻게든 준비를 해주기로 결정!

일본의 경우 집도 좁고 "재우는 건 좀……" 하면서 숙소 제공을 어려워할 수 있어. 해외 친구한테 놀러 가면 정말 깜짝 놀랄 정도로 환대를 해주어서 우리도 정이 넘치는 모습을 보여주고 싶었어. 그래서 자기 집에 재워주거나 친구 집이나 근처 빈 사무실, 가게, 창고 등등 지낼 수 있는 장소를 확보해서 어찌어찌 모든 사람을 재워줬어~.

어슬렁거릴 수 있는 환경 만들기

이번에는 약 열 군데의 공간에서 매일 이벤트를 열어서 사람이 왔다 갔다 어슬렁거리면서 매일 재미있는 일이 일어났어. 어떤 이벤트에 참여할지 망설여질 때는 모이는 사람의 성향이 비슷하고 맘이 편한 데 가면 돼. 한 곳에서 집중적으로 이벤트를 열면 좋아할 사람도 있겠지만 안 맞는 사람도 있겠지. 차라리 흩어지면 여러 사람이 두리번거리는 분위기가 되어서 더 재밌어져. 그리고 그 사람들이 섞여서 수상하게 교류하기 시작하면 더 끝내주는 일이 생겨.

통역은 필요 없다

해외에서 많은 사람이 놀러 오면 어떻게든 언어 문제가 생겨나. 이럴 때 "통역할 수 있는 사람 있어? 도와줘~" 하게 되는데 이제 걱정하지 말라고. 어차피 우리 멍청이들이 학술회의를 여는 것도 아니고 고도의 비즈니스 논의를 하자는 것도 아니야. 중고등학생 때 배운 얼치기 영어나 와세이 영어(和製英語: 일본 사람이 쓰는 영어. 콩글리시와 같은 의미다—옮긴이), 가타카나 영어로도 어떻게든 해결 가능! 애초에 언어는 사람과 소통을 해갈 때 자연스럽게 생기는 거야. 영어라 해도 영국이나 미국 영어가 꼭 맞다고 할 수 없지. 아시아 사람이 영문 모를 영어로 이야기를 하면 그게 자연스럽게 '아시아 영어'가 되지 않겠어? 먼 옛날 페리가 항구에 왔을 때부터 바짝 움츠러들었지만 걱정하지 마시라! 뻔뻔한 가타카나의 무서움을 알려줄 테다!

맞다, 맞아! 우리에겐 한자가 있어. 중국, 홍콩, 타이완, 싱가포르, 마카오 사람들은 한자로 필담을 나눌 수 있어. 옛날에 한자를 썼던 한국이나 베트남에는 한자에서 유래한 단어가 많아서 일본어와 발음이 비슷한 단어가 잔뜩 있기도 해. 한국인과 대화를 하다 막혔을 때는 일본 단어 그대로 말하고, 알고 있는 중국어 단어를 써보고, 그 중간 정도의 발음으로 대충 말하면 "아! 알겠다!" 할 때가 많아. 덤으로 나도 새로운 한국어 단어를 외우게 돼. 게다가 한국어, 일본어, 몽골어는 문법과 어순이 거의 같아서 단어와 조사만 바꿔도 대부분 통해. 맞아, 우리가 생각하는 것보다 아시아권에서 쓰는 언어는 가까운 편이야. 유럽어권 언어를 모아서 문법을 단순하게 바꾼 '에스페란토어'라는 게 있어. 혹시 머리 좋은 누군가 아시아권 언어를 잘 정리한다면 우리도 공통어를 만들 수 있지 않을까?

이번엔 통역에 관한 이야기. 이벤트에서 상세한 이야기를 하고 싶을 때는 어쩔 수 없이 통역이 필요해. 하지만 술자리에서 바보 같은 이야기를 하면서 놀 때는 되도 않는 외국어로도 충분하고, 표정이나 분위기를 총동원해서 직접 이야기를 나누어야 통역을 거쳐서 이야기하는 것보다 훨씬 빨리 친해질 수 있어. 또 술자리에서 하는 쓰잘 데 없는 이야기를 세세하게 통역하라고 부탁하면 통역도 지치니까 미안하잖아. 고로 멍청한 이야기는 직접 대화로! 이게 기본 원칙이야.

이 책에서는 멍청한 녀석들이 자신들의 힘으로 공간을 만든 뒤, 노예처럼 일하는 부자 중심 사회의 생활 방식에 이혼 서류를 내미는 것처럼 '바보 센터'를 만드는 작전을 짜봤어. 또 각 지역 바보 센터에서 제멋대로 일을 벌이고 있는 사람들이 쉽게 왕래할 수 있는 계획을 만들었지. 게다가 세계의 바보들이 협력할 수 있는 대작전도 찾고 있어.

주어진 규율이나 보잘것없는 도덕에 좌우되어 오로지 돈과 지위 때문에 시간을 낭비하며 살아가다 노인이 되어 "하고 싶었던 일을 하고 살았을까? 아니야, 이 정도면 괜찮은 인생이었어" 하고 자위하면서 죽어가는 사회는 지긋지긋해.

세상이 점점 나빠지고 있다고 자주 불만을 토하는 사람이 있어. 이상 사회를 이야기하면서 사회변혁을 기다리는 사람도 있지. 어허이, 느리다고, 느려! 답답해 아주!! 해가 진다고! 이것저것 생각하는 것도 귀찮으니까 할 수 있는 일은 지금 다 해버리자고. 게다가 거창하고 완벽한 이상 사회가 실현된다 해도 언젠가는 또 지겨워질 테니 세상의 틈을 노려서 멍청이 사회를 제멋대로 만드는 게 더 좋지 않아?! 세계 멍청이 혁명은 이미 시작되었어. 엄청나게 간단해. 뻔뻔해진 순간, 멍청한 사회가 열리는 거야. 자, 큰 배에 탔다고 생각하고 편안한 마음으로 왕바보들의 세계를 어슬렁거리자고! 멍청한 여러분, 건투를 빌어!!!!!

게릴라 라디오 방송을 해보자

동지들!! 라디오라는 물건을 알고 있겠지? 점점 잊혀가는 이 전설의 매체 라디오가 트럭이나 택시 운전사, 변두리 라면집 주인을 위한 아이템이라고 생각한다면 천만의 말씀!

사실, 라디오는 세계 최강의 엄청난 정보 전달 수단이야. "영상도 없고 그냥 소리만 나오잖아" 하고 얘기할지 모르겠는데, 라디오를 얕잡아보면 안 돼. 지금은 텔레비전 기술도 진화했고 인터넷 사회도 진보하고 있어서 정보를 무한으로 얻을 수 있다고 느낄 거야. 그러나!! 그런 정보 기술이 떼를 지어 총공격을 해와도 라디오를 결코 이길 수 없는 면이 있어. 맞아, 라디오는 이상하게 가깝게 느껴져!

텔레비전의 경우, 영상이 있으니 정보는 확실히 많아. 하지만 텔레비전 건너편은 좀 멀게 느껴지잖아. 한편으로 인터넷 세계는 거짓 정보가 잔뜩 있어서 항상 경계하면서 정보를 접하고, 의심이 의심을 낳으니까 무의식중에 거리감이 생겨. 라디오는 그렇지 않아. 소리 외에는 정보가 없어서 말하는 것 자체가 참 가깝게 느껴져. 심야 AM 라디오같이 쓸데없고 바보 같은 이야기를 하는 방송은 좁은 공간에서 이야기를 나누는 것처럼 들려와서 더 친근하고 말이야.

요즘 유통되는 정보는 뭐든 인터넷에서 나와. 인터넷에서 흘러나온 정보를 보다 보면 세상에서 일어나는 모든 일을 아는 기분이 들어. 그런데 인터넷 기사를 보면 "트위터에서는" "페이스북 답글을 보면" 또는 "중국 웨이보에서는……"처럼 죄다 정보 출처가 수상한 기사뿐이야. 텔레비전도 아날로그 방송이 아니라 디지털 방송 위주라 시청자가 참여하는 쌍방향 방송까지 있어. 제기랄~ 효율 좋은 일은 다한다니까~. 개수작 말라고! 디지털이 그렇게 대단해?! 이렇게 되면 아날로그의 무시무시함을 알려줄 수밖에 없겠군, 망할 놈들!

2012년부터 매주 화요일 심야에 만반의 준비를 하고 〈아날로그 라디오 아마추어의 반란〉을 시작했어! 생각해보면 이때부터 일본이 조금 어두워졌어. 지진 재해와 원전 사고 후로 세상이 삐걱대기 시작했고, 외국인 관광객이나 여행자가 순식간에 사라져서 자영업자들이 많이 망하기도 했거든. 경제가 너무 나빠서 시작한 라디오 방송이라 더욱더 신나게 진행했지. 아무 상관도 없는 상가 소식부터 세상사까지 다양한 이야기를 전하고 엽서에 적힌 사연('이메일'이 아니라는 점이 중요!)을 읽기도 해. 분위기 때문에 그런지 옛날 심야 라디오를 듣는 기분이야. 지방에서 우리 방송을 듣고 있는 사람과 만나기도 했는데, 우리에 대해 잘 알고 있고 반응이 재미있어. 첫 만남이어도 책을 읽었다, 블로그를 읽고 있다, 하면서 말을 걸어오는 사람과 라디오 청취자는 반응이 천지차이야. 라디오 청취자는 거리감 없이 이상할 정도로 순식간에 가까워져! "어!!! 라디오 자주 들어요!" 하고 사이가 엄청 좋은 친구 같은 느낌으로 다가온단 말이야. 내 목소리를 듣자마자 이쪽이 주눅이 들 정도로 "와! 목소리가 완전 똑같잖아!"라는 식이지. 그러고는 금세 "지지난주에 그 XX이야기 정말 큰일이네요~" 하고 갑자기 깊은 대화가 시작돼. 라디오에서 자주 하는 별것 아닌 이야기부터 뒷얘기까지 전부 이 녀석이 들어버렸나 하는 착각이 들 정도이고 조금도 낯설지 않더라고. 재미있지 않아?

라디오 청취자끼리 우연히 만났을 때는 더 재밌어. 어쩌다 라디오에 엽서를 보낸 사람들을 모으는 이벤트를 했는데, 그 자리에서 청취자들끼리 만난 거야. 처음에는 당연히 서로 누군지 몰라. 하지만 어떤 계기로 라디오 이야기가 시작되자 "아! 그 엽서 쓴 사람인가요?" 하면서 알게 돼. 청취자끼리도 첫 대면이지만 공통된 화제가 끊임없이 나오니까 금방 친해져. 조금씩 거리를 두고 사람을 대하는 현대적인 방식을 한 방에 다 부숴버려. 이런 식이라면 먼 곳에 있어서 소원해지기 쉬운 사람들이 느끼는 거리감을 확 줄일 수 있어. 맞아, 오사카에서 바보 같은 공간을 운영하는 사람들이 진행하는 라디오를 들었을 때도 거리감이 전혀 느껴지지 않았어. 음~ 라디오는 오히려 현대에 더 살아 있는 미디어인지도 몰라.

말이 나온 김에 라디오 시스템도 소개해볼게. 평범한 인터넷 라디오를 하면 가장 편하겠지만 이건 역시 라디오 특유의 비밀스러움이 없어. 라디오를 들을 때 제일 좋은 건 "이 얘기 나만 듣고 있지 않을까" 하는 느낌. 그러려면 역시 아날로그가 아니면 안 돼. 게다가 우리는 쇼와 세대 마지막 잔당! 디지털 신참들에게 이렇게 쉽게 세상을 뺏겨버리면 위대한 아날로그 조상들에게 죄송한 마음이 들잖아. 그럼, 디지털 신참들의 허를 찔러 당황하게 만들 한 가지 방법을 소개할게.

일단, FM 전파를 내보내. 〈아마추어의 반란 12호점〉을 운영하는 우에오카라는 사람이 수상한 기술을 잘 알아서 FM 전파를 내보내는 장치를 뚝딱 만들었어. 누구든 간단히 만들 수 있다고 하던데 나는 들어도 뭐가 뭔지 모르겠더라고. 만들기에 따라 얼마든지 출력을 높여서 엄청 멀리까지 전파를 보낼 수도 있대. 근데 그러면 전파법에 걸리니까 위험해져. 무허가 전파를 안전하게 내보내려면 전파가 굉장히 약해야만 돼. 문제는 그렇게 하면 겨우 50미터까지만 전파를 보낼 수 있다는 거야. 반경 50미터 정도면 정말 가까운 데 사는 사람이나 방송 시간에 일부러 와서 듣는 사람이 아니면 들을 수 없어. 실제로 FM 생방송으로 듣는 사람이 가끔 있지만 그들만을 대상으로 방송을 한다고 생각하면 너무 외롭잖아. 갑자기 강한 전파를 내도 출력이 어느 정도인지 조사할 방법이 없으니까 걱정하지 말고 내보내봐. 뭐 엄청나게 유명한 라디오에서 정기적으로 전파를 내보내지 않는 이상 잡히는 일은 없어. 그래도 위험하니까 뜻이 있는 사람은 그 정도는 각오해야 해.

세계 어디서든 들을 수 있게 인터넷에 저장해서 올리는 것도 중요해. 대신 그렇게 간단히 디지털 제국에 영혼을 팔아넘길 수 없어서 아날로그 매체 한 가지를 통하기로 했어. 카세트테이프! FM 라디오 생방송을 돈키호테(ドンキホーテ : 별별 물건을 다 파는 일본의 체인 상점. 식품부터 가전용품, 가구, 패션 잡화까지 전부 취급하고 있다—옮긴이)에서 980엔 정도로 파는 싸구려 카세트라디오로 녹음하고, 그것을 다시 데이터로 변환한 후 인터넷에 올리는 거야. 그렇게 하면 A면에서 B면으로 바뀌는 10~20초 동안 녹음이 안 되는데 그때 소리가 끊겨도 어쩔 수 없어. 좋은 내용을 못 들어서 아쉽다면 디지털로 듣고 있는 자신을 탓하길~. 라디오 FM 전파로 우리 목소리를 온 하늘에 날려보낸 뒤 카세트테이프에 기록한 후에 인터넷에 흘려보내. 물론 재방송을 하기까지 며칠 걸려. 그래, 최첨단 기술로 아무리 열심히 해도 아날로그가 디지털보다 늦어지는 상황을 억지로 만들어서 "디지털, 네 이놈 약 오르지~!"라고 말하고 싶어서 만든 시스템이야. …… 그렇다고 디지털에 무슨 악감정이 있지는 않아.

라디오, 특히 아날로그 라디오는 시간과 공간을 넘어서 사람들의 거리감을 좁혀주는 좋은 아이템이니까 여유가 있는 사람은 사용해도 좋을 거야! 그런 의미에서 〈아날로그 라디오 아마추어의 반란〉 듣는 법을 마지막으로 소개해볼게.

❖ 준비물

컴퓨터, 인터넷 회선, 책상, 다다미, 후스마(일본의 전통적인 미닫이 문—
옮긴이), 탁상 조명(전구형을 추천), 이어폰 아니면 싸구려 라디오.

❖ 청취 준비

방을 어둡게 하고 조명은 탁상 조명만 남겨둡니다. 이어폰(모노 이어
폰이 제일 좋음) 아니면 카세트라디오(정가 5000엔 이상 하는 물건은 사용 불가)
준비

❖ 고급 헤드폰이나 고급 오디오를 사용하면 음질이 너무 좋아져서 현장감
을 떨어뜨릴 수 있으니 사용을 삼가주세요.

❖ 주의 사항

싸구려 카세트라디오로 녹음을 해서 잡신호가 심하게 들어가 있습
니다.

아주 드물게 음악이 나오기도 하는데, 그것은 카세트테이프에 이미
녹음되어 있던 내용입니다.

가능하다면 시험공부를 하면서 들어주세요.

미닫이 문 너머에서 가족이 잘 때는 민폐가 되므로 웃음소리 등을
내는 것은 주의해주세요.

세계 각지의 가난뱅이 자립 공간 목록

동지들, 지금쯤 이곳저곳에 놀러 가고 싶어서 몸이 근질근질하고 참을 수가 없지?! 이번에는 세계 최고의 자립 공간 목록을 정리해둘 테니 꼭 가보도록 해. 흥미진진한 일을 신명나게 벌이고 있는 사람들이 만든 공간은 제각각 굉장히 좋은 특색이 있어. 운영 방식도, 분위기도 달라서 호불호가 갈릴 거라고 생각하지만 직접 방문해서 자기에게 맞는 공간을 찾는다면 그거야말로 횡재하는 거야, 횡재! 줄줄이 소시지처럼 계속해서 재미있는 곳과 장난 아닌 녀석들을 알게 될 테니까 말이야.

물론 여기에 다 적지 못한 좋은 곳도 엄청 많고, 우리가 모르는 파라다이스도 무진장 많을 거야. 전 세계, 좁게는 일본 전역에 환상적인 공간이 있을 테니 이 목록을 실마리 삼아 계속 재미있는 공간을 찾았으면 해!

장소나 연락처가 바뀔 가능성이 있습니다. 휴일이나 운영 시간은 홈페이지 등에서 확인해주세요.

삿포로(札幌) 민타루(みんたる)

北海道札幌市北区北14条西3丁目2-19(3-2-19, Kita14-jonishi, Kita-ku Sapporo-shi, Hokkaido, 001-0014, Japan)

Tel.&fax 011-756-3600

공정 무역 가게. 잡화를 팔거나 이벤트도 자주 열고 있음.

아사히카와(旭川) 모스키토(mosquito)

北海道旭川市3条通9丁目小谷ビルB1F(Kinosita Bldg. B1F, 9-3jodori, Asahikawa-shi, Hokkaido, 070-0033, Japan)

Tel.&fax 0166-24-8899

asahikawamosquito@gmail.com

라이브하우스. 여러 재미있는 사람들과 연결되어 있는 공간. 아사히카와에서 지루한 시간을 보내고 있다면 여기에 꼭 가보도록!

나가노(長野) 고이치리사이클센터(小市リサイクルセンター)

長野県長野市安茂里小市3-45-22(3-45-22, Amorikoichi, Nagano-shi, Nagano, 380-0961, Japan)

여기는 진짜 끝내줘! 재활용품 가게라는데 뭘 하는지 도통 알 수 없는 공간. 가끔 가게 주인인 지로 씨가 마음이 내키면 물건을 팔고, 파는 데 질리면 가게에 물건이 하나도 없어. 뒷산이 있어서 하고 싶은 이벤트를 맘껏 열 수 있는 완전 수상한 공간. 여러 곳에서 온 사람들이 머물고 있어서 점점 알 수 없는 공간이 되고 있어. 일단은 가봐야 알 수 있는 곳.

기라쿠보(気楽房)

깊은 산속, 주소는 불명.

전인미답의 산속에 있는 100년이 넘은 낡은 민가를 수리해서 만든 공간! 인근 노인들을 모아서 영화 상영회를 열거나 직물 교실을 하면서 놀고 있어. 게다가! 자급자족을 목표로 옷도 직접 만들고 농작물도 재배하고 마을 사람들과 다양한 교류를 하고 있어서 더 굉장하지. 나는 작은 공장, 더러운 하천, 배기가스로 상징되는 도시 슬럼가에서 자라서 그런지 깨끗한 공기와 땅이 너무 무시무시해서 견딜 수가 없어. 마음이 편치 않아서[기라쿠(気楽)는 마음이 편하다는 의미—옮긴이] 자주 놀러 가지 않지만 자연을 좋아하는 사람은 엄청 좋아하더라고.

마쓰모토(松本) 기브미리틀모어(Give me little more)

長野県松本市中央3-11-7(3-11-7, Chuo, Matsumoto-shi, Nagano, 390-0811, Japan)

Tel. 080-5117-0059

give.melittlemore@gmail.com

마쓰모토 시내에 있는 다목적 이벤트 공간. 이벤트가 없을 때는 바(BAR)를 운영해.

도쿄

스이도바시(水道橋) 로지토히토(路地と人)

東京都千代田区三崎町2-15-9 木暮ビル2階(Kogure Bldg. 2F, 2-15-9, Kandajimbocho, Chiyoda-ku, Tokyo, 101-0051, Japan)

rojitohito@gmail.com

〈로지토히토〉(골목길과 사람이라는 의미—옮긴이)라는 괴상한 곳이 있어. 작은 공간이지만 다양한 종류의 전시나 이벤트를 해. 꼭 가보라고!

시모키타자와(下北沢) 기류사(気流舎)

世田谷区所沢5-29-17飯田ハイツ1F(Iida haitsu 1F, 5-29-17, Daizawa, Setagaya-ku, Tokyo, 155-0032, Japan)

Tel. 03-3410-0024

kiryuusha@gmail.com

세상에서 흔치 않은 대항문화 전문 서점을 표방하는 DIY 헌책방. 커피와 맥주를 팔고 있어. 북카페계의 담뱃가게로 불릴 정도로 좁지만 특이한 사람이 쉴 새 없이 놀러 와서 번창하고 있어. 가게의 초대 주인장 가토(加藤) 씨가 거의 손수 내부 장식을 바꿨다고 해. 현재는 공동으로 운영하고 있어. 어떤 책을 판매하는지는 잘 모르겠지만 꽤 좋음.

신주쿠(新宿) 모사쿠사(模索舎)

新宿区新宿2-4-9(2-4-9, Shinjuku, Shinjuku-ku, Tokyo, 160-0022, Japan)

Tel. 03-3353-3557 Fax 050-3505-8561

1970년에 시작한 독립 출판물 전문 서점. 독립 출판물이라고 해도 죽을 때가 다 된 사장들이 쓴 지루한 자비출판 자서전 같은 걸 팔지는 않아. 엄청나게 취향이 뚜렷한 책부터 정치, 종교 등 절대 세상에 나왔을 리 없어 보이는 출판물이나 CD 등이 잔뜩 있어. 인터넷에서 검색하면 다 알 수 있다는 생각이 큰 착각임을 실감하게 되는 곳. 점원이 항상 떨떠름한 얼굴을 하고 앉아 있으니까 열심히 말을 걸어보자!(p. 164)

이레귤러 리듬 어사일럼(Irregular Rhythm Asylum)

新宿区新宿1-30-12-302(1-30-12-302, Shinjuku, Shinjuku-ku, Tokyo, 160-0022, Japan)

Tel. 03-3352-6916

info@ira.tokyo

책이나 CD, 티셔츠, 잡화 등 직접 제작한 물건을 파는 곳. 해외에서 가져온 물건도 엄청 많아서 재미있는 일을 많이 알게 되는 인포숍 역할도

함. 해외 여기저기에 많이 연결돼 있고 세계 각지에서 방송 출연 불가 판정을 받을 듯한 사람이 끊임없이 놀러 오기 때문에 그 녀석들이 하는 무용담을 듣기만 해도 즐거워. 참고로 가게 주인 나리타 씨는 도쿄 시타마치 출신이라 별로 도시 사람 같지 않고, 언제나 멍청해 보이는 얼굴을 한 채 여유롭게 지내고 있어.(p. 162)

카페 라반데리아(Cafe Lavanderia)

新宿区新宿2-12-9広洋舍ビル1F(Koyosha Bldg. 1F 2-12-9, Shinjuku, Shinjuku-ku, Tokyo, 160-0022, Japan)

Tel. 03-3341-4845

몇 명이 공동으로 경영하는 카페. 그중 한 명이 재미있는 건물 마니아라서 툭하면 수상한 건물을 찾아서 "저기 있는 건물에서 뭔가 해보지 않을래?" 하고 꼬드기는 버릇이 있으니 위험함. 이벤트도 자주 하고 있어서 처음 방문해도 재밌을 거야. 참, 고양이가 네 마리나 있어!

그리제트(グリゼット, Grisette)

新宿区歌舞伎町1-1-5(1-1-5, Kabukicho, Shinjuku-ku, Tokyo, 160-0021, Japan)

신주쿠 골덴가이에 있는 친구가 하는 바(BAR). 2016년 봄에 골덴가이에 불이 났는데 그 와중에 2층이 타버렸어. 열심히 복구해서 현재 다시 영업 중.

와세다(早稲田) 아카네(あかね)

新宿区西早稲田2-1-17酒井ビル1F(Sakai Bldg. 1F, 2-1-17, Nishiwaseda, Shinjuku-ku, Tokyo, 169-0051, Japan)

Tel. 03-5292-1877

누구든 받아들이는 포용력 최강의 술집. 가게 주인이 매일 바뀌는 시스템이라서 요일에 따라 분위기가 달라져. 완전히 수수께끼 같은 가게야.

목요일 담당이 〈아마추어의 반란〉 가게를 열었을 때부터 함께해온 페페 하세가와(ペペ長谷川)이니 이날 가보면 수수께끼가 조금 풀릴 가능성이 있음. 일단은 가보면 알게 돼! 가서 인간의 레벨을 올리고 돌아오라고!

고엔지(高円寺) 난토카 바(なんとかBAR)

杉並区高円寺北3-4-12(3-4-12, Koenjikita, Suginami-ku, Tokyo, 166-0002, Japan)

매일 가게 주인이 바뀌는 바. 가격, 메뉴, 영업시간, 가게 분위기, 손님 분위기 모든 게 바뀌기 때문에 설명 불가. 매일 다니기만 해도 엄청나게 폭넓은 사람들과 알게 되는 것은 확실해!(p. 108)

아마추어의 반란 5호점(素人の乱5号店)

杉並区高円寺北3-9-11(3-9-11, Koenjikita, Suginami-ku, Tokyo, 166-0002, Japan)

Tel. & Fax 03-3330-2939

2장에서도 소개한 부자 중심 사회에 대항하는 재활용품 가게. 가구, 가전부터 뭔지 모를 잡화까지 다양한 물건이 있어. 엄청 좋은 물건부터 실용적인 물건, 허벌나게 싼 물건, 쓰잘 데 없는 물건 등이 모여들어서 이 지역에서도 정말 중요한 곳. 고엔지에서 난리가 날 때 자주 중심이 됨.(p. 76)

마누케 게스트하우스(マヌケ宿泊所)

杉並区高円寺北3-8-12フデノビル4F(Fudeno Bldg. 4F, 3-8-12, Koenjikita, Suginami-ku, Tokyo, 166-0002, Japan)

Tel. 03-3330-5163

'세계로 통하는 멍청이 게스트하우스'를 목표로 열심히 숙박업소를 운영하고 있어. 서비스 평범. 시설 평범. 직원의 외국어 수준 최악. 대신 재미있는 사람과 만날 수 있는 기회는 세계 최고! 이곳 덕분에 수상한 외국인

이나 한가한 사람이 늘어나서 상가 분위기가 활발해졌어. 1박에 2500엔 부터.(p. 130)

아마추어의 반란 12호점(素人の乱12号店)

杉並区高円寺北3-8-12フデノビル2F(Fudeno Bldg. 2F, 3-8-12, Koenjikita, Suginami-ku, Tokyo, 166-0002, Japan)

다목적 이벤트 공간. 정해진 기간 동안 장사하는 가게나 토크쇼, 소규모 콘서트, 영화 상영회, 어학 교실 등 매일 다양한 이벤트가 열려. 역 대합실 같은 분위기가 있어서 무슨 일이 일어나면 이곳에 어슬렁어슬렁 모여서 회의를 해.(p. 93)

펀디트(pundit')

杉並区高円寺北3-8-12フデノビル2F(Fudeno Bldg. 2F, 3-8-12, Koenjikita, Suginami-ku, Tokyo, 166-0002, Japan)

Tel. 090-2588-9905

토크 하우스 형식의 바. 쉬는 날 없이 거의 만날 이벤트가 열리고 여차하면 낮 이벤트와 밤 이벤트를 열기도 해. 밥을 먹을 수 있고 음료수도 나와. 오쿠노라는 가게 주인 혼자서 수명이 줄어드는 수척한 얼굴을 하고 전부 꾸려가고 있어.(p. 107)

잣카! 미칸세이(雜貨! 未完成, 잡화! 미완성)

杉並区高円寺北3-12-2 オンブラージュ高円寺1F(Onbura-zyu Koenzi 1F, 3-12-2, Koenjikita, Suginami-ku, Tokyo, 166-0002, Japan)

zakka.mikansei@gmail.com

정말 끝내주게 어벙한 잡화점. 귀여운 수제품도 다수 취급하고 있지만 주요 상품은 뭐니 뭐니 해도 중국이나 동남아시아에서 가져온 정말 바보 같은 잡화들. 점장 후-짱(ふ-ちゃん)의 감각이 너무 절묘해서 가게에 갈 때마다 "뭐야 이게!!!" 하고 깜짝 놀라게 되는 물건을 만날 수 있어.

바루데라마(バルデラマ, valderrama)

杉並区高円寺北4-17-12(4-17-12, Koenjikita, Suginami-ku, Tokyo, 166-0002, Japan)

2006년에 오픈. 〈아마추어의 반란〉 인근에서는 오래된 편인 구제 옷 가게. 해 질 때부터 심야까지 오픈한다니 영업시간을 도통 짐작할 수 없어. 이 때문인지 여기서 옷 사는 사람을 별로 못 봤음. 대신 이 가게와 주인 혼다(本田) 씨가 떡하니 버티고 있다는 안정감 때문인지 술을 들고 이야기하러 오는 사람이 줄지 않아. 볼일이 없는 데도 병원 대기실에 앉아서 잡담을 나누는 노인들 나이를 전부 40~50세로 낮춘다면 분명 이 가게 풍경처럼 될 거야. 혼다 씨가 어떻게 먹고사는지는 불확실.

기타코레 빌딩(キタコレビル)

杉並区高円寺北3-4-11(3-4-11, Koenjikita, Suginami-ku, Tokyo, 166-0002, Japan)

Tel. 03-5327-5330

전후에 등장한 판잣집처럼 붕괴 직전의 건물을 합쳐놓은 듯한 건물. 불법 건축물이 아닐까 싶을 정도야. 구제 옷 가게를 하는 젊은 녀석들이 이 건물로 들어와서 지금은 장난 아닌 상태로 개축했고 여러 가게가 들어가 있어. 가보면 틀림없이 깜짝 놀라게 돼. 정말 추천해. 특히 1층 옷 가게 '하야토치리(はやとちり)'는 종잡을 수 없는 물건만 팔고 있어. 가게 주인 곳짱(ごっちゃん)도 어벙한 분위기를 폴폴 풍겨서 재미있으니 꼭 말을 걸어보자고!

아사가야(阿佐ヶ谷) 우라노 상점(浦野商店)

杉並区阿佐ヶ谷北2-15-17(2-15-17, Asagayakita, Suginami-ku, Tokyo, 166-0001, Japan)

Tel. 03-3338-6546

고엔지 〈아마추어의 반란 5호점〉에서 일했던 사람이 독립해서 낸 재활용품 가게. 가게 주인인 못짱은 고엔지 시대부터 '허풍쟁이 못짱'이라고 불릴 정도로 뚫린 입으로 아무 말이나 막 내뱉는 재능을 가진 사람! 가게 이름 유래→ 가게 열기 직전에 고엔지에서 '우라노 상점'이라는 간판을 주웠는데 그걸 그대로 썼어.

노가타(野方) 펑크(PUNK)

中野区野方5-30-3(5-30-3, Nogata, Nakano-ku, Tokyo, 165-0027, Japan)

Tel. 03-5327-8696

〈아마추어의 반란 5호점〉에서 독립한 또 다른 재활용품 가게. 가게 주인 무라카미 군은 19세에 도야마(富山)의 시골에서 음악을 하러 도쿄에 왔는데 길 위에서 헤매다 죽기 직전에 5호점에서 발견됐어. 고엔지 시대에 내키는 대로 각종 이벤트를 벌이면서 두각을 나타냈지. 펑크 밴드를 하고 있어서 가게 이름도 '펑크(PUNK)'로 결정. 무시무시할 정도로 단순명쾌한 이름이 바보 같아서 좋아.

지유가오카(自由が丘) 로큰롤바(Rock 'n' Roll BAR) · 후리니게야(振り逃げ屋)

目黒区自由が丘1-13-10山田ビル1F(Yamada Bldg. 1F, 1-13-10, Jiyugaoka, Meguro-ku, Tokyo, 152-0035, Japan)

Tel. 03-3723-6104

록 그 자체인 가게. 멋쟁이들의 동네인 지유가오카 한가운데에서 이색적인 분위기를 뿜어내는 최고로 멋진 공간. 가게 주인인 도쿠나가(德永) 씨는 "지유가오카는 쓰레기 같은 동네야. 부자인 척하는 뭣도 아닌 가짜투성이야!"라고 말하는 영혼까지 로큰롤인 사람! 아아 이렇게 숨 막히는 세상에 필요한 건 록이야…… 하고 깨우쳐주는 가게. 꼭 가봐~.

구니타치(国立) 가케코미테이(かけこみ亭)

国立市富士見台1-17-12 S&SビルB1F(S&S Bldg. B1F, 1-17-12,

Fujimidai, Kunitachi-shi, Tokyo, 186-0003, Japan)

Tel. 042-574-3602

추오 선 구니타치 쪽에 있는 바(BAR). 말 그대로 가케코미테라(駆け込み
寺 : 도망쳐 가는 절이라는 의미. 에도시대에 바람이 난 남편이나 강제 결혼을 피
해 도망친 여자들을 숨겨주던 절─옮긴이)라고 할 정도로 가게 주인 보케마
루 씨가 너무 정이 많아서 온갖 도깨비들이 난입해 들어와 난리법석을
떠는 사차원 공간 같은 술집이야. 그러거나 말거나 전혀 신경 쓰지 않는
보케마루 씨. 실황 콘서트나 각종 이벤트를 열고 세상에 불만을 터뜨리
는 데모를 할 때도 모일 수 있는 믿음직스러운 곳.

나고야(名古屋) 민나노이에이(みんなの家い)

愛知県名古屋市井深町7-40(7-40, Ibukacho, Nakamura-ku, Nagoya-shi,
Aichi, 453-0012, Japan)

나고야에 있는 게스트하우스. 이곳 손님이 도쿄에 올 때는 〈마누케 게스
트하우스〉에 머물기도 하고, 고엔지에서 지내던 수수께끼의 여행객이 서
쪽으로 갈 때는 여기를 추천하고 있어. 몇 번 놀러 갔는데 갈 때마다 굉
장한 사람이 있어서 재미있어. 〈마누케 게스트하우스〉와 협력 관계.

산사로＊살롱(サンサロ＊サロン)

名古屋市中村区則武2-32-12則武ビル1F(Noritake Bldg. 1F, 2-32-12,
Noritake, Nakamura-ku, Nagoya-shi, Aichi, 453-0014, Japan)

Tel. 080-3069-1608(담당: 후지와라)

Zkizki8@gmail.com

다목적 이벤트 공간. 매일 열리지는 않지만 이벤트가 있으면 재미있는
사람들이 모여들어.

기후(岐阜) 피스랜드(ピースランド)

岐阜県高山市愛宕町8(8, Atagomachi, Takayama-shi, Gifu, 506-0855,

Japan)

Tel. 0577-34-5356 Fax 0577-34-5741

들어는 봤나? 술 마시는 그림책 가게! 가게 주인이 고엔지에 가끔 놀러 오기도 해.

오사카

이매지네이션 피카스페이스(イマジネーション・ピカスペース)

大阪府大阪市浪速区恵美須東1丁目-20-10(1-20-10, Ebisuhigashi, Naniwa-ku, Osaka-shi, Osaka, 556-0002, Japan)

pikaspace0810@gmail.com

이미 소개한 대로 오사카의 무서움을 보여주는 가게. 끊임없이 이상한 사람들이 등장하기 때문에 방심할 수 없는 술집.(p. 211)

게스트하우스, 카페, 정원

코코룸(ココルーム)

大阪市西成区太子2丁目3-3(2-3-3, Taishi, Nishinari-ku, Osaka-shi, Osaka, 557-0002, Japan)

Tel. 06-6636-1612

오사카 니시나리(西成)라는 유명한 장소에 있는 인포숍 카페. 일용 노동자 아저씨부터 복잡 괴기한 예술가, 길 잃은 젊은 녀석까지 다양한 사람이 있어. 가게 주인은 시인 우에다(上田假奈代) 씨. 최근에 이사를 했고(그렇다 해도 옛 가게가 바로 근처야), 게스트하우스를 열어서 운영하고 있어.

교토(京都) 무라야(村屋)

京都府京都市左京区吉田牛ノ宮町25-7(25-7, Yoshida Ushinomiyacho, Sakyo-ku, Kyoto-shi, Kyoto, 606-8302, Japan)

나가사키 〈한토시(半年)〉 가게 주인 야마시타 히카루가 교토에 갔을 때 엄청나게 술을 마신 곳. 〈아마추어의 반란 12호점〉 2대 점장이었던 오쿠라 씨가 가끔 수요일 점심 영업을 할 정도로 인연이 있는 가게야. 주당이 모여드는 위험 지대지만 바로 건너편에 게스트하우스가 있으니 안심.

아마나쓰 하우스(甘夏ハウス)

京都市左京区浄土寺下南田町68(68, Jodoji Shimominamidacho, Sakyo-ku, Kyoto-shi, Kyoto, 606-8404, Japan)

Tel. 050-3694-7272

amanatsuhouse@gmail.com

몇 명이 공동으로 빌린 공간으로 1층에 카페를 운영하고 있음. 굉장히 편안한 분위기.

나미이타아레(ナミイタアレ)

京都市左京区田中下柳町7(7, Tanaka Shimoyanagicho, Sakyo-ku, Kyoto-shi, Kyoto, 606-8204, Japan)

교토(京都) 데마치야나기(出町柳)에 있는 수수께끼의 공간. 뭐든지 할 수 있는 즐거운 곳. 구제 옷과 잡화를 팔면서 갤러리에서 전시회도 하고 각종 작업장에서 뭔가를 만들고 있기도 해. 카페가 있으니까 가볍게 차를 마실 수도 있어. 동네 사람들끼리 자전거를 대여해주고 게스트하우스도 있어서 일단 가면 누구든 재미있는 사람과 만날 가능성이 커.

히로시마(広島) 제쓰메쓰키쿠슈(絶滅危惧種, 멸종위기종)

広島県広島市南区大須賀町13-25(13-25, Osugacho, Minami-ku, Hiroshima-shi, Hiroshima, 732-0821, Japan) zetsukigu@gmail.com

히로시마에 있는 광란의 공간! 옷이나 중고 책을 팔고 있지만 도통 정체를 알 수 없는 가게! 가게에 모여드는 녀석들이 또 제정신이 아니어서 더 최고.

돗토리(鳥取) 기스이쿠코(汽水空港)

鳥取県東伯郡湯梨浜松崎434-18(434-18, Matsuzaki, Yurihama-cho, Tohaku-gun, Tottori, 689-0711, Japan)

kisuikuko@gmail.com

시골에 있는 고서점. 가게 주인 모리테쓰 씨는 확고한 신념을 가지고 작은 오두막부터 전부 직접 만들었어. 시골, DIY, 고서적……. 돈 냄새가 전혀 안 나는 이 세 가지 키워드를 축으로 하여 만든 가게지만 그런 건 아무 상관없다는 분위기가 좋아. 뭐가 뭔지 모르겠지만 재미있어 보이니까 일단 가보는 수밖에 없을 듯.

후쿠오카(福岡) 아트스페이스 테트라(art space tetra)

福岡県福岡市博多区須崎町2-15(2-15, Susakimachi, Hakata-ku, Fukuoka-shi, Fukuoka, 812-0028, Japan)

Tel.&fax 092-262-6560

info@as-tetra.info

후쿠오카 시내에 있는 수상한 예술 공간으로 예술 전시나 기획을 하면서 다양한 이벤트도 열고 있어. '아시아 지역 멍청이들이 모여서 뭔가를 시작해야 해!'라는 취지의 이벤트를 하러 가봤어.

후쿠오카(福岡) 노코니코 카페(noconico cafe)

福岡市西区能古457-1(457-1, Noko, Nishi-ku, Fukuoka-shi, Fukuoka, 819-0012, Japan)

Tel. 092-892-7201

후쿠오카 시내에서 배로 10분 정도 거리의 섬에 있는 카페. 재미있는 잡화도 팔고 야외에 테이블을 둔 카페 덕분에 기분이 좋아지는 곳.

기타큐슈(北九州) 갤러리 숍(gallery soap)

北九州市小倉北区鍛冶町1-8-23 2F(2F-1-8-23, Kajimachi, Kokurakita-ku, Kitakyushu-shi, Fukuoka, 802-0004, Japan)

Tel.&fax 093-551-5522

info@g-soap.jp

이름 그대로 갤러리. 왕보스 미야카와(宮川) 씨가 재미있는 사람이니까 무조건 가보자. 이벤트도 많고 식사도 가능.

나가사키(長崎) 한토시(半年, 반년)→ 이전 준비 중

長崎県大村市東三城町7-9 富士ビル1階(Fuji Bldg. 1F, 7-9, Higashisanjocho, Omura-shi, Nagasaki, 856-0826, Japan)

Tel. 090-6044-0140

bashop77@yahoo.co.jp(점장: 야마시타 히카루)

나가사키 현 오무라 시내에 있는 술집으로 〈난토카 바〉처럼 매일 가게 주인이 바뀌어. 주인 야마시타 히카루 씨가 금방 싫증을 내고 또 금방 새일을 시작하고 싶어 하는 성격이라 끊임없이 의미를 알 수 없는 일을 벌여. 이 가게도 그런 와중에 우연히 태어난 곳. 게다가! 지방 도시 파워가 작렬. 야마시타 씨가 늘상 "엄청난 일이 벌어지고 있어!"라고 하지. 처음에는 딱 반년만 하려고 가게 이름도 '한토시(半年)'로 정했는데 한동안 계속하겠다는군.

가고시마(鹿児島) 코너 포켓(コーナーポケット)

鹿児島県 鹿児島市千日町13-25-301(13-25-301, Sennichicho, Kagoshima-shi, Kagoshima, 892-0843, Japan)

Tel. 099-227-1626

가고시마 덴몬칸(天文館)에 있는 재즈 바. 마스터 모리(森) 씨가 록의 영혼도 가지고 있는 사람이라 세상의 나쁜 일을 무시하지 못하고 가고시마의 반원전 데모에도 가담하고 있어. 보통은 밴드를 하거나 아침까지 진탕 퍼마시고 있음.

오키나와(沖繩) 포고타운(POGOTOWN)

沖繩県沖繩市中央1-26-12(1-26-12, Chuo, Okinawa-shi, Okinawa, 904-0004, Japan)

Tel. 090-8292-9666

isobemu@gmail.com

오키나와 고자(コザ)에 있는 중요한 곳. 주로 잡화를 취급하는 가게지만 다양한 정보가 모여드는 곳이야. 다른 지역에 동료들의 가게가 잔뜩 있으니 여기서 정보를 얻을 것을 추천.(p. 217)

한고쓰쇼텐(叛骨商, 반골 상점) 네버마인드(NEVER MIND)

沖繩県沖繩市中央1-5-8(1-5-8, Chuo, Okinawa-shi, Okinawa, 904-0004, Japan)

Tel. 090-8620-0141

nevermind_okinawa@yahoo.co.jp

nevermindkoza.ti-da.net/

고자에 있는 또 다른 중요한 공간. 레코드나 옷, 잡화를 파는 펑크 가게.

한국 서울

한잔의 룰루랄라

서울시 마포구 동교동 166-5 2층

www.facebook.com/caferuloorala/

서울에 있는 중요한 곳. 젊은 인디 문화의 중심지 홍대가 계속 상업화되고 있어서 지금은 지난날의 영화를 찾아볼 수 없을 정도야. 그렇지만 여전히 재미있는 일을 하는 녀석들이 잔뜩 있어! 그런 사람들이 모여드는 공간. 매주 라이브 콘서트도 해. 점장이 맥주를 굉장히 좋아해서 맛있는 맥주를 많이 마실 수 있어.

두리반

서울시 마포구 홍익로5길 45

이 책에도 소개한 도시 재개발에 저항하기 위해 홍대 근처의 젊은 녀석들이 농성했던 신념의 칼국수 집. 현재는 이전해서 새로운 곳에서 영업을 하고 있어. 물론 굉장히 번창하고 있지. 내부 벽에 당시에 함께 싸웠던 음악가나 예술가들이 남긴 메시지가 붙어 있어.(p. 199)

지비엔 라이브하우스(GBN live house)

서울시 영등포구 문래동3가 54-41

www.facebook.com/gbnlivehouse/

홍대 인디 음악가인 유잉이 홍대가 심하게 상업화되고 월세가 급등하자 정나미가 뚝 떨어져서 작은 공장이 밀집해 있던 문래 지역에 오픈한 소공연장. 주말에는 이벤트를 열고 평일에는 모여서 술을 마셔. 최근에 문래 지역에 재미있는 공간이 늘어나고 있으니 이 지역은 꼭 가봐~.

한국 부산

나유타 카페

부산광역시 금정구 수림로61번길 53(장성시장)

www.facebook.com/cafenayuta/

고엔지에 있던 〈나유타 카페〉를 운영한 주인 나카(nacca) 씨가 이사를 해서 2014년 부산에서 다시 오픈한 가게. 비건(고기뿐만 아니라 생선, 유제품 등 모든 동물성 식품을 먹지 않고 사용하지 않는 것이 특징—옮긴이) 음식과 맛있는 커피를 마실 수 있는 가게야. 근처 상점가에는 구(舊)〈아지트〉가 발전적으로 해체해서 연 게스트하우스 겸 사무소인 〈B하우스〉, 이벤트 공간 〈B홀〉 등 여러 공간이 있음. 여기 〈나유타 카페〉에 가서 커피라도 마시면서 주변 정보를 얻자고!(p. 208)

생각다방산책극장→ 히요방(Hiyo's atelier)

부산시 중구 대청로 131번길 8-1 3층

iamuae.blog.me/

〈생각다방산책극장〉은 여유롭게 시간을 보낼 수 있는 카페야. 가끔 이벤트도 여는 등 굉장히 분위기 좋은 공간이었는데 안타깝게도 폐점. 현재는 장소를 옮겨서 다시 오픈했다고 해. 가게 이름은 히요방.(p. 192)

홍콩

우퍼텐(活化廳, Woofer Ten)→ 폐점

wooferten.blogspot.jp/

홍콩 구시가지에 있던 중요한 장소. 하지만 아쉬움을 뒤로 하고 2015년에 폐점. 당시의 아나키한 분위기는 사라졌지만 지금은 다른 단체가 지역 활성화를 위한 예술 공간으로 운영하고 있어. 홍콩 멍청이들과 우연히 만날 때 이 〈우퍼텐〉을 알고 있으면 말이 쉽게 통하니까 기억해두는 게 좋아.(p. 221)

탁청레인(德昌里2號3號舖, Tak Cheong Lane)

香港德昌里2號3號(2-3, Tak Cheong Lane, Yau Ma Tei, Hongkong)

www.facebook.com/takcheonglane/

홍콩의 홍길동. 가보면 알게 됨.(p. 196)

소보링(蘇波榮, So Boring)

香港油麻地德昌里7號舖(7, Tak Cheong Lane, Yau Ma Tei, Hongkong)

www.facebook.com/wearesoboring

매일 가게 주인이 바뀌는 식당. 비건 요리가 기본이기 때문에 비건, 채식 주의자들도 안심! 개방된 느낌이 좋은 공간.(p. 221)

카이펑파이덩(街坊排檔, Kai Fong Pai Dong)

香港油麻地咸美頓街廣東道(Hamilton Street meets Canton Road, Yau Ma Tei, Hongkong)

paidong.tumblr.com/

디자이너 마이클이 시작한 포장마차. 기분 내킬 때만 여는 방식이 굉장히 여유로워서 좋아. 바로 근처에 〈우퍼텐〉 쪽 사람들이 또 다른 포장마차를 열려고 계획하고 있으니 포장마차촌이 생길지도 몰라.(p. 222)

히든 어젠더(Hidden Agenda)

G/F Hung To Industrial Building, 80 Hung To Road, Kwun Tong, Hong Kong)

www.facebook.com/hiddenagendahk/

모든 걸 직접 만든 DIY 라이브하우스. 홍콩 월세는 미친 듯이 높아서 상업 지구에서 평범한 라이브하우스를 열면 운영하기 어렵고 대규모 상업 시설로 만들어야 해. 그래서 홍콩 인디 음악계 사람들이 힘을 모아서 자신들의 공연장을 만들었어. 월세가 싼 창고를 빌려서 전면 보수한 뒤 열었는데 '공업지구에서 상업 시설을 운영하면 안 돼'라는 이유로 몇 번이

나 경찰한테 쫓겨났지만 매번 포기하지 않고 새로운 곳으로 이전. 지금
은 세 번째 오픈. 항상 쫓아내는 사람들과 싸우고 있는 멋진 곳. 다큐멘
터리 영화로 만들어졌으니 흥미가 있는 사람은 꼭 보길.(p. 67)

중국 상하이

딩하이챠오 공제회(定海橋互助社, **Dinghai Qiao Mutual-Aid Society**)

上海市杨浦区定海港路252号(252 Dinghaigang Rd., Yangpu District,
Shanghai, China)

site.douban.com/258340/

상하이의 오래된 거리에 있는 공동 공간. 상하이 재개발의 거센 흐름 속
에서 지역에 깊이 뿌리를 내리고 재미있는 공간을 만드는 곳. 물건을 팔
면서 각종 이벤트도 열어.

중국 베이징

스쿨 바(学校酒吧, **School Bar**)

北京市东城区五道营胡同53号(53, Hutongying, Dongcheng District,
Beijing, China)

site.douban.com/school/

베이징은 중국에서도 하위문화, 언더그라운드 문화가 압도적으로 집중
된 도시. 이곳은 베이징에서 중요한 소공연장. 록, 펑크, 노이즈, 일렉트
로닉, (가끔) 힙합에 빠져 있는 장난꾸러기 같은 녀석들이 모여드는 곳.
좋은 밴드나 새로운 밴드도 계속 나오기 때문에 베이징 사람들도 "지금

은 스쿨이 가장 핫해!" 하고 몇 번이나 이야기함.

69카페(69cafe)

北京市东城区南锣鼓巷109号(99, Nanluoguxiang, Dongcheng District, Beijing, China 100009)

site.douban.com/152181/

로큰롤 바. 도쿄의 하라주쿠 같은 베이징 번화가에 있어. 〈스쿨 바〉와 장르가 달라서 70년대 록이나 포크, 포스트록 위주라 약간 얌전한 분위기. 가게 주인 머슈룸 씨는 꽤 유명한 인물로 〈록랜드(ROCKLAND)〉라는 레코드 가게를 운영하기도 하고 〈메이비 마스(maybe mars)〉라는 인디 음악 레이블도 하고 있어. 〈69카페〉를 꾸려가는 사람은 머슈룸 씨의 부인 에이미(Amy) 씨. 참고로 가게 이름 69는 1969년 우드스탁 페스티벌에서 유래. 결코 69=록이라는 말장난이 아니라는 것(일본어로 69는 '로큐'로 읽기도 하는데 그것이 rock의 음가인 '로쿠'와 비슷하다─옮긴이)

펑하오 극장(蓬蒿劇場, Penghao Theater)

北京市东城区棉花胡同35号(35, Cotton Hutong, Dongcheng District, Beijing, China 100009)

www.penghaotheatre.com/

카페, 도서실, 극장이 세트로 구성된 곳. 가게 주인이 연극을 더 친근하게 느끼는 공간으로 만들겠다고 굉장히 정열적으로 일하고 있어. 카페도 안락한 분위기로 여유롭게 보낼 수 있는 공간이 많아. 연극 관련 도서나 대본이 대량 비치되어 있어서 와서 읽는 사람도 많고. 항상 경영 위기에 시달리고 있고, 위험할 때는 가게 주인이 마오쩌둥 버금가는 연설로 기부금을 모아 어떻게든 꾸려나가고 있다고 하더군.

아오투 스튜디오(凹凸空間, Aotu Studio)

北京市东城区北新桥头条67号(67 BeiXinQiao TouTiao, Dongcheng

District, Beijing, China)

site.douban.com/257476/

원래는 미용실인데 1층을 갤러리 겸 이벤트 공간으로 쓰면서 듣도 보도 못한 이상한 녀석들에게 개방해주고 있어. 전시나 광란의 음악 이벤트도 자주 열고 있음. 여기 보스는 굉장히 붙임성이 좋은데, 미소 뒤에 인생 경험이 많은 강호의 고수 분위기가 흘러. 보통 사람이 아니야! 카페 겸 바도 1층에서 같이 운영 중.

마오(MAO)

中国北京东城区鼓楼东大街111号(111 Gu Lou Dong Da Jie, Dongcheng Qu, Beijing Shi, China 100007)

site.douban.com/maolivehouse/

꽤 큰 공연장. 대형 음악 이벤트는 역시 여기서 하는 게 좋아. 록 관련된 공간인데 여기도 월세가 올라서 망하기 직전의 아슬아슬한 상황.

중국 우한

워먼지아 청년자치실험실(我们家 靑年自治实验室, 우리의 집·청년자치실험실)

武汉植物园西侧, 东头村3号(No.3 Dongtou Village, Wuhan Botanical Garden, Wuhan, China)

여러 사람이 모이는 즐거운 공간. 바로 옆이 양돈장. 밤이 되면 도살장으로 끌려가는 돼지의 죽기 직전 비명이 들려와 무서워서 잘 수가 없어.

타이완 타이베이

반루 카페(半路咖啡)

台北市大安區羅斯福路三段269巷51弄9號(No. 9, Alley 51, Lane 269, Section 3, Luosifu Road, Da'an District, Taipei City, Taiwan 106)

www.facebook.com/半路咖啡-766746760013130/

전설의 바보 공간=〈즈쩌우 카페〉를 이은 가게. 양쯔촨이라는 타이베이 명칭이 그룹의 주요 인물이 가게 주인이라 장난 아닌 녀석들이 모여드는 곳. 타이베이에 가면 망설이지 말고 이곳에 가보길 추천함.(p. 152)

디시아세후이(地下社会)

underworld-taipei.blogspot.jp/

타이베이 사대(師大) 젊은이들이 모이는 지역에 있던 공연장으로 좋은 음악가와 라이브로 타이베이 인디 음악계에서 평판이 좋은 곳. 하지만 이곳도 재개발이 진행되어 폐쇄. 지금은 가게 주인이 타이베이의 재미있는 녀석들과 이벤트를 만들고 있어. 언젠가 다시 문을 열 수 있으리라고 모두가 믿고 있어서 일단 이 목록에 올려놓음.

주 서점(註書店)→ 폐점

台北市內湖路一段47巷6弄12號(No. 12, Alley 6, Lane 47, Section 1, Neihu Rd, Neihu District, Taipei City, Taiwan 114)

타이베이 중심부에서 조금 떨어진 곳에 있는 서점 겸 카페. 최근에는 앤티크 잡화도 팔고 있어. 가게 주인 페기(Peggy) 씨는 침착한 분위기에 엄청나게 좋은 사람. 근데 남편인 베니(Benny) 씨 왈, "옛날에는 술꾼에 엉망진창이었는데 지금은 마음을 바꿔먹고 조용해졌어." 베니 씨가 "내가 말한 걸 알면 죽일지도 모르니까 비밀이야!"라고 했기 때문에 다들 비밀로 해줘! 무려 농사를 짓기 위해 폐점!

샤오디팡(小地方)

No. 6-7, Jinmen St, Zhongzheng District, Taipei City, Taiwan 100

www.facebook.com/小地方-Seams深夜的-338611232906357/

엄청나게 술을 좋아하는 이링 씨가 신주쿠 골덴가이에서 술을 마시다가 작은 바(BAR)에 감동해서 타이베이에 오픈한 카운터만 있는 바. 이름도 '소지방(小地方)'. 하지만 이 가게도 철거해야 해서 근처로 이사할 예정. 아직 이전 장소는 확정되지 않았지만 〈반루 카페〉와 관계가 깊기 때문에 나중에 〈반루〉에 이사한 곳을 물어보자.

쏸처우지우(酸臭之屋, Acid House)

新北市永和區永和路二段52巷(Lane 52, Section 2, Yonghe Road, Yonghe District, New Taipei City, Taiwan 234)

www.facebook.com/acidhousetaipei/

이곳도 장난 아닌 게 낡은 민가를 개조한 예술 공간이야. 다양한 전시를 하고 있고 시기에 따라 전시가 달라져. 꽤 정신 나간 녀석들이 모여서 재미있어. 예전에 전시를 보러갔는데 순간에 엄청나게 술을 줘서 대낮부터 술판을 벌였어.

싱저&러우샤 카페(行者&樓下咖啡, basement café)

台北市大安區安東街40巷3號(No. 3, Lane 40, Andong St, Da'an District, Taipei City, Taiwan 106)

싱저 www.facebook.com/Art.Charity.Education

러우샤 카페 www.facebook.com/basementcafetw/?fref=nf

대만의 카리스마 넘치는 미용사 세븐(seven) 씨가 경영하는 엄청난 인기 미용실. 일본 고급 미용실 가격대로 조금 비싼 편. 타이베이의 멋진 젊은 이들이 모여들기 때문에 예약은 필수! …… 그런데 2014년에 대만 대학생들이 입법원을 점거했을 때부터 "세상이 잘못됐어!" 외치고는 이후 사회운동을 하는 젊은이들을 도우면서 가게 지하실을 자유롭게 쓰게 하고 무료로 머리를 잘라주는 이벤트를 여는 등 활발한 활동을 벌이고 있어. 지하에는 〈러우샤 카페(樓下咖啡)〉라는 타이베이 인디 음악계 사람들이 운영하는 카페가 있음.

타이완 타이중

차오탄 공간(艸田空間)

台中市北區育德路131巷6號(No. 6, Lane 131, Yude Rd, North District, Taichung City, Taiwan 404)

mellowclub1316.blogspot.jp/

오래된 건물을 개조한 카페 겸 바. 이곳에 모여드는 사람들도 재미있어. 폐점한 가게를 빌려서 개조하거나 산에 들어가서 자기들 힘으로 거대한 건축물을 짓고 살면서 축제를 여는 등 꿈만 같은 생활을 하고 있어. 그 외에도 여러 활동을 하는 중.

타이완 타이난

넝성싱 공장(能盛興工廠)

台南市中西區信義街46巷9號(No. 9, Lane 46, Xinyi St, West Central District, Tainan City, Taiwan 700)

www.facebook.com/NSXFactory/

게스트하우스＋α인 뭐든지 할 수 있는 공간. 최근에는 서점을 시작해서 점점 더 충실한 공간이 되어가고 있어. 건물보다 그곳에 모여드는 사람들이 굉장해.(p. 146)

주 타이난 일본 대사관

주소는 불명

그곳에 있다고 생각하면 그곳이 이미 공간.(p. 225)

말레이시아 쿠알라룸푸르

파인다스(無限発掘, FINDARS)

No.8, 4th Floor, Jalan Panggong, Kuala Lumpur, Malaysia

findarskl.wix.com/findars

멍청한 분위기를 전면으로 내세운 예술가 그룹. 뭔가를 같이 한다기보다 자기 맘대로 하고 싶은 일을 하는 녀석들이 하나의 공간을 빌려서 쓰고 있음. 바 카운터도 있고 전시 공간, 사무실 겸 사람들이 모이는 공간이 있는 즐거운 곳. 라이브 이벤트도 자주 하고 있음.

루마아피(Rumah Api)

178, Jalan Ampang, Kg. Baru Ampang, Pekan Ampang, 68000 Ampang, Selangor, Malaysia

rumahapi.weebly.com/

펑크, 하드코어 스타일의 라이브하우스. 안에는 인포숍도 있어서 CD나 서적, 티셔츠, 기념품 등 이런저런 물건을 판매하고 있어. 이 분야에서 유명한 곳으로 해외 음악가들도 들른다고 해. 펑크 녀석들의 저력을 느낄 수 있는 곳. 참고로 무서워 보이는 사람들밖에 없는데 펑크를 하는 사람들은 모두 이상할 정도로 상냥하다는 거.

로스트겐스(Lostgens)

8c, Jalan Panggung 50000 Kuala Lumpur

lostgenerationspace.blogspot.jp/

〈파인다스〉와 같은 빌딩에 있는 예술 공간. 쿠알라룸푸르도 개발이 엄청난 기세로 진행되고 있어서 이 빌딩 주변도 급하게 공사를 진행하고 있어. 그 때문에 개발에 대항한 지역의 연대를 중시하면서 활동하고 있지. 요우 씨라는 시치후쿠진(七福神: 복을 준다는 일곱 신—옮긴이)의 에비스(惠比寿: 일곱 신의 하나. 에비스 맥주에 그려져 있는 사람을 떠올리면 된다—옮긴이) 같은 분위기를 풍기는 사람과 나쁜 어린이에게 설교하듯 사람을 대하는 착실한 이웬 등 중심 멤버도 재미있는 사람이 많음.

독일 쾰른

난토카 바(Nantoka-Bar) 독일점

Autonomes Zentrum Köln, Luxemburger Str. 93, 50939 Köln

유럽에는 자치 공간이 그야말로 썩어날 정도로 많기 때문에 하나하나 소개하자면 끝이 없어. 하지만 이왕 하는 김에 일본과 관련이 있는 곳을 하나 소개해볼게. 쾰른에서 도쿄로 놀러 온 독일인 노비타 씨가 고엔지의 〈난토카 바〉를 보고 "이 시스템 재밌네!" 하고 독일에 돌아가 독일판 〈난토카 바〉를 오픈. 매일 주인이 바뀌는 콘셉트로 여러 가지 일을 하고 있어.

계급 격차에 대항하는 유쾌한 연대

가라타니 고진(柄谷行人)

2015년 여름, 안보법안(집단 자위권 법안)에 반대하는 큰 시위가 있었다. 대중매체에서는 그때 등장한 사운드 데모 등을 그전과 다른 신선한 방식의 시위로 보고 학생 집단 SEALDs(Students Emergency Action for Liberal Democracy, 자유민주주의를 위한 학생 긴급행동)가 시작했다고 보도했다. 하지만 이는 잘못된 내용이다. 이 시위는 2011년에 뜨거웠던 반원전 운동의 연장으로 보아야 한다. 그리고 반원전 운동을 일으키는 데 마쓰모토 하지메가 이끄는 '아마추어의 반란'이 가장 큰 역할을 했다. 사운드 데모는 마쓰모토 하지메가 이라크 전쟁 반대 운동을 하면서 처음 기획했지만, 그는 대학생 때부터 그보다 더 기발한 데모를 벌여왔다. 그 경위를 기록한 책이 『가난뱅이의 역습』이다.

마쓰모토 하지메가 추구하는 것은 단순히 소요를 일으키는 일이라기보다 그가 쓴 책 제목이 말해주는 바와 같다. 그가 말하는 '가난뱅이'는 1990년 이후 신자유주의 아래에서 빈곤해져가는 사람들이라고 말해도 좋다. 이 상황을 대하는 두 가지 태도가 있다. 하나는 중산층 기준에 집착하는 '똑똑한' 삶의 방식이다. 다른 하나는 그것을 포기한 '멍청한' 삶의 방식이다.

대부분의 사람은 전자를 선택한다. 하지만 아무리 노력해도 실제로는 점점 더 빈곤해질 뿐이다. 그럼에도 타인과 교류하며 서로 도우려 들지 않는다. 그러다 결국 국가에 의존하고 배타적인 사람이 된다. 한편 '얼간이'들은 서로 모여서 국가에도, 기업에도 의존하지 않는 생활 방식을 만들어간다. 전작에는 그 방법이 쓰여 있었다. 예를 들어 재활용품 가게, 매일 주인이 바뀌는 술집, 게스트하우스, 이벤트 공간 운영 등. 즉 자본주의적 운영 방식에 기대지 않는 대안 공간을 자신들의 힘으로 일구어내는 것. 마쓰모토 본인은 도쿄 고엔지의 상가를 거점으로 삼아 데모도 시작했다.

이 책은 『가난뱅이의 역습』의 속편이기도 하다. 내용 기조는 같되 방식이 더 다채로워졌다. 하지만 확실히 다른 점이 한 가지 있다. 대안 공간을 고정적으로 바라보지 않는다는 점이다.

실제로 다음과 같은 변화가 있었다. 전작이 한국과 타이완에서 출판된 후 각지에서 '가난뱅이 반란', '얼간이 반란'을 만들어내고 있다. 게다가 그들끼리 상호 연결되기 시작하더니 점점 아시아 이외의 얼간이들도 이 대열에 합류, 급기야 그들만의 독자적인 여권과 화폐를 만들어내기 시작했다. 이러한 변화가 생긴 것은 전 세계적으로 신자유주의 경제화가 진행되고, 어디에서나 계급 격차가 심각해지고 있기 때문이다. 이는 배타적인 국가주의를 가져온다. 이를 피하기 위해서는 얼간이들의 유쾌한 연대가 필요하다. 그 한 가지 예가 여기에 있다.

이 글은 「아사히 신문(朝日新聞)」(2016년 9월 19일)에 실린 서평으로 저작권자의 허락을 받아 수록했습니다.

고엔지 〈마누케 게스트하우스〉에 온 걸 환영해!!

〈마누케 게스트하우스〉의 2층 안쪽이 〈아마추어 반란 12호점〉. 그 바로 앞이 〈펀디트〉.

고엔지 역에서 나와 패밀리 마트와 〈마누케 게스트하우스〉 사이, 왼쪽에 있는 〈기타코레 빌딩〉을 끼고 좌회전하면 우측에 〈난토카 바〉가 보여. 아래 지도의 왼쪽 위에 있는 〈산쿠스〉 편의점 오른쪽에 〈바루데라마〉가 있고, 고엔지 역에서 직진하면 나오는 재활용품 가게 〈아마추어의 반란 5호점〉 바로 앞 오른쪽에 〈미칸세이(未完成)〉가 있어!

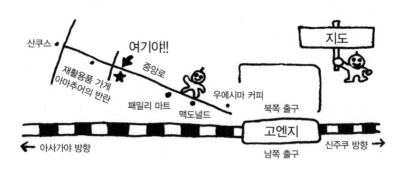

가난뱅이 자립 대작전

동료 만들기부터 생존력 최강의 공간 운영 노하우까지

초판 1쇄 발행 2017년 5월 25일

지은이 | 마쓰모토 하지메
옮긴이 | 장주원
디자인 | 스튜디오 모브
일러스트레이션 | 최광렬

펴낸이 | 박숙희
펴낸곳 | 메멘토
신고 | 2012년 2월 8일 제25100-2012-32호
주소 | 서울시 은평구 연서로182-1(대조동) 502호
전화 | 070-8256-1543 팩스 | 0505-330-1543
이메일 | mementopub@gmail.com
블로그 | mementopub.tistory.com
페이스북 | www.facebook.com/mementopub
ISBN 978-89-98614-41-6 (03330)

이 도서의 국립중앙도서관 출판예정도서목록(CIP)은 서지정보유통지원시스템 홈페이지
(http://seoji.nl.go.kr)와 국가자료공동목록시스템(http://www.nl.go.kr/kolisnet)에서
이용하실 수 있습니다. (CIP제어번호: CIP2017011396)